出土文獻譯注研析叢刊

《張家山漢墓竹簡〔二四七號墓〕》構形研究

——兼論〈二年律令〉所見《說文》未收字

李綉玲　著

自序

　　癸巳之秋，十分幸運地進入逢甲大學中文系任教。能教授自己熱愛的文字學和古文字學，在課堂間散發教學熱情，學生眼神發亮，是幸福美好的時刻。不少學生在接觸古文字之後，對於漢字古今演變的環節充滿好奇與疑問；面對學生的疑難，自己從傳抄古文和古文字的領域轉而關注秦至漢初隸書萌芽發展的課題，並發表相關論文。過程中，發現出土的漢代簡帛材料雖然十分豐富，但和戰國或是秦代的簡帛研究相比，整體而言相對較為薄弱。其中《張家山漢墓竹簡〔二四七號墓〕》的簡文不僅數量豐富，歷來學界在釋文、簡文內容、語詞通釋以及用字的相關研究已取得一定成果，為構形研究提供了有利的條件。值得關注的是，張家山漢簡的年代明確，屬西漢初期，對於填補古今文字轉變的關鍵環節具有積極重要的意義。本書的撰寫正是基於上述背景和問題意識的考量。

　　本書以湖北江陵張家山〔二四七號墓〕出土的一千二百三十六枚漢初竹簡的構形為研究軸心，兼論簡文〈二年律令〉所見《說文》未收字。全書共分七章，其中有三章曾發表於雙匿名審查之期刊，本書亦略作改寫。分別是第二章刊載於《漢學研究集刊》第 25 期(2017 年 12 月)、第三章刊載於《漢字研究》第 19 輯(2017 年 12 月)、第六章刊載於《東海中文學報》第 34 期(2017 年 12 月)。本書各章內容如下：

　　第一章「緒論」，說明問題意識的形成，並回顧學界對於張家山漢簡的相關研究，最後確定研究的範疇與內容。

　　第二章「秦簡牘和《張家山漢簡》文字構形比較析論」，細緻探討二者在早期隸變過程中穩定的「相同性」和變動的「差異性」，並將地域性的因

素納入考量。

第三章「《張家山漢簡》偏旁或部件的混同現象溯源」，除了共時性的歸納《張家山漢簡》各組混同偏旁或部件，亦進行歷時性的探求本源，追溯《張家山漢簡》發生混同現象的某個偏旁或部件是否已見於張家山漢簡以前的甲骨文、西周金文、春秋金文、六國文字和秦文字等出土材料。

第四章「《張家山漢簡》偏旁或部件的混同現象溯源」，回歸《張家山漢簡》簡文，以文例通讀為基礎，進行《張家山漢簡》形近易混字例的「歷時性」考源，並進行「共時性」辨析，區別各組形近易混字例常見的典型寫法和相對較為少見的非典型寫法。

第五章「《張家山漢簡》其他構形現象相關探討」，首先進行內部字形的共時比較，歸納出《張家山漢簡》內部構形的簡省、增繁、替換、訛混、移位和類化等現象；繼而進行外部字形的歷時比較，探討《張家山漢簡》不同於秦簡牘、保有篆意及保有古意之構形。

第六章「《張家山漢簡·二年律令》所見《說文》未收字研究」，進行〈二年律令〉所見《說文》未收字之釋例，梳理存於其中的異構、分化、類化、訛誤等文字現象，並分析《說文》未收錄的可能原因和價值。

第七章「結論」，總結本書的研究成果。

本書的出版，十分感謝季旭昇老師的推薦以及萬卷樓圖書的大力支持與協助。回首本書撰寫期間，從簡文圖版的掃描、剪輯、編碼、歸檔，以至後續的字形比對、歸納與考釋，一一克服許多瓶頸與挑戰，喜悅之情難以言喻。希望本書的完成，能對處於古今文字之變的秦至漢初的古隸構形及《說文》未收字的研究提供一些具體參考。

李綉玲謹序於逢甲中文系

目

次

凡例

一　本書所錄《張家山漢墓竹簡〔二四七號墓〕》〈曆譜〉、〈二年律令〉、〈奏讞書〉、〈脈書〉、〈算數書〉、〈蓋廬〉、〈引書〉、〈遣策〉之字形圖版，採自二個版本：

(一)　主要錄自張家山二四七號墓漢墓竹簡整理小組編：《張家山漢墓竹簡〔二四七號墓〕》(北京：文物出版社，2001 年 11 月)一書之圖版。

(二)　少部分字跡不清、難以辨認的字形，錄自彭浩、陳偉、工藤元男主編：《二年律令與奏讞書—張家山二四七號漢墓出土法律文獻釋讀》（上海：上海世紀出版股份有限公司、上海古籍出版社，2007 年 8 月）一書運用紅外線成像技術之圖版。

二　本書徵引《張家山漢墓竹簡〔二四七號墓〕》簡文字形，首列出原圖版，遇字跡模糊難辨的字形，則於圖版之後以括號( )的方式援引張守中先生《張家山漢簡文字編》一書的摹寫字形以供參考，字形後面則以括號( )標示簡文篇名的簡稱及簡號。

三　本書所引《張家山漢墓竹簡〔二四七號墓〕》各篇的簡稱如下：

〈曆譜〉簡稱〈曆〉　　　　〈二年律令〉簡稱〈曆〉

〈脈書〉簡稱〈脈〉　　　　〈奏讞書〉簡稱〈奏〉

〈蓋廬〉簡稱〈蓋〉　　　　〈算數書〉簡稱〈算〉

〈引書〉簡稱〈引〉　　　　〈遣策〉簡稱〈遣〉

四　本書所錄《張家山漢墓竹簡〔二四七號墓〕》釋文，引自張家山二四七號墓漢墓竹簡整理小組編：《張家山漢墓竹簡〔二四七號墓〕(釋文修訂本)》(北京：文物出版社，2006 年 5 月）

五　徵引字形出處依參考字形工具書，力求簡明。同一材料，不同參考字形工具書注明方式不同者，均依原參考字形工具書，不作統一。

六　參考字形工具書多採「簡稱」，請見「參考書目及簡稱」。凡是見於「參考書目簡稱」者，在「參考書目」中一律不重出。

七　書末「字形表筆畫檢索」，依筆畫數排列，以便檢索。

八　關於附錄一「張家山漢簡字形表」進行說明如下：

(一) 徵引簡文字形，首列出原圖版，遇較為模糊難辨的字形，則於圖版之後以括號(　)的方式援引張守中先生《張家山漢簡文字編》一書的摹寫字形以供參考。字形後面則標示簡文篇名的簡稱及簡號。

(二) 字形的選錄標準

1　某字若出現兩個以上的字形，但僅有筆畫曲直或長短的不同，則歸為屬於同類型的構形。

2　考量筆畫的增減、分離、黏合或省併等，對於字形結構會產生不同程度的影響，因而造成外部構形上的差異。因此，某字若出現兩個以上的字形，並存有筆畫增減、分離、黏合、省併，或偏旁發生替換、移位、訛變等現象，則歸為屬於不同類型的構形。

3　某字無論有幾個字形，筆者依上述兩個標準進行歸納。若歸納出僅有一種類型，於表中則僅列出一個字形；若歸納出有兩種類型，於表中則列出兩個字形，以此類推。

4　某字若有兩個以上屬於相同類型的字形，則選取較為清晰者。

第一章　緒論

第一節　研究背景

　　1983 年 12 月，荊州博物館進行發掘位於湖北省江陵縣（今荊州市荊州區）城外西南一點五公里處，江陵磚瓦廠內的張家山〔二四七號漢墓〕，共發現一千二百三十六枚竹簡（不含殘片），出土《二年律令》、《奏讞書》、《算數書》、《脈書》、《引書》、《蓋廬》、《曆譜》以及《遣策》等八種文獻，內容涉及律令、司法訴訟、數學、醫學、導引、養生、軍事理論等方面，為西漢早期一批重要的出土文獻材料。[1]

　　2001 年 11 月，張家山二四七號漢墓竹簡整理小組《張家山漢墓竹簡〔二四七號墓〕》出版，內容涵蓋《二年律令》、《奏讞書》、《算數書》、《脈書》、《引書》、《蓋廬》、《曆譜》以及《遣策》八種文獻的圖版、釋文、及注釋，引發包括簡文的編聯、句讀、釋文和簡文相關內容的研究熱潮。針對《張家山漢墓竹簡〔二四七號墓〕》的相關研究，本章進行以下三個方面的概要介紹：

一　釋文與簡文內容的相關研究

　　2001 年 7 月，彭浩《張家山漢簡《算數書》註釋》出版，[2]本書註釋《算

---

[1] 詳參張家山二四七號漢墓竹簡整理小組：《張家山漢墓竹簡〔二四七號墓〕》（北京：文物出版社，2001 年 11 月）「前言」，頁 1。

[2] 彭浩：《張家山漢簡《算數書》註釋》（北京：科學出版社，2001 年 7 月）。

數書》中的術語、難詞及難句,並校對《算數書》中的訛、衍、脫文及計算錯誤;此外,亦論證了《算數書》成書年代的下限為西漢呂后二年(即公元前 186 年),揭示《算數書》在整數、分數、比例、體積、面積等算術與幾何兩大面向的數學發展水平及應用。

2001 年 11 月,張家山二四七號漢墓竹簡整理小組《張家山漢墓竹簡〔二四七號墓〕》出版,[3]本精裝本收齊張家山〔二四七號墓漢墓〕出土的《二年律令》、《奏讞書》、《算數書》、《脈書》、《引書》、《蓋廬》、《曆譜》以及《遣策》等八種文獻,每一種文獻均由圖版及釋文、注釋兩部分所構成;除了《二年律令》、《奏讞書》、《算數書》、《脈書》、《引書》、《蓋廬》為原有篇題,《曆譜》和《遣策》則為整理小組所擬定之篇名。

2006 年 5 月,張家山二四七號漢墓竹簡整理小組《張家山漢墓竹簡〔二四七號墓〕(釋文修訂本)》出版,[4]此平裝本修訂了 2001 年出版的《張家山漢墓竹簡〔二四七號墓〕》精裝本的釋文和注釋,對於竹簡的次第和編號則未更動,以便讀者對照精裝本的圖版。此修訂本書後附有彭浩〈談《二年律令》中幾種律的分類與編連〉、李均明〈《二年律令・具律》中應分出《囚律》條款〉、張家山漢簡研讀班〈張家山漢簡《二年律令》校讀記〉三篇論文供讀者參考。

2006 年 5 月,蔡萬進《張家山漢簡《奏讞書》研究》出版,[5]該書的研究集中於《奏讞書》的釋文補正、題名及其結構、材料來源與編訂年代、在漢代法律體系中的地位與作用、在秦漢法律實際應用、所反映的秦末漢初歷

---

[3] 張家山二四七號漢墓竹簡整理小組:《張家山漢墓竹簡〔二四七號墓〕》。

[4] 張家山二四七號漢墓竹簡整理小組:《張家山漢墓竹簡〔二四七號墓〕(釋文修訂本)》(北京:文物出版社,2006 年 5 月)。

[5] 蔡萬進:《張家山漢簡《奏讞書》研究》(桂林:廣西師範大學出版社,2006 年 5 月)。

史與漢代奏讞制度等七個方面。

　　2007 年 8 月，彭浩、陳偉、工藤元男《二年律令與奏讞書—張家山二四七號漢墓出土法律文獻釋讀》出版，[6]此書由武漢大學簡帛研究中心、荊州博物館、早稻田大學長江流域文化研究所三方合作，圖版是運用早稻田大學提供的紅外線成像技術所拍攝的七百多枚簡原大小印刷，略為變動《張家山漢墓竹簡〔二四七號墓〕》(簡稱整理本)的圖版和釋文的編次，並隨文注出與整理本的釋文有所差異或須特別說明之處。

　　2007 年 11 月，邵鴻《張家山漢簡《蓋廬》研究》出版，[7]本書除了進行《蓋廬》全篇的釋文、註釋與譯文外，亦深入闡釋《蓋廬》深受黃老之學的影響，並論述全篇所載政治與軍事的關係、兵陰陽家的基本理念和作戰方法；此外，亦舉證肯定《蓋廬》對於研究漢初文字訓詁的價值。

　　2010 年 8 月，王彥輝《張家山漢簡《二年律令》與漢代社會研究》出版，[8]本書對於《二年律令》中的《戶律》與漢代土地制度、名田宅制的實行及演變、《置后律》與漢代繼承制度、《雜律》與漢代私債的危害、奴婢的社會地位等問題進行研究。

　　2012 年 2 月，周敏華《張家山二四七號漢墓出土《奏讞書》研究》，[9]該論文針對《奏讞書》二十二則案例、「奏讞書」三字的題名、司法術語與流程、審理結果及釀成冤假錯案的原因等方面進行細部的梳理探究，理出漢初整理者滙編《奏讞書》的目的，在於教育執法官吏，遵循「一決於法」以

---

[6] 彭浩、陳偉、〔日〕工藤元男：《二年律令與奏讞書—張家山二四七號漢墓出土法律文獻釋讀》（上海：上海古籍出版社，2007 年 8 月）。
[7] 邵鴻：《張家山漢簡《蓋廬》研究》（北京：文物出版社，2007 年 11 月）。
[8] 王彥輝：《張家山漢簡《二年律令》與漢代社會研究》（北京：中華書局，2010 年 8 月）。
[9] 周敏華：《張家山二四七號漢墓出土《奏讞書》研究》（高雄：國立中山大學中國文學研究所博士論文，2012 年 2 月）。

進行一切司法流程；該論文亦透過二十二則案例的文書梳理，初步地反映出各行政層級司法審理的運作流程。

　　單篇論文方面，先後有李學勤〈《奏讞書》解說(上)〉(1993 年)、彭浩〈談《奏讞書》中的西漢案例〉(1993 年)、楊劍虹〈漢簡《奏讞書》所反映的三個問題〉(1994 年)、李學勤〈《奏讞書》解說(下)〉(1995 年)、李憲忠〈從張家山出土《算數書》談中國初等數學體系的形成〉(1999 年)、彭浩〈中國最早的數學著作《算數書》〉(2000 年)、邵鴻〈張家山漢墓古竹書《蓋廬》與《伍子胥兵法》〉(2002 年)、李均明〈張家山漢簡所反映的二十等爵制〉(2002 年)、李學勤〈張家山漢簡研究的幾個問題〉(2002 年)、曹錦炎〈論張家山漢簡《蓋廬》〉(2002 年)、田旭東〈張家山漢簡《蓋廬》中的兵陰陽家〉(2002 年)、王彥輝〈從張家山漢簡看西漢時期私奴婢的社會地位〉(2003 年)、劉釗〈《張家山漢墓竹簡》釋文注釋商榷(一)〉(2003 年)、高敏〈從張家山漢簡《二年律令》看西漢前期的土地制度——讀《張家山漢墓竹簡》札記之三〉(2003 年)、許學仁〈張家山 M247 漢簡〈蓋廬〉篇釋文訂補〉(2004 年)、劉金華〈張家山《算數書》「乘」簡試析〉(2004 年)、劉向明〈從張家山漢簡《奏讞書》看漢初吏治的特點〉(2004 年)、陳斯鵬〈張家山漢簡《引書》補釋〉(2004 年)、許道勝〈張家山漢簡《二年律令·賊律》補釋〉(2004 年)、連劭名〈張家山漢簡《蓋廬》考述〉(2005 年)、李發〈讀張家山漢簡《引書》札記〉(2005 年)、劉向明〈張家山漢簡《奏讞書》所見漢初對官吏犯罪的懲處〉(2005 年)、張鶴泉〈《二年律令》所見二十等爵對西漢初年國家統治秩序的影響〉(2005 年)、謝桂華〈張家山漢墓竹簡〔二四七號墓〕校讀舉例、張家山漢簡研讀班〈張家山漢簡《二年律令》校讀記〉〉、宋艷萍、趙根華〈從張家山漢簡看漢初的老年政策〉、黃一農〈張家山漢墓竹簡《奏讞書》紀日

干支小考〉(2005 年)、蔡萬進〈張家山漢簡《奏讞書》釋文補正舉隅〉(2006 年)、朱紅林〈張家山漢簡釋叢〉(2006 年)、朱德貴〈張家山漢簡與漢代戶賦制度新探〉(2006 年)、朱紅林〈張家山漢簡《賊律》集釋〉(2006 年)、萬榮〈淺析張家山漢簡《二年律令·賊律》所見刑名的刑等〉(2006 年)、李力〈關於《二年律令》題名之再研究〉、周波〈讀張家山漢簡《二年律令》札記〉(2007 年)、蔡萬進〈張家山漢簡《奏讞書》法律地位探析〉(2007 年)、大川俊隆〈張家山漢簡《算數書》「飲漆」考〉(2007 年)、朱紅林〈張家山漢簡《盜律》集釋〉(2007 年)、何有祖〈張家山漢簡《脈書》、《算數書》札記〉(2007 年)、劉歡〈從《二年律令》看漢初職官行政職守和行為準則〉(2007 年)、李孝林〈張家山漢簡《算數書》經濟史料價值探索〉(2007 年)、陳偉〈張家山漢簡《津關令》「越塞闌關」諸令考釋〉、劉光勝〈由張家山漢簡《奏讞書》看荀子「類」的內涵〉(2009 年)、夏增民〈從張家山漢簡《二年律令》推論漢初女性社會地位〉(2010 年)、趙久湘〈張家山漢簡《奏讞書》人名研究〉(2010 年)、尹在碩〈評彭浩、陳偉、工藤元男主編《二年律令與奏讞書》〉、陳治國〈對張家山漢簡《二年律令·秩律》一條律文的理解〉(2011 年)、劉云峰〈張家山漢簡《算數書》研究綜述〉(2011 年)、薛洪波〈評《張家山漢簡〈二年律令〉與漢代社會研究》〉(2011 年) 、丁義娟〈張家山漢簡《二年律令》第 90、91 簡解〉(2012 年)、陳魏俊〈張家山漢簡《脈書》考釋四則〉(2013 年)、吳朝陽〈張家山漢簡《算數書》校證三題〉(2013 年)、勞武利〈張家山漢簡《奏讞書》與岳麓書院秦簡《為獄等狀四種》的初步比較〉(2013 年)、陳麗霞〈從張家山漢簡《二年律令·賊律》看漢代的立法特點〉(2014 年)、郭麗華〈《張家山漢墓竹簡(釋文修訂本)》補正〉(2015 年)·鄔文玲〈張家山漢簡《二年律令》釋文商榷〉(2015 年)、王丹〈張家山漢簡《二年律令》

釋文補正〉(2016 年)、袁延勝〈《奏讞書》所見西漢初年的戶籍問題〉(2016
年)等單篇文章。

二 語言文字的相關研究

2006 年 7 月，成蒂《《張家山漢墓竹簡·二年律令》通假字研究》，[10] 該
論文將所歸納出的 74 組通假字區分為「音同近而無同源關係」和「具同源
關係」兩類，並分別依據字例、字音、字形和字義進行探討；此外，對於這
74 組通假字例在字形上部分相同或完全相異、一字通假一字、一字通假多
字、多字通假一字、二字相互通假等現象進行分析，文末附錄亦將《張家山
漢墓竹簡·二年律令》進行翻譯。

2008 年 4 月，郝慧芳《張家山漢簡語詞通釋》，[11]該論文分為「通釋編」
和「研究篇」，依循「以字帶詞」的形式分條考釋《張家山漢簡》的語詞，
共包括 1806 個單字字頭和 1475 條詞條。研究成果主要有四個方面：一是
對《張家山漢簡》出現的語詞進行窮盡地考釋；二是參照大型語文工具書，
主要是《漢語大詞典》，進行詞條和義項的補充，並提前某些義項的書證；
三是將《張家山漢簡》的語詞和《說文》等時代相近的語言類典籍進行用字
釋義的合證；四是對《張家山漢簡》有可商之處的釋文和注釋進行校讀和補
正。

2008 年 5 月，趙久湘《張家山漢簡異體字研究》，[12]該論文結合語境，
將張家山漢簡的字形和《說文解字》以及《玉篇零卷》、《玉篇》、《集韻》、

---

[10] 成蒂：《《張家山漢墓竹簡·二年律令》通假字研究》(臺南：國立成功大學中國文學研究
　　所碩士論文，2006 年 7 月)。
[11] 郝慧芳：《張家山漢簡語詞通釋》(上海：華東師範大學博士學位論文，2008 年 4 月)。
[12] 趙久湘：《張家山漢簡異體字研究》(重慶：西南大學碩士學位論文，2008 年 5 月)。

《字彙》等字書進行參照比較，歸納分析了 40 個全同異體字、15 個非全同異體字和 52 個異體俗字。

2008 年 5 月，高二渙《張家山漢簡六種與《說文》對比研究》，[13]該論文的研究主要有三個方面：一是將 730 個簡文字形和《說文》小篆或重文以表格的方式呈現。二是將簡文單字在簡文中的意義和《說文》釋義進行比較，歸納出《說文》所釋為本義，簡文字義為《說文》本義或引申義者；簡文字義為《說文》所釋之引申義者；《說文》所釋為本義，簡文字義為假借義者。三是分別對簡文中 76 個《說文》重文和 3 個《說文》新附字進行簡要描述，並列出 61 個《說文》未收字。

2015 年 7 月，連巧《張家山漢簡筆形變化研究》，[14]該論文的研究成果主要有三個方面：一是從共時層面進行《張家山漢簡》「橫、豎、撇、捺、點、折」六個基本筆形的描寫，並從歷時的角度分析《張家山漢簡》的筆形在曲折、斷連、粗細、長短等方面的變化；二是通過歷時的比較，將《張家山漢簡》與之前的古文字進行比對，歸納出平直化、方折化及加粗加長的筆形變化規律，並探究「書寫、時代和地域」對於筆形的影響；三是分析探討筆形變化對於字形結構和字體風格的影響。

2016 年 6 月，申月《張家山漢簡用字研究》，[15]該論文除分析《張家山漢簡》354 組假借字和 32 組錯訛字，亦以《說文》、《玉篇》等字書以及傳世文獻為參照依據，得出 64 組異體字並進行歸納分類。

單篇論文方面，先後有王貴元〈張家山漢簡字詞釋讀考辨〉(2003 年)、

---

[13] 高二渙：《張家山漢簡六種與《說文》對比研究》(重慶：西南大學碩士學位論文，2008 年 5 月)。

[14] 連巧：《張家山漢簡筆形變化研究》(石家莊：河北師範大學碩士學位論文，2015 年 7 月)。

[15] 申月：《張家山漢簡用字研究》(青島：青島大學碩士學位論文，2016 年 6 月)。

王貴元〈張家山漢簡與《說文解字》合證——《說文解字校箋》補遺〉(2004年) 孟蓬生〈張家山漢簡字義札記〉(2004年)、胡憶濤〈張家山漢墓竹簡《二年律令‧賊律》構詞法分析〉(2005年)、孟琳〈《張家山漢簡‧算術書》副詞研究〉(2005年)、李靜〈《張家山漢簡‧蓋廬》虛詞研究〉(2005年)、武曉麗〈《張家山漢簡‧二年律令》中的量詞〉(2005年)、周文娟〈《張家山漢簡‧二年律令》副詞研究〉(2007年)、郝慧芳〈張家山漢簡用字與《說文解字》義證〉(2007年)、孟琳〈《張家山漢簡‧算術書》連詞、介詞研究〉(2008年)、黃瀟瀟〈以《張家山漢墓竹簡》印證《說文》說解〉(2011年) 黃文杰〈張家山漢簡(247號墓)中的異構字〉(2011年)、史德新〈《張家山漢墓竹簡》介詞研究〉(2012年)、丁玫月〈張家山漢墓文字與北京大學藏西漢竹簡文字比較分析〉(2015年)等單篇文章。

三　文字編的編纂

2012 鄭介弦《《張家山漢簡‧二年律令》文字編》，[16] 該論文以電腦掃描再加以剪輯的方式，字形圖版主要錄自 2001 年文物出版社出版的《張家山漢墓竹簡〔二四七號墓〕》，部份漫漶不清的字形則採 2007 年上海古籍出版社出版的《二年律令與奏讞書—張家山二四七號漢墓出土法律文獻釋讀》一書的圖版，依《說文解字》順序排列，共收錄〈二年律令〉526 支簡，包含 1,109 個字頭和 14,444 個字形。

2012 張守中《張家山漢簡文字編》，[17]此為摹寫的文字編，收錄文字選

---

[16] 鄭介弦：《《張家山漢簡‧二年律令》文字編》（彰化：國立彰化師範大學國文研究所國語文教學碩士班碩士學位論文，2012 年 1 月）。
[17] 張守中：《張家山漢簡文字編》（北京：文物出版社，2012 年 11 月）。

自 2001 年文物出版社出版的《張家山漢墓竹簡〔二四七號墓〕》，酌量刪減重複字形，選摘典型字例，共選錄 1,882 個單字，依《說文》分別部居，總計臨摹 9,668 個字形。此文字編的釋文雖依據 2006 年出版的《張家山漢墓竹簡〔二四七號墓〕(釋文修訂本)》，但書末附有〈章家山漢簡釋文校勘表〉，總計校勘 49 個字。

2013 陳怡安《張家山漢簡—〈算數書〉、〈引書〉、〈蓋廬〉、〈遣策〉》文字編，[18] 該論文字形圖版掃描 2001 年文物出版社出版的《張家山漢墓竹簡〔二四七號墓〕》，依《說文解字》部首順序編排，凡形體殘損過於嚴重、模糊過甚無法辨識者，暫不收錄。除〈二年律令〉外，〈曆譜〉、〈奏讞書〉和〈脈書〉亦未收錄。

本書以《張家山漢墓竹簡〔二四七號墓〕》為對象，研究其構形現象，綜上所述，主要鑒於以下思考：

第一，年代明確：

張家山〔二四七號漢墓〕墓中的《曆譜》記載是從漢高祖五年(公元前二○二年)至呂后二年(公元前一八六年)，整理小組指出墓中文獻的著作年代下限不會晚於公元前一八六年，[19]年代屬西漢初期。

第二，數量豐富：

1983 年 12 月至 1984 年初於湖北省江陵縣出土的張家山〔二四七號漢

---

[18] 陳怡安：《張家山漢簡—〈算數書〉、〈引書〉、〈蓋廬〉、〈遣策〉》文字編》（彰化：國立彰化師範大學國文研究所國語文教學碩士班碩士學位論文，2013 年）。

[19] 見張家山二四七號漢墓竹簡整理小組：《張家山漢墓竹簡〔二四七號墓〕》「前言」，頁 1。

墓〕共發現 1236 枚竹簡（不含殘片），總計三萬六千五百餘字，[20]數量豐富。

第三，《張家山漢簡》構形方面的研究仍有待進一步開展：

由本節《張家山漢簡》相關研究所述，可知《張家山漢簡》在文字本體方面的研究，主要在筆形分析、形義關係的通假字以及運用《說文》或其他字書和《張家山漢簡》的字形對照，進而歸納出的異體字的類別等研究較為豐富；但目前對於《張家山漢簡》的文字構形缺乏兼具內部「共時性」與外部「歷時性」的綜合比較研究，有待進一步開展。

第四，歷來學界的相關研究提供了有利的條件：

如本節所述，學者關照張家山漢簡的課題已涉及多方，尤其在釋文、簡文內容、文字編、語詞通釋以及用字的相關研究方面已取得一定成果，為張家山〔二四七號漢墓〕構形的研究提供了有利的條件。

第五，對於漢字古今演變過程的銜接具重要意義：

隸變是漢字形體發展史上極為重要的變革，是漢字演變過程中的重要環節，標誌古今文字的分水嶺。關於隸變的時限問題，裘錫圭先生《文字學概要》將武帝中晚期看作隸書發展過程中「古隸」和「八分」前後兩個階段之間的過渡時期。[21]徐富昌先生《漢簡文字研究》指出隸書成熟期應由東漢中晚期提前至西漢中晚期。[22]鄭惠美先生《漢簡文字的書法研究》提出八分

---

[20] 見張守中：《張家山漢簡文字編》（北京：文物出版社，2012 年 11 月）「凡例」，頁 1。

[21] 裘錫圭：《文字學概要》（臺北：萬卷樓圖書，2001 年 2 月再版），頁 100。

[22] 徐富昌先生云：「隸書發展至西漢中晚(宣帝時)，實已盡脫篆意，臻於成熟，故隸書成熟期，當由習傳之東漢中晚期，提前至西漢中晚期也」見徐富昌：《漢簡文字研究》(臺北：國立政治大學中國文學研究所碩士學位論文，1984 年 6 月)，頁 209。

書萌芽於秦漢之際，發展完成於西漢末年；並以波磔為依據，將漢簡文字劃分成三期，一為波磔的萌芽期(為漢文帝、景帝至武帝元狩年間)，二為波磔的發展期(屬武帝太始年間至宣帝神爵元年)，三為波磔的成熟期(屬宣帝神爵三年至淮南王更始年間)。[23]由於秦漢文字處於隸變萌芽、發展及完成的關鍵時期，重要性不言而喻。綜觀秦漢出土的文字材料，簡帛文字數量眾多，在漢字由篆轉隸的隸變過程中，更能反映當時文字真實使用的情況，格外具有研究價值。

秦文字上承殷周古文，張家山漢簡上接秦文字，下啟西漢中晚期逐漸發展成熟的隸書，正處於古今文字之變的過渡期；因此，分析歸納張家山漢簡的文字構形，對於隸變歷程中，從萌芽期的秦隸發展至成熟八分的銜接，以及填補西漢早期文字實際書寫的面貌，具有積極重要的意義和參考價值，值得全面研究。

第二節　研究範疇

王寧先生〈漢字字體研究的新突破─重讀啟功先生的《古代字體論稿》〉一文，指出漢字的研究分為「字形結構」和「字體風格」兩端，並云：

> 隸變首先是字體的變化，而它帶來的是一場深刻的結構變革。也就是說，「由於筆畫方折的風格變化，已經影響到某些字的結構變化了。」（《論稿》P25）可見字體風格對字形結構的直接影響。[24]

---

23 鄭惠美：《漢簡文字的書法研究》(臺北：國立故宮博物院，1984年12月)，頁37-38。
24 王寧：〈漢字字體研究的新突破─重讀啟功先生的《古代字體論稿》〉，《三峽大學學報(人

可見漢字的「字形結構」和「字體風格」[25]雖為兩種不同的研究範疇，但書寫時筆畫的變異，例如筆畫的分離、黏合或省併等，對於字形結構難免會產生不同程度的影響，因而造成外部構形上的差異。本書研究的張家山漢簡屬於隸變的早期，處於古今文字的變革階段，藉由「平、直、拆、折、伸、縮、斷、連、增、省」等不同書寫方法將古文字的線條轉換為筆畫，筆畫書寫具多變性。

立基於上述考量，本書研究張家山〔二四七號漢墓〕出土的《二年律令》、《奏讞書》、《算數書》、《脈書》、《引書》、《蓋廬》、《曆譜》以及《遣策》等一千二百三十六枚竹簡簡文的構形，除了探討筆畫的簡省、增繁和偏旁或部件的簡省、增繁、替換、方位移動、類化等構形現象，對於張家山漢簡因書寫變異所引發的字形構件的差異，包括原屬不同單字、偏旁或部件，由於筆畫書寫的變異所造成的混同現象；抑或原屬同一偏旁或部件，由於筆畫的變化因而產生多種不同形體的變異現象，亦納入本書構形研究的範疇。

文社會科學版)》第 23 卷第 3 期(2001 年 5 月)，頁 26。

[25] 關於「字體風格」，王寧從啟功先生分析字體大類風格的實際作法中總結出「筆勢」(是完成一個單筆畫行筆的過程，其特徵主要表現在入筆和收筆的筆鋒上)、「筆態」(將筆畫分解為頭、胸、肚、尾四部，其特徵主要表現在各部分的肥細和均勻度上)、「筆意」(是整個單字表現意義的樣式，分為圖畫性強和圖案性強兩類)、「結字」(是整個單字筆畫和部件的組合布局，其特徵主要表現在疏密、勻稱與否和重心三方面)、「轉折」(其特徵主要表現為圓轉或方折上)、「行氣」(是字與字之間的連接狀態)等六大重要屬性。參同上註，頁 28-29。

第三節　研究內容

　　立基於本章第一節和第二節所述，本書的研究主要集中於以下五個方面：

一　歷時性的比勘，進行秦簡牘和《張家山漢簡》構形之比較：

　　1970 年以來，隨著秦漢簡帛文獻大量出土，學者紛紛投入圖版著錄及考釋的工作，已累績一定的研究成果。本書以上一節所述相關的秦簡牘和《張家山漢簡》文字編為基礎，考量同屬「古隸」階段的戰國中晚期的秦國至秦代的秦簡牘和西漢早期張家山漢簡的字形無可避免存在高度的符合性和穩定性；因此，以秦簡牘發生「繁化」、「簡化」及「異化」現象的字例為考察中心，和張家山漢簡進行比勘，期能細緻探討二者在早期隸變過程中穩定的「相同性」和變動的「差異性」。此外，由於多數秦簡牘和張家山漢簡均出土於戰國楚之故地，在比勘過程，亦將楚系文字此一地域性的因素納入考量。本書立基於構形比勘，同時關照以下課題：

(一) 秦簡牘和張家山漢簡構形之比較，進行「同中求異」之探究。

(一) 秦簡牘和張家山漢簡構形具差異性，進行原因之探究。

(三) 簡牘和張家山漢簡隸訛相同或相異的現象分析。

(四) 書手對於簡牘文字構形的影響。

(五) 出土地域和簡牘文字構形的相關性。

二　共時性的歸納和歷時性的探求本源，進行《張家山漢簡》偏旁或部件的混同現象溯源探析：

　　本書運用出土的古文字，著眼於文字的歷時演變，進行《張家山漢簡》偏旁或部件形體混同現象的溯源。溯源的內容包括以下三個方面：

(一) 將《張家山漢簡》各組混同偏旁或部件進行歸納，進而梳理各自原本形體的真實面貌。

(二) 經由溯源，分別統計來源最為複雜多元的混同偏旁和部件。

(三) 追溯《張家山漢簡》發生混同現象的某個偏旁或部件是否已見於張家山漢簡以前的甲骨文、西周金文、春秋金文、六國文字和秦文字等出土材料。

三 歷時性與共時性兼具，進行《張家山漢簡》形近易混字例的考源與辨析：

　　自殷商甲骨文，漢字已見形近易混的現象，歷來亦有許多學者進行研究。本書回歸《張家山漢簡》簡文，以文例通讀為基礎，進行《張家山漢簡》形近易混字例的「歷時性考源」與「共時性辨析」。具體的研究內容涵蓋以下五個面向：

(一) 追溯《張家山漢簡》各組形近易混字例歷時的形混現象。

(二) 區別《張家山漢簡》各組形近易混字例常見的典型寫法和相對較為少見的非典型寫法。

(三) 分析《張家山漢簡》各組形近易混字例的典型寫法、非典型寫法和形混現象的關聯性。

(四) 呈現「平、直、拆、折、伸、縮、斷、連、轉、移、增、省」等隸變方式對於形混現象的影響。

(五) 探究同時見於秦簡牘和《張家山漢簡》的形混字例是否具有差異性。

四 《張家山漢簡》其他構形現象的相關探討。具體的研究內容涵蓋二個面向：

(一) 內部字形的共時比較，探究《張家山漢簡》內部構形的簡省、增繁、替換、訛混、移位和類化等現象。

(二) 外部字形的歷時比較，呈現《張家山漢簡》不同於秦簡牘、保有篆意及保有古意之構形。

五 《張家山漢簡・二年律令》所見《說文》未收字研究：

《說文》自成書以來，輾轉傳抄，難免有所訛誤和脫漏。《張家山漢簡》距《說文》未遠，保留了漢初文字及詞彙系統的真實面貌；其中以〈二年律令〉出土簡數最多，引起最多的關注和研究，已累積豐碩的研究成果，對於探究《說文》未收字提供了更為成熟有利的條件。據此，本書立基於先秦出土文獻、秦文字、歷代字書以及傳世文獻的基礎上，進行《張家山漢簡・二年律令》所見《說文》未收字研究，具體的研究內容如下：

(一) 首先，進行《張家山漢簡・二年律令》所見《說文》未收字之釋例。

(二) 繼而，梳理《張家山漢簡・二年律令》所見《說文》未收字反映之異構、分化、類化、訛誤等文字現象。

(三) 終而，剖析《說文》未收錄的可能原因，並探究《張家山漢簡・二年律令》所見《說文》未收字的價值。

第二章 秦簡牘和《張家山漢簡》文字
構形比較析論

——以秦簡牘「簡化」、「繁化」及「異化」現象的字例為考察中心

蔣善國《漢字形體學》一書指出「古隸也叫秦隸，是古今文字的中間或過渡形式。」[1]裘錫圭《文字學概要》一書云：

> 也許我們可以把武帝中晚期看作隸書發展的前後兩個階段之間的過渡時期。前一階段的隸書既可以稱為早期隸書，也可以稱為古隸。後一階段的隸書既可以稱為成熟的隸書，也可以稱為八分（昭帝時代的隸書，有些還帶有比較濃厚的古隸意味，也許可以把昭帝時代也包括在過度時期裡。[2]

裘錫圭以西漢武帝中晚期為界，將隸書的發展分為前後兩個階段，前一階段的隸書可稱為早期隸書，亦可稱為「古隸」；後一階段的隸書可稱為成熟的隸書，亦可稱為「八分」。劉鳳山《隸變研究》將隸變的過程分為三期，一為萌芽期(戰國中晚期)，二為發展階段(秦、西漢時期)，三為完成階段(西漢中期至東漢中後期)。並云：

> 隸書可以分為古隸和今隸。古隸包括秦隸和漢初的隸書，從時間上看

---

[1] 蔣善國：《漢字形體學》（北京：文字改革出版社，1959 年 9 月），頁 166。
[2] 裘錫圭：《文字學概要》（臺北：萬卷樓圖書，2001 年 2 月再版），頁 100。

大致以武帝為界。之前稱古隸，後來的稱為今隸。……從西漢中期以後，古隸逐漸演變為完全成熟的今隸，東漢風格多樣的漢碑成為完全成熟的今隸的見證。[3]

　　上述二位學者指出戰國中晚期至西漢初年的隸書屬於「古隸」的階段，武帝中晚期則為早期隸書和成熟隸書的過渡時期。可見秦漢文字處於隸變萌芽、發展及完成的關鍵時期，在漢字發展史上的地位不言而喻。綜觀出土的秦漢文字材料，有簡牘文字、帛書文字、石刻文字、金文、封泥文字、璽印文字、陶文等；其中，出土的簡帛文字除數量眾多、時間跨度長，具有寶貴的社會文化、歷史地理、公文形制等史料價值外，在漢字形體由篆轉隸的隸變過程中，亦是不可忽略的重要環節及第一手材料。此外，文字如果經過刻鑄，難免會影響文字的真實面貌，而簡帛文字由於取材、製作、書寫等方面十分便利，為社會各階層所青睞，更能反映當時社會文字的使用情況及真實的書寫原貌，格外具有研究價值及意義。

　　1983 年 12 月，張家山二四七號漢墓於湖北省江陵縣出土，共發現 1236 枚竹簡（不含殘片），年代下限為公元前一八六年，屬西漢早期漢墓。張家山二四七號漢墓出土了《二年律令》、《奏讞書》、《算數書》、《脈書》、《引書》、《蓋廬》、《曆譜》以及《遣策》等八種文獻，為西漢早期一批重要的出土文獻材料。筆者檢視學界歷來對於張家山二四七號漢墓竹簡的研究，主要包括簡文的編聯、句讀、釋文、文字編和相關簡文內容的探討，多專於律令、醫學、導引、數學、軍事理論等方面，對於張家山漢簡文字構形的研究，尤其是隸變過程中和秦隸構形相同或相異的探討反而有所忽略，有待進一步開

---

[3] 劉鳳山《隸變研究》(上海：首都師範大學博士學位論文，2006 年 5 月)，頁 60-61。

展。

　　綜上所論，本章以秦簡牘文字(戰國中晚期的秦國至秦代)和西漢早期的張家山漢簡為對象，筆者考量就同屬「古隸」階段的隸書而言，字形無可避免存在高度的符合性和穩定性；然就歷時的眼光來看，亦不可忽略戰國中晚期至漢初這段時間的文字在隸變「漸變」過程中的「差異性」。是故，本文以秦簡牘發生「繁化」、「簡化」及「異化」現象的字例為考察中心，和張家山漢簡進行比勘，期能細緻探討秦簡牘和張家山漢簡文字在早期隸變過程中穩定的「相同性」和變動的「差異性」。立基於比勘的基礎，本文將針對張家山漢簡和秦簡牘之構形進行「同中求異」之探究，對於張家山漢簡和秦簡牘不同的構形，亦將探求其原因。此外，除了西南地區的青川木牘和西北的放馬灘秦簡，多數秦簡牘和張家山漢簡均出土於戰國楚之故地，亦不能忽視楚系文字此一地域性的影響因素。

第一節　構形具相同性

一　秦簡牘簡化，張家山漢簡亦見

(一) 秦簡牘和張家山漢簡均可見「省略筆畫」

【兩】　⁴(二 52)

---

⁴ 本章所錄「張家山漢簡」〈曆譜〉、〈二年律令〉、〈奏讞書〉、〈脈書〉、〈算數書〉、〈蓋廬〉、〈引書〉、〈遣策〉之字形為筆者掃描張家山二四七號墓漢墓竹簡整理小組編：《張家山漢墓竹簡〔二四七號墓〕》(北京：文物出版社，2001 年 11 月)之圖版，本章其後不另在註釋中一一敘明。

西周金文「兩」字作 (周晚.㫐皇父簋《新金》)，春秋金文作 (洹子孟姜壺《新金》)，秦篆作 (戰晚.詛.沈《秦》)，《說文》字頭篆文作 （卷七下・頁 250）[5]秦簡牘「兩」字作 (睡.答 137《秦簡》)、 (龍簡 1《秦簡》)、 (里 8-1673《里》)，亦見中間部位省略右短捺和左短撇作 (睡.封 66《秦簡》)、 (關簡 336《秦簡》)、 (里 8-254《里》)，可知無論是湖北出土的睡虎地秦簡、關沮秦簡，或是湖南出土的里耶秦簡，均可見省略筆畫的寫法。張家山漢簡「兩」字作 (引 91)、 (脈 29)，亦見省略筆畫作 (二 52)、 (引 40)。據筆者觀察，《《張家山漢簡・二年律令》文字編》「兩」字總共收錄 84 個字形，[6]以省略筆畫的寫法為常見；若不考慮其中模糊不清的字形，除了簡 94 作 、 ，簡 119 作 、 (二 119) 筆畫未省，其餘字形大致省略筆畫；至於《張家山漢簡・引書》的「兩」字，據《張家山漢簡—〈算數書〉、〈引書〉、〈蓋廬〉、〈遣策〉文字編》所收錄 41 個字形，[7]除了模糊不清的字形，大致只見簡 38、40、51、67、76 等形省略筆畫，分別作 、 、 、 、 ，其餘字形大致未省。和〈二年律令〉相較，〈引書〉「兩」字的寫法反而以筆畫未省的構形較為常見，除了顯示張家山漢簡處於文字過渡階段的不穩定狀態，亦不可忽略書手的書寫習慣此一因素對於簡牘文字構形的影響。

【盾】 （引 56）

---

[5] 本書所採大徐本《說文》版本為〔東漢〕許慎記、〔南唐〕徐鉉等校定：《說文解字》（北京：中華書局，1985 年《叢書集成初編》影印《平津館叢書》本）。由於本書多次徵引大徐本《說文》，其後直接在引文之後用括號標示卷數、頁碼，不另在註釋中一一敘明。

[6] 鄭介弦：《《張家山漢簡・二年律令》文字編》（彰化：國立彰化師範大學國文研究所碩士論文，2012 年 1 月），頁 655。

[7] 陳怡安：《張家山漢簡—〈算數書〉、〈引書〉、〈蓋廬〉、〈遣策〉文字編》（彰化：國立彰化師範大學碩士學位論文，2013 年），頁 145。

　　西周金文「盾」字从目作 ■(周晚.五年師旋簋《新金》)，蘇建洲先生指出〈宗人簋〉銘文：「乃易（錫）宗人 ■、戈」的 ■、〈小臣宅簋〉銘文：「（伯）易（賜）小臣宅畫 ■、戈」的 ■ 均應釋為「干」，不宜再釋為「盾」。[8]《說文·盾部》：「■，瞂也，所以扞身蔽目。象形。」（卷四上·108 頁）。秦簡牘「盾」字作 ■(睡.效 16《秦簡》)、■ (睡.律 178《秦簡》)，亦見「目」形省略一橫筆作■(睡.效 4《秦簡》)、■ (睡.雜 34《秦簡》)，和「日」形混同；戰國楚系「戲（瓾）」字作 ■(曾 46《楚》)、■ (曾 37《楚》)，「目」形亦寫作「日」形。據筆者統計，張家山漢簡「盾」字凡四見，其中有三形分別作 ■ (引 56)、■ (蓋 1)、■ (二 445)，「目」形均省略一橫筆，和「日」形混同；另一形作■(二 504)，雖然張守中先生摹寫作■，[9]由於此形筆畫殘缺，究竟從「目」或從「日」，筆者暫持保留態度。

　　綜上，睡虎地秦簡和楚系曾侯乙墓竹簡的「盾」形所從之「目」可見省略一橫筆為「日」，由於睡虎地秦簡和張家山漢簡均出土於戰國時楚之故地，可見張家山漢簡的字形並非單純承襲自秦隸，亦不可忽略楚系文字此一影響因子。

(二) 秦簡牘和張家山漢簡均可見「濃縮形體」

1 濃縮構字偏旁的部分形體為橫畫

---

[8] 參蘇建洲：〈西周金文「干」字再議〉，復旦大學出土文獻與古文字研究中心，2017/02/12，http://www.gwz.fudan.edu.cn/Test/Web/Show/2981。
[9] 張守中：《張家山漢簡文字編》（北京：文物出版社，2012 年 11 月），頁98。

【得】 （算 32）

　　甲骨文「得」字从又持貝作 (商.合 508《新甲》)，或加「彳」形作
(商.合 8928《新甲》)。商金文作 (得卣《新金》)，西周金文作
(周中.欰駿簋《新金》)，春秋金文「貝」形省訛為「目」形作 (鼄
鐈《新金》)，六國文字亦見「貝」形省訛為「目」形作 (戰.晉.中山王 壺
《新金》)、 (戰.楚.上一.孔 26《上博》)。《說文》字頭篆文作 （卷
二下·頁 57），秦簡牘作 (睡.日乙 169《秦》)、 (關簡 190《秦簡》)、
(嶽 0425《嶽三》)，亦見「貝」形下面兩筆濃縮成一橫畫作 (放.志 2
《秦簡》)、(睡.甲 75 背《秦簡》)、 (嶽 1343《嶽三》)；張家山漢簡
「得」字作 (二 205)、(算 106)，亦習見「貝」形下面兩筆濃縮成一橫
畫作 (二 102)、 (算 32)。

【新】 （奏 80）

　　古「新」字作 (商.前 5.4.4《甲》)、(周中.師酉簋《新金》)、
(戰.楚.郭.老丙 1《戰》)、 (戰.晉.中山圓壺《戰》)，《說文》字頭篆
文作 （卷一四上·472 頁）。秦簡牘作 (睡.效 32《秦簡》)、 (睡.
雜 18《秦簡》)，亦見「辛」旁上半部濃縮為四橫畫作 (關 314《秦簡》)、
(里 8-657《里》)。張家山漢簡「新」字作 (二 455)、[10](奏 133)，
亦見「辛」旁上半部濃縮為四橫畫作 (奏 80)，或較秦簡牘隸訛更甚作
(奏 89)、 (奏 142)。

---

[10] 張守中先生此形摹寫作 。見張守中：《張家山漢簡文字編》，頁 370。

2 濃縮構字偏旁的部分形體為實心點或短橫

【瓜】（遣 27）　【狐】（算 34）

古「瓜」字作(戰.命瓜君嗣子壺《新金》)、(戰.鄒滕 2.55)，[11]《說文》字頭篆文作（卷七下・頁 239）。秦簡牘「狐」字作(里 J1(16)9 背《秦簡》)、「孤」字作（睡.乙 243《秦簡》)，所從「瓜」旁瓜藤以外的瓜果之形濃縮為點形或點橫；楚文字「孤」字作 (新零.九、甲三.23、57《楚》)，亦見瓜果之形濃縮為短畫。張家山漢簡「瓜」字作（遣 27）、「狐」字作（算 34）、（算 35），由於楚簡已見「瓜」形濃縮的寫法，睡虎地秦簡和張家山漢簡出土於湖北省，里耶秦簡出土於湖南省，又均屬戰國楚之故地；因此，張家山漢簡「瓜」字濃縮的寫法並非單純承襲自秦隸，不能將源自楚系文字地域性的影響因素排除。

【總】（秦 106）

古「悤」字作(菁 11.4《甲》)、(周早.克鼎《新金》)、(周晚.番生簋《新金》)、(周晚.述編鐘《新金》)、（春秋晚.蔡侯紐鐘《新金》)、(春秋晚.蔡侯盤《新金》)，《說文》字頭篆文作（卷一〇下・341 頁）。何琳儀先生認為「悤」字從心、從囪，心靈明瞭通徹之意，小篆所從的「囪」旁始訛變為；[12]筆者並不排除「」或形可能只是標示功能的記號，不具獨立性，附加在「心」旁上，表示心開竅明瞭之意。[13]秦簡牘「悤」

---

[11] 此形引自徐穀甫、王延林：《古陶字彙》（上海：上海書店出版社，1994 年），頁 305。

[12] 何琳儀：《戰國古文字典—戰國文字聲系》（北京：中華書局，1998 年 9 月），頁 429。

[13] 參筆者拙作：〈從隸變看秦簡記號化現象〉，收入《第二十七屆中國文字學國際學術研討會論文集》（臺中：國立臺中教育大學，2016 年 5 月），頁 310-311。

字作 （睡.甲 158 背《秦簡》）、「總」字作 （睡.律 54《秦簡》）；秦簡牘「恩」形的寫法幾本上源自上述的西周和春秋金文，「」或 形進而濃縮為實心點，張家山漢簡繼而承之，「總」字作 （奏 106）。

(三) 秦簡牘和張家山漢簡均可見「省略構字偏旁的部分形體」

【屈】 （引 111）

古「屈」字作 (春晚.郘篙鐘《新金》)、(戰.包 190《戰》)、(戰.三晉 113《戰》)，《說文》字頭篆文作 （卷八下・280 頁）。秦簡牘「屈」字作 （放.志 3《秦簡》）、 （睡.甲 41 背《秦簡》），亦見省尾形作 （睡.為 341《秦簡》）、 （睡.甲 120 正《秦簡》）。張家山漢簡習見作 （二 454）、（引 18），據筆者觀察，僅一例簡省尾形 作 （引 111）。

(四) 秦簡牘和張家山漢簡均可見「省略義符」

【灋】 （算 65）

古「灋」字从水、从廌、从去作 (周早.大盂鼎《新金》)、(周中晚.戎生編鐘《新金》)、(戰.楚.郭.緇 27《楚》)，或省「去」形作 (周中.親簋《新金》)，或省「廌」形作 (戰.晉.璽彙 0500《戰》)，或「去」形訛成「夫」形作 (戰.楚.包 2.16《楚》)；秦篆作 (元年詔版二《秦》)、(集證 153《秦》)，《說文》字頭篆文从水、从廌、从去作 （卷一○上・頁 326）。秦簡牘「灋」字常見从水、从廌、从去作 (睡.語 2《秦簡》)、(龍簡 147《秦簡》)、 (里 8-1588《里》)，據筆者觀察，僅《嶽麓

秦簡》省「廌」形作 (嶽.為 83 正《秦簡》)、 (嶽簡 956《秦簡》)。據筆者檢視，張家山漢簡〈二年律令〉、〈奏讞書〉和〈蓋廬〉的「灋」字均從水、從廌、從去作 (二 261)、 (二 75)、 (奏 52)、 (蓋 48)，而〈算數書〉「灋」字 95 個字形則均為省略「廌」形的寫法，[14]例如簡 65 作 、簡 94 作 ，此應和書手書寫習慣有關。筆者進一步觀察張家山漢簡〈二年律令〉「灋」字 16 個字形，[15]唯某一區間(簡 74、75、77、90)所從之「水」形作 ，不作 ，疑不同書手所致。

以上諸例，筆者有以下四點觀察：

其一，秦簡牘某字省略之構形非屬孤例，張家山漢簡承之，亦同秦簡牘非屬孤例，至少出現二個以上的省略字形。例如：「兩」、「盾」、「得」、「狐」、「新」等字。

其二，秦簡牘某字省略之構形雖非屬孤例，但由於張家山漢簡此字僅出現一個字形，雖承之秦簡牘省略之構形，亦難以斷定此省略構形於張家山漢簡為常見或偶見。例如：「總」字。

其三，秦簡牘某字省略之構形非屬孤例，張家山漢簡雖然可見承之秦簡牘之省略構形，卻僅見一例。例如：「屈」字。可見秦簡牘和張家山漢簡的構形，同中仍可見相異之處。

其四，張家山漢簡可見某字省略的字形集中出現於某篇章，例如省「廌」形之「法」字，唯見於〈算數書〉。又例如〈二年律令〉的「兩」字，其較為清晰的字形幾乎全為「兩」字中間省略兩筆的寫法。筆者推測此現象應和

---

[14] 《張家山漢簡—〈算數書〉、〈引書〉、〈蓋廬〉、〈遣策〉》文字編「灋」字總共收錄 95 個字形，均省「廌」形。見陳怡安：《張家山漢簡——〈算數書〉、〈引書〉、〈蓋廬〉、〈遣策〉》文字編》，頁 177。

[15] 《《張家山漢簡·二年律令》文字編》「灋」字總共收錄 16 個字形。見鄭介弦：《《張家山漢簡·二年律令》文字編》，頁 812。

不同書手的書寫習慣有關。

二　秦簡牘繁化，張家山漢簡亦見

【臨】　（二 456）

西周金文「臨」字作 （周中.獄簋蓋《新金》）、（周晚.弔臨父簋《新金》），楚文字作 （戰.包 2.53《楚》）、（上四.柬 1《上博》），秦篆作 （戰晚.詛.巫《秦》），《說文》字頭篆文作 （卷八上・頁 269）。秦簡「臨」字作 （睡.為 37《秦簡》），或於人形下方增加一橫畫作 （睡.乙 136《秦簡》），古文字亦常見繁加飾筆。據筆者觀察，張家山漢簡「臨」字見於〈二年律令〉和〈奏讞書〉，其中〈二年律令〉凡 8 見，〈奏讞書〉凡 5 見，均於品形上方繁加一橫畫，例如 （二 456）、（奏 18），相較於秦簡牘，張家山漢簡「臨」字的寫法較為一致，構形相對穩定。

【甚】　（脈 20）

西周金文「甚」字从口作 （周早.其鬢君簋《新金》），或从甘作 （周晚.晉侯對盨《新金》），楚文字作 （戰.楚.郭.唐 24《秦》）、（戰.楚.包 2.198《秦》），秦篆作 （戰晚.詛.亞《秦》），《說文》字頭篆文作 （卷五上・頁 149）。秦簡「甚」字作 （睡.語 7《秦簡》）、（里 8-2000《里》），亦見繁加短豎畫作 （關簡 325《秦簡》）；張家山漢簡「甚」字見於〈奏讞書〉、〈蓋廬〉、〈脈書〉和〈引書〉，據郝慧芳統計，凡 22 見。[16]據筆者觀察，其中〈引書〉簡 83「甚」字作 ，難以判斷上部之「甘」形是

---

[16] 郝慧芳：《張家山漢簡語詞通釋》（上海：華東師範大學博士論文，2008 年 4 月），頁 381。

否繁加短豎筆；另，〈蓋廬〉簡 44 有二個「甚」字，分別作 、，其中 形對照圖版，明顯可見所在位置的竹簡缺損了右半部，此形應為有加短豎筆的「甚」字。除上述二例，張家山漢簡「甚」字所從之「甘」均繁加一豎筆，作 （蓋 31）、（脈 20）、（奏 166），寫法一致。秦簡牘和張家山漢簡「其」字除了作 （嶽.為 15 正《秦簡》）、（奏 34），亦見作 （關簡 346《秦簡》）、（脈 2），「其」字的畚箕之形和「甚」字繁加豎筆的「甘」形產生混同現象作 。

三　秦簡牘變形音化，張家山漢簡亦見

【昏】 （引 2）

甲骨文「昏」字作 （合 29795《新甲》）、（合 29092《新甲》），西周金文作 （周晚.柞伯鼎《新金》），六國文字作 （戰.燕.陶彙 4.122）、[17] （戰.楚.郭.老甲 30《楚》）、（戰.楚.上四.昭 8《上博》）。《說文·日部》：「昏，日冥也。从日，氐省。氐者，下也。一曰民聲。」(卷七上·126頁)黃文杰先生曾指出秦漢時代由於隸變，「氐」字第一筆向上彎曲延伸作 ，巧合地和「民」字簡省的寫法作 相近，需靠文例進行辨別。[18]秦簡牘「氐」字作 （關 142《秦簡》），或延伸筆畫增繁作 （睡.編 2《秦簡》）；「民」字作 （睡.答 157《秦簡》）、（睡.日乙 60《秦》），或簡省筆畫作 （嶽.為 2 正《秦簡》），其中「氐」字繁化和「民」字簡化的寫法均作 時，確實產生混同現象。秦簡牘「昏」字作 （關 170《秦簡》），

---

[17] 此形引自季師旭昇先生：《說文新證(上冊)》(臺北：藝文印書館，2002 年 10 月)，頁 536。

[18] 參黃文杰：《秦至漢初簡帛文字研究》（北京：商務印書館，2008 年 2 月），頁 138。

據上所述，秦簡牘「氏」、「民」均有可能寫作 ，因此 形上面所從可能是「氏」，亦可能是「民」；另，秦簡牘「昏」字亦見作 （睡.日乙 156《秦》），上面所從確實是「民」。至於張家山漢簡「氏」字作 （二 456）、（奏 141）、（奏 130），「民」字作 （二 188）、（二 249）、（蓋 1），「氏」字未見向上彎曲延伸繁化，「氏」、「民」並不相混。張家山漢簡「昏」字凡 3 見，[19]分別作 （引 2）、（引 4）、（引 7），上半部均寫作「民」形。

考「昏」字古音（曉/文）、「氏」字古音（禪/支）、「民」字古音（明/真），由於「昏」、「氏」二字聲韻並不相近，但「昏」、「民」二字聲韻俱近；[20]再加上秦簡牘和張家山漢簡的「昏」字確實可見從「民」而非從「民」的省略寫法，不致和「氏」旁產生混同。因此筆者認為「氏」、「民」二字單獨構形時雖有形混的現象，但就「昏」字而言，將「氏」旁寫成與其形體相近並可代表「昏」字讀音的「民」旁，並非單純的形近混同，反而是一種有意識的「變形音化」現象的可能性較高。[21]

四 秦簡牘方位移動，張家山漢簡亦見

(一) 左右移位

字例	秦簡牘	張家山漢簡	說明
猶	睡.答 115 睡.語 12	奏 170 奏 163	張簡「猶」字左

---

[19] 郝慧芳：《張家山漢簡語詞通釋》，頁 211。

[20] 「真」、「文」旁轉，古亦可見「曉」、「文」二紐通假之例，例如〈馬王堆帛書〉「閽（明／文）」讀為「婚（曉／文）」、「悶（明／文）」讀為「昏（曉／文）」。參王輝：《古字通假釋例》（臺北：藝文印書館，1993 年 4 月），頁 775。

[21] 劉釗先生云：「變形音化是指將象形字或會意字、指事字的部分構形因素，改造成與其形體相近的一個可以代表這個字字音的字。變形音化與一些訛變不同，常常是一種有意識的改造。」見劉釗：《古文字構形學》(福州：福建人民出版社，2006 年 1 月)，頁 88。

			右偏旁移位為常見現象。

(二) 上下移位

字例	秦簡牘	張家山漢簡	說明
隋	嶽.占 20 正　嶽.為 84 正	脈 8　二 457	張簡「隋」字亦見「ナ」、「工」上下移位現象。

(三) 左右式與上下式互換

字例	秦簡牘	張家山漢簡	說明
然	放.甲 32　睡.律 138	[22]引 33　脈 5	張簡「然」字亦見左二右一的空間構形。
脩	睡.乙 187　睡.甲 76 正	奏 153　[23]奏 134	張簡「脩」字的「肉」形亦見在「下」或「右下」的空間構形。

以上諸例，筆者有以下兩點觀察：

其一，即使秦簡牘和張家山漢簡的某字可見相同的空間分布形態；但整體細部的觀察，仍可發現秦簡牘和張家山漢簡某字空間分布的型態轉變。例如「脩」字，秦簡牘以肉形在「下」的空間分布較為常見，張家山漢簡則轉以肉形在「右下」的空間分布較為常見。

---

[22] 張守中先生此形摹寫作 　。見張守中：《張家山漢簡文字編》，頁 272。

[23] 張守中先生此形摹寫作 　。見張守中：《張家山漢簡文字編》，頁 114。

其二，「犬」、「肉」這兩個偏旁在秦至漢初的簡帛文字中位置尚未完全定型。

五　秦簡牘形近相混的非典型寫法，張家山漢簡亦見

本章的「形近相混」是指兩個字或兩個偏旁本身的意義並不相關，非義近關係；由於形體相近因而發生混同，或出現混同之嫌的非典型常見寫法的現象，必須藉由通讀文例，才得以明確辨別。詳見以下字例：

(一) 【十】【七】

甲骨文「十」字作 │ (合 10514《新甲》)、▌ (合 897《新甲》)，「七」字作 ✛ (花東 32《新甲》)、✛ (合 6068 正)，二字不相混。西周金文「十」字作 ▌ (周早.遣卣《新金》)，或豎長橫短作 ✛ (周晚.五年師旋簋《新金》)、✛ (周晚.走簋《新金》)；「七」字則豎短橫長作 ✛ (周早.史頌父鼎《新金》)，或豎畫橫畫大致等長作 ✛ (周中.七年趞曹鼎《新金》)、✛ (周晚.此鼎《新金》)，西周金文「十」、「七」二字基本上有所區別。

戰國楚簡「十」字可見承襲西周金文豎長橫短的寫法，如《郭店·緇衣》簡47：「二十又三」的「十」字作 ✛，[24]亦見豎畫橫畫大致等長的寫法，如《郭店·六德》簡45：「其■十又二」的「十」字作 ✛。[25]楚簡的「七」字則可見承襲西周金文豎短橫長的寫法，如《上博二·容成氏》簡47：「七

---

[24] 荊門市博物館：《郭店楚墓竹簡》(北京：文物出版社，1998 年 5 月)，釋文頁 131、圖版頁 20。

[25] 荊門市博物館：《郭店楚墓竹簡》，釋文頁 188、圖版頁 48。

邦 (來)備(服)的「七」字作，[26]亦可見豎畫橫畫大致等長的寫法，《上博二‧容成氏》簡 5：「 (三十)又(有)七」的「七」字作，[27]亦見豎長橫短的寫法，如《上博五‧競建內之》簡 3：「人之(背)者七百」的「七」字作。[28]據上所述，可知戰國楚簡「十」、「七」二字明確可見形混現象；另，戰國文字可見將「七」字之豎筆向右轉折作 (燕明刀《先秦編 573》)[29]，以別於「十」字。

李蘇和指出秦文字一般豎長橫短為「十」，豎短橫長為「七」，其區別在橫豎筆畫長短的比例上。[30]的確，秦簡牘「十」字通常作(睡.效 14《秦簡》)，「七」字通常作(睡.乙 95《秦簡》)；但仍可見「十」字和「七」字的橫畫和豎畫長度比例相近，難以區分的形混現象。如《睡虎地秦簡‧日書甲種》簡 64 背：「日十一夕五」的「十」字作[31]，又如《周家臺秦簡‧日書》簡 377：「即取守室二七，置橛中。」的「七」字作[32]，此二簡的、二形橫豎筆畫長度接近，單從字形難以斷定究竟為「十」字或「七」字，需根據文例判斷。

張家山漢簡同秦簡牘，「十」字和「七」字除典型寫法，亦見橫畫和豎畫長度相近，難以根據豎畫和橫畫的比例判別「十」、「七」二字的形混現象。

---

26 馬承源：《上海博物館藏戰國楚竹書(二)》(上海：上海古籍出版社，2002 年 12 月)，釋文頁 287、圖版頁 139。

27 馬承源：《上海博物館藏戰國楚竹書(二)》，釋文頁 254、圖版頁 97。

28 馬承源：《上海博物館藏戰國楚竹書(五)》(上海：上海古籍出版社，2005 年 12 月)，釋文頁 169、圖板頁 20。

29 此形引自吳良寶：《先秦貨幣文字編》(福州：福建人民出版社，2006 年 3 月)，頁 221。

30 參李蘇和：《秦文字構形研究》(上海：復旦大學博士學位論文，2014 年 5 月)，頁 224。

31 睡虎地秦墓竹簡整理小組：《睡虎地秦墓竹簡》，釋文頁 33。

32 湖北省荊州市周梁玉橋遺址博物館：《關沮秦漢墓簡牘》(北京：中華書局，2001 年 8 月)，釋文頁 136、圖版頁 54。

例如「十」字常見豎長橫短作 ✝(算 188)，亦偶見橫畫和豎畫長度相近，如〈曆譜〉簡 11：「二年：十月辛丑，十一月辛未，十二月辛丑。」（頁 3）[33] 其中「十月辛丑」的「十」字作 ✚、「十二月辛丑」的「十」字作 ✚，從文例可知這兩個字形讀為「十」，但橫畫和豎畫長度比例相近，非「十」字顯明的豎長橫短字形。至於「七」字，張家山漢簡常見豎短橫長作 ✚(算 188)，亦偶見如〈算數書〉簡 43：「禾租四斗卅七分【斗】十二。」（頁 137）其中「七」字作 ✚，非「七」字典型的豎短橫長字形。筆者發現張家山漢簡「十」字出現非典型的的豎長橫短字形常見於「合文」中，例如「五十」作 ✚(二 357)、「六十」✚(二 357)、「八十」作 ✚(二 217)。

(二) 【白】【日】

古「白」字作 ◯ (合 20076《新甲》)、◯(周中.小臣鼎《新金》)、◯(春秋晚.吳王光鑑《新金》)、◯ (戰.晉.貨系 3879《戰》)、◯ (戰.齊.魯伯俞父簠《齊》)、◯ (戰.楚.上博四.曹 32)[34]、◯(戰.楚.曾 81《楚》)、◯(戰.楚.郭.窮 14《楚》)，「日」字作 ▭ (合 6571 正《新甲》)、◉ (合 28569《新甲》)、◯(商.大兄日乙戈《新金》)、◉(周中.盂方鼎《新金》)、◉ (戰.齊.安易之 ◯ 刀《齊》)、▭ (戰.晉.中山圓壺《戰》) ◯ (戰.楚.上博四.曹 51)[35]、◯(戰.楚.包 2.45《楚》)。據上可知商周甲金文和六國

---

33 本章所錄「張家山漢簡」〈曆譜〉、〈二年律令〉、〈奏讞書〉、〈脈書〉、〈算數書〉、〈蓋廬〉、〈引書〉、〈遣策〉之釋文採自張家山二四七號墓漢墓竹簡整理小組編：《張家山漢墓竹簡〔二四七號墓〕(釋文修訂本)》(北京：文物出版社，2006 年 5 月)，本章其後不另在註釋中一一敘明。由於本章多次徵引該書，其後直接在釋文之後用括號標示頁碼，不另在註釋中一一敘明。

34 馬承源：《上海博物館藏戰國楚竹書(四)》(上海：上海古籍出版社，2004 年 12 月)，圖版頁 123。

35 馬承源：《上海博物館藏戰國楚竹書(四)》，圖版頁 142。

文字典型的「白」與「日」有明顯差別，如同李蘇和所言，「日」寫成方形或圓形輪廓，中間加一點或一筆；「白」寫成上部尖銳的圓形，或者上部突出了一短豎筆，然後中間加一橫。[36]

　　秦簡牘發生隸變，「白」字可見承襲商周甲金文，上部為尖形作 （里8-1742《里》），亦見「白」字輪廓為方形或圓形，與「日」字產生形混現象，輪廓為方形者，如《睡虎地秦簡・秦律十八種》簡 56：「白粲操士攻(功)」的「白」字作 ，[37]輪廓為圓形者，如《睡虎地秦簡・日書乙種》簡 174：「把者白色」的「白」字作 。[38]至於秦簡牘的「日」字，與「白」字不相混，可見承襲商周甲金文的方形輪廓，如《睡虎地秦簡・為吏之道》簡 33：「夜以椄(接)日」的「日」字作 ；[39]圓形輪廓，如《睡虎地秦簡・日書甲種》簡 107：「二月十四日」的「日」字作 。[40]

　　張家山漢簡「日」字的寫法有兩種類型：一是輪廓曲度為方形，如〈算術書〉簡 127：「十日與七日并〔一二七〕為法〔一二八〕」（頁 148）的「日」字作作 、；一是輪廓曲度為圓弧，如〈二年律令〉簡 377：「父母之同產十五日之官」（頁 60）的「日」字作 。至於張家山漢簡典型的「白」字則承襲先秦古文字和秦簡牘，為上方或左上略呈尖形的寫法，如如〈二年律令〉簡 176：「白〔一七六〕粲以上」（頁 32）的「白」字作作 ，又如〈引書〉簡 109：「白汗夬(決)絕」（頁 185）的「白」字作作 。

　　張家山漢簡典型的「白」、「日」二字除上述特徵，「日」字上下寬度較

---

[36] 參李蘇和：《秦文字構形研究》，頁 229。

[37] 睡虎地秦墓竹簡整理小組：《睡虎地秦墓竹簡》，釋文頁 33、圖版頁 19。

[38] 睡虎地秦墓竹簡整理小組：《睡虎地秦墓竹簡》，釋文頁 245、圖版頁 133。

[39] 睡虎地秦墓竹簡整理小組：《睡虎地秦墓竹簡》，釋文頁 172、圖版頁 83。

[40] 睡虎地秦墓竹簡整理小組：《睡虎地秦墓竹簡》，釋文頁 223、圖版頁 111。

為一致，字形勻稱；「白」字則字形上下寬度有所變化，字形較不勻稱，常見上窄下寬作 (二 254)。筆者檢視張家山漢簡「白」、「日」二字，僅見文例讀為「白」之字寫作「日」形，為單向的形混；如〈二年律令〉簡 109：「鬼薪白粲」(頁 23)的「白」字作 、〈蓋廬〉簡 17：「左青龍、右白虎可以戰」(頁 163)的「白」字作 ，這兩個「白」字的輪廓為方形，和「日」字形混。另，筆者觀察《〈張家山漢簡‧二年律令〉文字編》「白」字欄位的 23 個字形，僅約 3 例寫成「日」形而非作典型的尖形，疑是不同書手所致，亦可能是同一書手由於書寫較為隨便所造成的訛混。此外，〈蓋廬〉「白」字三見，分別見於簡 16、17、19，字形作 、、，輪廓均為方形，和「日」字形混，此應是書手的書寫習慣所致。

六 秦簡牘和張家山漢簡的隸訛相同

關於訛變，林澐《古文字研究簡論》一書云：

> 在字形變異中有一類特殊的現象─在對文字的原有結構和組成偏旁缺乏正確理解的情況下，錯誤地破壞了原構造或改變了原偏旁。這類現象，習慣上稱之為「訛變」。[41]

李蘇和《秦文字構形研究》一書云：

> 「訛變」就是在書寫者不了解文字原本構形的情況下，把筆畫、部件、偏旁誤寫成與字形原義無關的形態的非常規演變現象。[42]

---

[41] 林澐：《古文字研究簡論》（長春：吉林大學出版社，1986 年），頁 103。
[42] 李蘇和：《秦文字構形研究》，頁 113。

　　據上所述，可知所謂「訛變」，是指文字在演變過程中原本具有構形理據的部件或偏旁發生了訛誤，與本來的形義關係發生脫離，造成原本文字形義理解上的困難。本文所謂「隸訛」，是指藉由「平、直、斷、縮、離、連、伸、增、省、移、折」等方式將由線條轉變為筆畫的隸變過程中，破壞了文字構形理據的訛變現象。筆者在分析秦簡牘和張家山漢簡的隸訛現象，為細緻觀察兩者的異同，除部件和偏旁隸訛的比較，筆勢上的差異亦納入考量。同時見於秦簡牘和張家山漢簡的隸訛現象，如下所示：

字例	古文字	說文小篆	秦簡牘	張家山漢簡	說明
試	未見「試」字 戰.楚.上一.緇 8 (式)		睡.效 46	二 474	「工」形隸訛作 ㇄
群	春晚.子璋鐘 戰晚.中山王 鼎		睡.答 125	二 146	「羊」形隸訛作 ㇗
			龍簡 90	二 64	「羊」形隸訛作 ㇐
爭	商.合 17166 正		嶽.為 85 正	蓋 32	「爪」形隸訛作「日」
靜	周中.靜卣		睡.為 6	蓋 37	「爪」形隸訛作「日」

	春早.秦公鎛			
敢	商.合 6537 周中.豆閉簋 戰晚.詛.沈	睡.雜 32 龍簡 85	奏 28 二 216	「豕」形和「干」形（狩獵器具）隸訛作
臂	周晚.夰盍壺	里 J1(8)147	引 27	「卩」形隸訛作
脂	未見「脂」字 商.合 5637 正（旨） 周晚.史季良父壺（旨）	關簡 324	算 79	「旨」形隸訛作
嘗	周晚.姬鼎 戰晚.陳侯因資敦	睡.封 93	奏 216	「旨」形隸訛作
虎	商.合 10216 周中.師酉簋 春晚.石.鑾車	嶽.占 38 正	引 100 引 64	「虍」形隸訛作
盈	春晚.石.霝雨	睡.答 10	算 64	「及」形隸訛作

即	商.合 20174 ／ 周晚.走簋 ／ 春早.秦公鎛	（篆）	嶽 825	算 17	「皀」旁可見下半部之篡形圈足隸訛作「止」形
食	商.合 11484 正 ／ 周晚.食仲走父盨 ／ 春早.仲義君鼎	（篆）	嶽.占 42 正 ／ 睡.為 31 ／ 睡.答 210 ／ 睡.封 93	二 234 ／ 二 63 ／ 脈 9 ／ 奏 207	「皀」旁隸訛作良、吅、民、吅
嗇	商.合 5790 ／ 周中.史牆盤	（篆）	睡.律 120 ／ 睡.答 56	二 179 ／ 奏 26	「來」旁隸訛作主
贅	未見「贅」字 ／ 商.合 188 正 (敖) ／ 周晚.展敖簋蓋(敖)	（篆）	睡.為 21	奏 88	「敖」旁下方之「人」形或「大」形隸訛作人
權	商.合 27824 (蒦)	（篆）	嶽.為 84 正	（權）	「蒦」旁上方的鴟屬頭上之角隸訛作

	商.蔞母觶(蔞)			引 46	
責	商.合 21306 甲 周中.戎生編鐘		睡.效 60	二 230	「朿」形隸訛作
昔	商.合 137 反 周晚.師克盨 戰晚.詛.亞		睡.乙 120	引 18	「巛」形隸訛作
朔	戰.楚.包 63 戰.晉.梁十九年鼎		里 J1(9)11 背	奏 17	「屰」形隸訛作
棗	商.明 105 戰.晉.酸棗戈		嶽.占 34 正	脈 12	「朿」形隸訛作
黍	商.合 9521 商.合 9977		關簡 354	算 88	秦簡牘「黍」字應該是承甲骨文未加水之構形隸訛而來,張家山漢簡亦同。
署	未見「署」字 合 10754 (网) 商或周早.网鼎(网)		里 J1(9)1 正 睡.雜 34	奏 177 二 275	「网」形隸訛作 、

真	周中.季真鬲　戰.楚.隨縣 122	（篆書）	里 J1(8)133 正	二 105	「匕」形隸訛作 （形）　「鼎」形隸訛作「目」
屬	戰.八年項邦呂不韋戈	（篆書）	睡.答 176	奏 74	「目」（形）形隸訛作「日」
首	商.花東 304　周晚.頌鼎	（篆書）	嶽.為 13 正	奏 130	頭髮和頭形分離隸訛作「止」形
畏	商.乙 669　周早.盂鼎　戰晚.詛.沈	（篆書）	嶽.為 24 正	奏 144	鬼頭下方的手形和杖形隸訛作（形）
而	商.粹 260　周早.盂鼎　戰晚.詛.亞	（篆書）	睡.乙 134　里 J1(16)1 正	二 1　奏 40	鬍鬚之形隸訛作（形）、而二種類型
奔	周早.大盂鼎　春晚.石.霝雨	（篆書）	睡.答 132	二 399	「夭」形隸訛作（形）　「止」形隸訛作（形）
執	商.合 185	（篆書）	（篆書）	（篆書）	「牵」形（象刑具之形）隸訛作（形）

	周晚.師同鼎		睡.乙 197	二 504	「玨」形隸訛作
報	周早.作冊矢令簋	報	報 嶽.郡 6	二 93	「𡍮」形(象刑具之形)隸訛作
恐	戰.中山王𧰼鼎	恐	恐 嶽.為 42 正	蓋 13	「玨」形隸訛作
深	春晚.石.鼑 戰.中山王𧰼壺	深	睡.律 11 嶽.為 60 正	算 151	「𣎬」形隸訛作「木」
泉	商.合 8371 周晚.史顋鼎	泉	泉 睡.甲 37 背	二 458	象泉水流出之形隸訛作
鹽	戰.齊.王鹽右戈 戰.楚.包 147	鹽	鹽 里 J1(9)5 正	二 436	「鹵」形隸訛作「田」
脊	戰.晉.璽彙 1208 戰.楚.帛丙 8	脊	脊 睡.甲 80 背	脈 17	「朿」形隸訛作
我	商.合 36754 周晚.毛公鼎	我	我 關簡 376	蓋 40	鋸齒兵器之形隸訛

發	商.合 10405 正 周早.姑發 反劍		嶽.占 1 正	奏 1	「癶（址）」形隸訛 作

第二節　構形具差異性

一　秦簡牘簡化，張家山漢簡未見

(一) 秦簡牘可見「省略筆畫」，張家山漢簡未省

字例	秦簡牘		省略字形	張家山漢簡		說明
	常見字形		省略字形			
風	睡律 2	嶽占 8 正	龍 35[43]	蓋 33	二 475	張簡「凡」形未見省略一橫畫。
氣	睡效 29	嶽占 1 正	關 312	引 53	蓋 30	張簡「气」形未見省略一橫畫。
身	睡封 38	嶽占 22 正	嶽為 6 正	引 6	二 163	張簡「身」字未見省略一橫畫。

(二) 秦簡牘可見「省略構字偏旁的部分形體」，張家山漢簡未省

---

[43] 《龍崗秦簡》簡 35：「沙丘苑中風茶者」，其中的「風」字整理者摹寫作。見中國文物研究所、湖北省文物考古研究所編：《龍崗秦簡》（北京：中華書局，2001 年 8 月），頁 27、頁 87。

字例	秦簡牘		張家山漢簡		說明
	常見字形	省略字形			
穿	睡編34 關簡371	睡乙191	二251 脈39		張簡「牙」形未見省略。
都	睡效52 關簡14	里J1(8)154正	二104 秦116		張簡「邑」形未見省略上部。
糯	睡律180	睡律182	二233 算135		張簡「萬」形上方未見省略。

(三) 秦簡牘可見「省略義符」，張家山漢簡未省

【野】 (二448)

古「野」字從林、從土作 (周晚.大克鼎《新金》)、 (春秋.邢王是野戈《新金》)、 (戰.楚.郭.尊14《楚》)。秦簡可見加「予」聲[44]作 (睡.為28《秦簡》)，或將「林」旁替換成「田」旁作 (放.甲33《秦簡》)，或省「林」旁或「田」旁作 (睡.甲32正《秦簡》)。張家山漢簡「野」字僅見從田、從土、予聲之形作 (二448)、 (蓋31)，未見省「林」旁或「田」旁。

【慶】 (蓋19)

古「慶」字從鹿、從心作 (商.合24474《新甲》)、 (春秋晚.慶孫之子㠱臣《新金》)、 (戰.楚.包2.87《楚》)、 (戰.楚.郭6.11《楚》)、

---

[44] 「野」、「予」古音同屬余紐魚部。參郭錫良：《漢字古音手冊》（北京：北京大學出版社，1986年11月），頁36、頁112。

(戰.晉.璽彙 2955《戰》)，戰國晉系文字或省「心」形作 (戰.晉.五年龔令戈《戰》)。秦簡可見麃之尾部訛成「攵」形[45]作 (睡.乙 60《秦簡》)，或省「心」形作 (里.J1(16)6 背《秦簡》)；秦陶文亦見省「心」形作 (戰.秦.陶彙 5.154《戰》)。張家山漢簡「慶」字僅見從麃、從心之形作 (蓋 19)、(奏 100)，未見省「心」旁。

二　秦簡牘繁化，張家山漢簡未見

【燔】 　(二 4)

　　古「番」字作 (周中.番匊生壺《新金》)、(周晚.丹甼番盂《新金》)、(春秋早.番君鬲伯鬲《新金》)、(戰.齊.璽彙 1657《戰》)、(戰.燕.璽彙 1655《戰》)、(戰.楚.天策《楚》)，從「番」之「燔」作 (戰.秦.新郪虎符《戰》)。秦簡「燔」字常見作 (睡.答 53《秦簡》)，偶見「田」形繁化作 (睡.甲 51 背)。張家山漢簡「燔」字僅見於〈二年律令〉作 (二 4)、(二 405)，「田」形均未見繁加橫筆或豎筆。

　　為探究秦簡牘發生構形簡化或繁化，但張家山漢簡卻未見簡化或繁化的原因，筆者進而觀察以上諸例的簡化或繁化字形究竟為秦簡牘的常見字形，亦或偶見字形？筆者發現秦簡牘以上簡化或繁化字例不是僅偶見一形 (例如「風」、「氣」、「穿」、「野」、「慶」等字)，就是偶見二形 (例如「身」、「都」等字)。據此，筆者推測秦簡牘以上諸例的簡化，可能是書手一時粗心或求快草率所致；至於「燔」字的繁化，為個別現象，未傳承至後世，張家山漢簡未見。

---

[45] 見季師旭昇先生：《說文新證(下冊)》(臺北：藝文印書館，2004 年 11 月)，頁 138。

三　秦簡牘方位移動，張家山漢簡未見

(一) 左右移位

字例	秦簡牘	張家山漢簡	說明
觀	睡.為 34　　里 8-461 正	二 460　　蓋 18	張簡「觀」字未見左右偏旁移位。

(二) 上下移位

字例	秦簡牘	張家山漢簡	說明
足	睡.律 2　　睡.甲 74 背	引 45　　二 481	張簡「足」字未見上下偏旁移位。
憂	關 205　　關 191	奏 4　　奏 1	關沮秦簡 191「憂」字上部形訛成「夏」形，「心」形下移，張簡未見。
富	關 147　　睡.乙 243	46蓋 3　　蓋 46	張簡「富」字未見「畐」形構件上下移位。
臨	睡.為 37　　睡.乙 136	二 456　　奏 18	張簡「臨」字的「品」形均為上一口下兩口之空間分布。

(三) 左右式與上下式互換

字例	秦簡牘	張家山漢簡	說明

---

46 張守中先生此形摹寫作　。見張守中：《張家山漢簡文字編》，頁 202。

嘉	關簡 92　 里.J1911 背	秦 1　 秦 105	秦簡「加」旁可見左右式或上下式，張簡僅有左右式。
權	睡.為 27　 睡.封 65	引 45　 引 46	秦簡「權」字的空間構形可見左右式或上下式，張簡僅見左右式。

　　為探究以上秦簡牘的構形發生方位移動，卻未見於張家山漢簡的原因，筆者進而觀察以上諸例發生方位移動的字形究竟為秦簡牘的常見字形，亦或偶見字形？筆者發現秦簡牘以上方位移動的字例不是僅偶見一形（例如「足」、「憂」、「富」等字），就是偶見二形（例如「臨」等字），或是見於同一批材料（例如「觀」、「嘉」、「權」等字）。據此，筆者推測秦簡牘以上諸例所發生形的方位移動現象，可能是書手的書寫習慣所致，故未見於張家山漢簡；若著眼於漢字的發展，亦顯示出張家山漢簡這些字例構件的相對位置趨於穩定。

四　秦簡牘形旁換用，張家山漢簡未見

　　黃文杰《秦至漢初簡帛文字研究》分析了 15 組義近形旁換用的現象，並提出與手有關的「又」與「寸」、「又」與「攴」、「殳」與「攴」、「攴」與「戈」、「攴」與「手」、「攴」與「支」六組，表現比較突出。[47]據筆者觀察，此書並未引用張家山漢簡作為義近形旁換用的例證。檢視秦簡牘形旁換用的字例，該字例若見於張家山漢簡，經比較之後，筆者發現二者形旁換用的

---

[47]　參黃文杰：《秦至漢初簡帛文字研究》，頁 80-93。

情況並不一致，張家山漢簡僅見「殳」、「攴」二旁換用。見如下所示：

字例	秦簡牘		張家山漢簡		說明
察	睡.律 123	睡.雜 37	脈 61	[48]二 35	秦簡「又」、「攴」二旁換用，張簡「察」字僅見「攴」旁。
殻	關 139	放.甲 20	奏 76	奏 136	秦簡「殳」、「又」二旁換用，張簡則是「殳」、「攴」換用。
殺	睡.乙 104	睡.答 66	二 152	奏 155	秦簡「殳」、「攴」二旁換用，張簡「殺」字僅見「攴」旁。

五 秦簡牘形近相混的非典型寫法，張家山漢簡未見

(一) 【支】【丈】

　　《說文·支部》：「，去竹之枝也。從手持半竹。，古文支。」(卷三下·頁 91)《說文·十部》：「，十尺也。從又持十。」(卷三上·頁 68)具筆者檢視，甲骨文和西周金文未見「支」、「丈」二字，六國文字未見「支」字，楚系文字可見「丈」字作 (郭.六 27《楚》)，或「十」形的豎筆和「又」形的第一筆連筆作 (上博三.周 16)。

---

[48] 張守中先生此形摹寫作 。見張守中：《張家山漢簡文字編》，頁 201。

　　秦篆「支」字从又、从半竹作 (璽印集成《秦》)，秦簡牘「支」字除典型的从又、从半竹之形作 (放.志 4《秦簡》)，亦見从又、从十之形，如《睡虎地秦簡・法律答問》簡 208：「支(肢)或未斷」[49]的「支」字作 （《秦簡》）；秦簡牘「丈」字除从又、从十之形作 (睡.甲 45 背《秦簡》)，亦見从又、从半竹之形，如《睡虎地秦簡・法律答問》簡 6：「復丈，高六尺七寸」[50]的「丈」字作 （《秦簡》），可知秦簡牘「支」、「丈」二字無論是从又、从半竹或是从又、从十，皆存有雙向形混的現象，需根據文例判斷實為何字。

　　郝慧芳統計，張家山漢簡「支」字凡 9 見、[51]「丈」字凡 43 見。[52]據筆者檢視，張家山漢簡「支」、「丈」二字未見形混。張家山漢簡「支」字皆从又、从半竹之形，如〈脈書〉簡 52：「勤 (動)者實四支(肢)而虛五〔五二〕臧(臟)〔五三〕」（頁 124）的「支」字作 、〈引書〉簡 59：「右足支尻」（頁 179）的「支」字作 、〈奏讞書〉簡 118：「不能支疾痛」（頁 101）的「支」字作 ；[53]張家山漢簡「丈」字皆从又、从十之形，如〈二年律令〉簡 419：「冬袍二丈」（頁 65）的「丈」字作作 、〈算術書〉簡 151：「深丈五尺」（頁 152）的「丈」字作作 、〈引書〉簡 67：「折要(腰)、空(控)丈(杖)」（頁 180）的「丈」字作 。筆者另檢視張家山漢簡从「支」之「岐」作 (二 256)，亦从半竹之形，未見與「丈」形混。又例如「鼓」字，秦簡作 (睡.甲 32 背《秦簡》)，亦見「支」形筆畫延伸，訛成「丈」

---

49 睡虎地秦墓竹簡整理小組：《睡虎地秦墓竹簡》，釋文頁 143。
50 睡虎地秦墓竹簡整理小組：《睡虎地秦墓竹簡》，釋文頁 95。
51 郝慧芳：《張家山漢簡語詞通釋》，頁 563。
52 郝慧芳：《張家山漢簡語詞通釋》，頁 554。
53 簡文中的「支」是支撐、忍受之意。參張新俊：〈張家山漢簡《奏讞書》字詞札記之二〉，武漢大學簡帛研究中心(簡帛網)，2013/09/12，http://www.bsm.org.cn/show_article.php?id=1899

形作 （嶽.占 36 正《秦簡》）；而張家山漢簡「鼓」字皆从「攴」形作 二 437、蓋 18，未見寫成「丈」形。

(二) 【矢】【夭】

《說文・矢部》：「，弓弩矢也。从入，象鏑栝羽之形。古者夷牟初作矢。」(卷五下・頁 168)。《說文・夭部》：「，屈也。从大，象形。」 (卷一○下・頁 344) 古「矢」字作 （合 20546《新甲》）、（合 23053《新甲》）、（周中.豆閉簋《新金》）、（周晚.晉侯穌鐘《新金》），从「矢」之「疾」字作 （戰.晉.中山侯鉞《戰》）、（戰.楚.上博四.柬 14），[54]「矣」字作 （戰.晉.中山王鼎《戰》）、（戰.楚.郭.魯 2《楚》）；古「夭」字作 （甲 2810《甲》）、（商.亞毀爵《金》）、（戰.楚.帛乙 5.23《楚》）、（戰.晉.璽彙 0911《戰》），从「夭」之「芺」字作 （戰.楚.上博二.子 12），[55]「訞」字作 （戰.晉.璽彙 2846《戰》），可知戰國楚系和晉系「夭」與「矢」二字構形的中間線條有曲直之別。

秦簡牘「矢」字作 （睡.封 26《秦簡》）、（睡.甲 24 背《秦簡》）；秦簡牘「夭」字，在隸變過程中可見變曲為直，與「矢」同形，發生形混現象。如《睡虎地秦簡・日書甲種》簡 59 背：「□鳥獸能言，是夭(妖)也，不過三言。」[56]的「夭」字作 （睡.甲 59 背《秦簡》）。另，檢視秦簡牘从「夭」之「沃」字，可見作 （放.志 7《秦簡》），所从之「夭」形與「矢」形混；但秦簡牘的「沃」字所从之「夭」亦見與「矢」形不相混的現象，如

---

[54] 馬承源：《上海博物館藏戰國楚竹書(四)》，圖版頁 58。

[55] 馬承源：《上海博物館藏戰國楚竹書(二)》，圖版頁 45。

[56] 睡虎地秦墓竹簡整理小組：《睡虎地秦墓竹簡》，釋文頁 213。

《睡虎地秦簡・日書甲種》簡 32 背：「以水沃之」[57]的「沃」字作 （《秦簡》），又如《周家臺秦簡・病方及其它》簡 348：「以酒沃」的「沃」字作 ，[58]所從之「夭」形與「矢」形並未形混。

　　張家山漢簡「矢」字作 (二 19)、(算 131)，從「矢」之「疾」作 (二 1)、「短」字作 (二 141)、「矣」字作 (脈 53)、「矰」字作 (算 166)、「智」字作 (二 74)。張家山漢簡未見單字「夭」，但可見從「夭」之「沃」字作 (引 64)、「訞」字作 (蓋 4)，繼承上述如《周家臺秦簡》簡 348「沃」字作 的寫法，所從之「夭」未見與「矢」形混。

(三)　【告】【吉】

　　古「告」字上从牛形作 (商.告田觥《新金》)、(周中.裘衛盉《新金》)、 (戰.楚.包 2.132《楚》)、(戰.晉.中山方壺《戰》)；「吉」字上从王形、士形或土形作 (周早.奢簋《新金》)、(周中.友簋《新金》)、(春秋早.樊君盆《新金》)、(戰.楚.包 2.218《楚》)。據上可知，先秦古文字「告」與「吉」形體有別。黃文杰先生曾指出可依據第一畫的長短和筆勢的平或翹為秦至漢初簡帛文字「吉」、「告」兩字的區別性特徵。[59]筆者檢視秦簡牘「告」、「吉」二字的典型寫法，如《周家臺秦簡・日書》簡 252：「告，聽之。」的「告」字作 [60]，上方的確為一曲筆；《周家臺秦簡・日書》簡 192：「占市旅，不吉。」的「吉」字作 ，[61]上方的確為一橫筆，

---

[57] 睡虎地秦墓竹簡整理小組：《睡虎地秦墓竹簡》，釋文頁 215。

[58] 湖北省荊州市周梁玉橋遺址博物館：《關沮秦漢墓簡牘》，釋文頁 132、圖版頁 51。

[59] 參黃文杰：《秦至漢初簡帛文字研究》，頁 126-127。

[60] 湖北省荊州市周梁玉橋遺址博物館：《關沮秦漢墓簡牘》，釋文頁 118、圖版頁 38。

[61] 湖北省荊州市周梁玉橋遺址博物館：《關沮秦漢墓簡牘》，釋文頁 111、圖版頁 37。

可見黃文杰先生提出的「第一畫筆勢的平或翹」確實可作為「告」、「吉」二字的區別性特徵。

至於黃文杰先生提出以「第一畫的長短」為區別的特徵，即兩橫畫等齊為「吉」字，「第一橫畫比第二橫畫略短」為「告」字，就上例《周家臺秦簡・日書》簡192：「占市旅，不吉；占物，青、黃；占戰🔲(鬭)，不吉。」第二個「吉」字作🔲[62]來看，第一橫畫似乎比第二橫畫略短，若依黃文杰先生所提的區別特徵則為「告」字。因此筆者認為「告」、「吉」二字不宜斷然以上面二橫畫的長短為區別特徵，仍需以通讀文例為依歸。

筆者檢視張家山漢簡「告」、「吉」二字，「吉」字出現 3 次，[63]分別作🔲(奏67)、🔲(奏74)、🔲(蓋46)，第一畫確實為平直的橫畫。至於「告」字，出現 110 次，[64]分別見於〈二年律令〉和〈奏讞書〉，〈奏讞書〉中的「告」字均為第一畫向上彎曲的典型寫法；筆者觀察《《張家山漢簡・二年律令》文字編》「告」字欄位的 81 個字形，[65]僅兩個「告」字非作典型的🔲形，分別是〈二年律令〉簡64：「群盜法(發)，弗能捕斬而告吏，除其罪，勿賞。」(頁17) 的「告」字作🔲、〈二年律令〉簡513：「郎中為致告買所縣道，縣道官聽」(頁86) 的「告」字作🔲，但這二個「告」字第一橫畫明顯短於第二橫畫，和「吉」字有別，不相混。

以上秦簡牘單向或雙向的形混，張家山漢簡未見，除了可能是秦簡牘材料較為多元所致，亦不排除文字邁向穩定發展的一種表現。

---

[62] 湖北省荊州市周梁玉橋遺址博物館：《關沮秦漢墓簡讀》，釋文頁 111、圖版頁 37。。
[63] 郝慧芳：《張家山漢簡語詞通釋》，頁 216。
[64] 郝慧芳：《張家山漢簡語詞通釋》，頁 163。
[65] 鄭介弦：《《張家山漢簡・二年律令》文字編》，頁 123。

六　秦簡牘和張家山漢簡的隸訛有異

秦簡牘和張家山漢簡的隸訛有異的現象，如下所示：

字例	古文字	說文小篆	秦簡牘	張家山漢簡	說明
鞊	未見「鞊」字 商.花東491(革) 戰晚.三年師兌簋 (轉)	未見	(華音) 睡.法35 (薺音) 睡.封6	二115 (鞊) 奏45	秦簡牘「革」旁獸頭以下的獸皮之形隸訛作、，張家山漢簡隸訛作、
敢	商.合6537 周中.豆閉簋 戰晚.詛.沈		睡.雜32 龍簡85	奏28 二216 蓋33	張家山漢簡「豕」形和「干」形(狩獵器具)的隸訛除了和秦簡相同作、，亦可見隸訛作
奇	戰.楚.包75 戰.燕.陶彙4.169	奇	睡.答161	奏213	秦簡牘「大」形隸訛作，張家山隸訛作
盈	春晚.石.霝雨		睡.效58	脈51	秦簡牘「夃」形隸訛作，張家山「夃」形隸訛作

			 二 56	
即	商.合 20174 周晚.走簋 春早.秦公		 嶽 825	 算 17 算 29	秦簡牘和張家山「皀」旁可見下半部之簋形圈足隸訛作「止」形，另，張家山亦見隸訛作
贅	未見「贅」字 合 188 正（敖） 周晚.展敖簋蓋(敖)		 睡.為 21	 奏 81	秦簡牘「耂」旁隸訛作 ，張家山隸訛作
責	合 21306 甲 春秋.秦公簋		 睡.效 60 睡.乙 122	 脈 39	秦簡牘「朿」形隸訛作 ，張家山此形的「朿」旁可見作 ，和秦簡牘相較，筆畫有所分離，形訛更甚
積	戰.商鞅量		 嶽.為 19 正	 算 61	張家山此形的「朿」旁隸訛作 ，較秦簡牘更為直線化。
年	商.合 9705 周中.申簋蓋		 關簡 297	 奏 11	張家山較秦簡牘隸訛更甚
粲	未見「粲」字				張家山「又」形隸訛作 或 ，秦簡牘仍是「又」形。另，

	商.合 33230 (米) 戰.楚.包 95 (米)		里 J1(16)6 正 睡.律 134	二 134 二 48	秦簡牘「米」形亦見隸訛作，張家山未見
春	合 9336 周中.伯春盉		睡.日乙 156 睡.甲 45 背	二 254 二 100	秦簡牘「臼」形隸訛作「日」和，張家山亦見。另，張家山「臼」形亦見隸訛作，秦簡牘未見
實	周晚.默鐘 春秋.國差罎		睡.乙 37	算 24	秦簡「毌」形作「田」形，張家山亦見作形（算 29）；但張家山另見「毌」形隸訛作「尹」形
孝	周中.史牆盤 春晚.秦公鎛		嶽.為 13 正	奏 186	秦簡形隸訛作，張家山則可見隸訛作，更為簡化
淫	戰楚.上一.緇 4 戰.詛.沈		睡.語 3	脈 56 脈 12	秦簡「爪」形隸訛作「目」形，張家山則隸訛作「日」或
姊	周中.公仲簋		睡.牘 11 背	二 41	秦簡「弟」形隸訛作，張家山則隸訛作「甫」
巫	商.合 13637				張家山（「人」形和「口」形）隸訛作

	周中.伯汈其盨		關簡 238	二 140
極	未見「極」字		睡.封 3	算 66	張家山 (「人」形 和「口」形) 隸訛作
畞	周晚.兮甲盤 戰.晉.璽彙 0349		睡.律 38	算 169	張家山「田」形隸訛 作「日」
錢	戰.楚.包 2.265 戰.楚.璽彙 5505		睡.效 9	奏 71	張家山「戔」形隸訛 作，較秦簡牘更為 簡化
辜	戰早.姧蚉壺 戰晚.詛.巫		睡.甲 52 背 睡.甲 36 背	二 39	張家山「辛」形隸訛 作，較秦簡牘更 為簡化

第三節　結語

(一) 秦簡牘和張家山漢簡構形之比較，可進行「同中求異」之探究

例如「疑」字，張家山漢簡「疑」字雖同於秦簡从「子」形作（奏 211）、（蓋 32），但「止」形均訛作「刀」形，和秦簡的構形仍有相異之處。又例如「屈」字，秦簡牘習見作（放志 3《秦簡》）、（睡甲 41 背《秦簡》），亦習見省尾形作（睡為 341《秦簡》）、（睡甲 120 正《秦簡》），省略的構

形並非孤例；張家山漢簡「屈」字雖然可見承襲秦簡牘省尾形 作 （引111），但僅此一例，其他習見字形則未省尾形，如 （二454）、（引18）。他例如「臨」、「甚」、「謀」等字。

(二) 秦簡牘和張家山漢簡構形具差異性，可進行原因之探究

為探究秦簡牘發生構形簡化、繁化或方位移動的現象，未見於張家山漢簡的原因，筆者進而觀察秦簡牘簡化、繁化或方位移動的字形究竟為秦簡牘的常見字形，亦或偶見字形？發現不是偶見一形就是偶見二形，或是僅見於同一批材料。因此推測秦簡牘簡化卻未見於張家山漢簡，可能是書手一時粗心或求快草率所致。至於方位移動，除了可能是書手的書寫習慣，若著眼於漢字的發展，亦顯示張家山漢簡構件的位置相對趨於穩定。

(三) 張家山漢簡某些構件的相對位置較為穩定

例如：「然」字，秦簡作 （放.甲32《秦簡》）、（龍簡141《秦簡》），或作 （睡.乙238《秦簡》）、（睡.律138《秦簡》）。就秦簡而言，「然」字構件作「左二右一」或「上二下一」的空間分布均為常見的現象；但就張家山漢簡而言，「左二右一」空間分布僅見一例，作 （引33），其餘「然」字構形皆為「上二下一」的空間分布形態，作 （脈5）、（脈12）、（奏213)等。又例如「臨」字，秦簡作 （睡.為37《秦簡》），或作 （睡.乙136《秦簡》），「口」形位置發生移動；張家山漢簡作 （二456)、（奏18)，「口」形的位置分布穩定。他例如「觀」、「足」、「憂」、「富」、「權」、「嘉」等字。

(四) 張家山漢簡某些字的寫法較為一致

例如「深」字，秦簡牘作 (睡.律 11《秦簡》)或 (嶽.為 60 正《秦簡》)二種構形；張家山漢簡則僅見「氺」形隸訛作「木」，如 (算 151)，未見「氺」形作 之構形。又例如「臨」字，〈二年律令〉凡 8 見，〈奏讞書〉凡 5 見，均於品形上方繁加一橫畫，例如 (二 456)、 (奏 18)，相較於秦簡牘，張家山漢簡「臨」字的寫法較為一致，構形相對穩定。又例如「甚」字，張家山漢簡字跡較為清楚可辨的「甚」字所從之「甘」均繁加一豎筆作 (蓋 31)、(脈 20)、(奏 166)。他例如「謀」、「燔」、「野」等字。

(五) 秦簡牘和張家山漢簡「隸訛相同」的字例多於「隸訛相異」

經由筆者檢視秦簡牘和張家山漢簡的隸訛現象，發現秦簡牘和張家山漢簡發生相同隸訛現象的字例較二者隸訛相異的字例為多；另，張家山漢簡較秦簡牘隸訛更甚、更為簡化、更為平直化的構形亦為值得注意的現象。例如「新」字，秦簡牘隸訛作 (關 314《秦簡》)，張家山漢簡隸訛作 (奏 89)。他例如「錢」、「亟」、「春」、「年」、「粲」等字。

(六) 張家山漢簡某些篇章恐非出自同一書手

從張家山漢簡和秦簡牘構形比較分析的過程中，筆者發現張家山漢簡某些篇章似乎可能有書手替換的情形。例如〈二年律令〉，筆者觀察《張家山漢簡・二年律令》文字編「白」字欄位的 23 個字形，僅約 3 例寫成「日」形非作典型的尖形。又例如〈二年律令〉簡 27、簡 65 整理者釋為「胅體」一詞的字形分別作 (胅體)、 (失體)，同為「胅體」一詞，〈二年律令〉簡 27 和簡 65 存有兩種寫法，疑為不同書手所致。又例如〈二

年律令〉出現的 16 個「瀳」字，唯某一區間(簡 74、75、77、90)所從之「水」形作 ，不作 ，疑〈二年律令〉乃不同書手所寫。

(七) 不可忽略書手書寫習慣對於簡牘文字構形的影響

例如「兩」字，據筆者觀察，〈二年律令〉「兩」字的 84 個字形中，大約僅有 4 個字形筆畫未省；而〈引書〉「兩」字的 41 個字形中，大約僅有 5 個字形省略筆畫，〈二年律令〉和〈引書〉「兩」字的寫法，一以省略為常見，一以未省為常見，除了顯示張家山漢簡處於文字過渡階段的不穩定狀態，亦不可忽略書手的書寫習慣對於簡牘文字構形的關鍵性影響。

(八) 秦簡牘簡化、繁化或異化的寫法和出土地域的相關性問題

由於《嶽麓秦簡》乃學術單位購買而得，缺乏考古隊科學發掘的出土記載，本文暫不將《嶽麓秦簡》的字形納入是否和出土地域具相關性之考量。僅就四川青川木牘、甘肅放馬灘秦簡、湖北睡虎地秦簡、湖北龍崗秦簡、湖北關沮周家臺秦簡、湖南里耶秦簡等材料進行字形簡化、繁化或異化的寫法是否和出土地域具相關性之探討。觀察如下：

1 均見於湖南和湖北的秦簡牘，不囿於出土地域：

例如「兩」字，無論是湖北出土的睡虎地秦簡、關沮秦簡，或是湖南出土的里耶秦簡，均可見省略筆畫的寫法作 (睡.封 66《秦簡》)、(關簡 336《秦簡》)、 (里 8-254《里》)，湖北出土的張家山漢簡亦見省略筆畫作 (二 52)、 (引 40)。又例如「然」字，湖北出土的秦簡可見左二右一和上二下一的空間構形，湖南出土的里耶秦簡除了左二右一的空間構形作 (里 8-883《里》)，亦可見上二下一的空間構形作 (里 8-258《里》)。

他例如「瓜」形、「鹽」字、「新」字、「甚」字、「然」字。

2 簡化、繁化或異化未見於湖南出土的里耶秦簡，僅見於湖北出土之秦簡牘

例如「隋」字，湖北出土的秦簡可見「ナ」、「工」上下移位現象，湖南出土的里耶秦簡僅見「ナ」形在「工」形之上作 (里 8-894《里》)。他例如「野」字、「燔」字。

3 簡化、繁化或異化未見於湖北出土的秦簡牘，僅見於湖南出土之里耶秦簡

例如「慶」字，里耶秦簡可見省「心」形作 (里.J1(16)6 背《秦簡》)，湖北出土的秦簡牘未見省「心」形。

4 湖南里耶秦未見出土，無法討論其是否發生簡化、繁化或異化現象

例如「臨」字、「昏」字、「猶」等、「脩」等字。

(九) 某些特殊寫法僅見於某一材料或某一篇章

例如「灋」字，據筆者觀察，秦簡牘僅《嶽麓秦簡》省「廌」形作 (嶽簡 956《秦簡》)；張家山漢簡省「廌」形的寫法則僅見於〈算數書〉，如 (算 65)。

第三章　《張家山漢簡》偏旁或部件的
混同現象溯源

　　本章所謂的「混同」是指原本形、音、義不同的單字和偏旁，或是形和義原本沒有關係的部件，出現在相同或不同材料時，所發生的原屬不同形體卻寫成相同形體的混同現象，並不侷限於形體相近所造成的混同；先前學者所指出的「訛混」[1]、「偏旁形近訛混」[2]等概念均可包含在本文所指的「混同」範疇之中。筆者考量形體「訛混」的主要特徵一般多認定為形體相近，由於本文並不侷限於探求兩個形體相近的字或偏旁所產生的「訛混」現象，故採「混同」此一名稱。

　　蔣善國指出「隸變」造成漢字形體巨大的變化，混同了形體不同的字，同時也分化了形體相同的字，並歸納出 61 組偏旁分化和 88 組偏旁混同的例子；[3]趙平安亦認為「隸分」和「隸合」導致了漢字偏旁部件的大量混同。[4]李蘇和的博士論文《秦文字構形研究》整理出 40 組秦文字偏旁的訛混現象，並指出秦文字的訛混現象中不少是從甲骨文、兩周春秋金文、戰國文字中延

---

[1] 劉釗先生云：「『訛混』是指一個文字構形因素與另一個與其形體接近的構形因素之間產生的混用現象。…而『訛混』的主要特徵就是形體接近，混用的偏旁之間『音』和『義』都沒有關係。」見劉釗：《古文字構形學》（福州：福建人民出版社，2006 年 1 月），頁 139。

[2] 林清源先生云：「偏旁『形近訛混』現象，是指兩個形體相近的偏旁，彼此訛亂混用的情形。這個現象的發生，有時是因書手一時粗心誤寫，有時是因書手對文字構形認知不足所致。」見林清源：《楚國文字構形演變研究》（臺中：東海大學中文所博士論文，1997 年 12 月），頁 124。

[3] 詳參蔣善國：《漢字構形學》（北京：文字改革出版社，1959 年 9 月），頁 198-277。

[4] 詳參趙平安：《隸變研究》（保定：河北大學出版社，1993 年 6 月），頁 69-72。

續下來的。[5]據此，本章以西漢初年的張家山漢簡為考察對象，著眼於文字的歷時演變，具體運用甲骨文、金文、六國文字和秦文字，進行張家山漢簡偏旁或部件形體混同現象的溯源。溯源內容有二：一為梳理張家山漢簡各組混同偏旁或部件各自原本的形體；二為追溯張家山漢簡發生混同現象的某個偏旁或部件的寫法是否見於張家山漢簡以前的出土文字材料究。

第一節　混同現象舉隅分析

一　混同為「 夂 」形

(一)「春」 春 (二 91)：「午形」混同為「 夂 (大)」形

《說文·臼部》：「 臿 ，擣粟也。从廾持杵臨臼上。午，杵省也。古者雝父初作春。」（卷七上·234 頁）甲骨文「春」字作 （合 9336《新甲》），西周金文作 （周中.伯春盉《新金》）。秦文字作 （秦陶 5.205《戰》），或「臼」形隸訛成「日」形作 春 （睡.日乙 156《秦簡》），或「午」形和「廾」形的線條平直化並進行黏合作 春 [6]（睡.法 132《秦》）。張家山漢簡「春」字所從之「午」形有四種構形：一承襲古文字作「 本 」，如 春 （二

---

[5] 詳參李蘇和：《秦文字構形研究》（上海：復旦大學中國語言文學系博士論文，2014 年 5 月），頁 248-253。

[6] 「 春 」形雖「臼」形隸訛成「日」形，但雙手持杵的結構尚未解散，是半記號半表意字；「 春 」形將「午」形和「廾」形的線條平直化並進行黏合，「臼」形隸訛似「白」形，成為完全的記號字。參拙作：〈從隸變看秦簡記號化現象〉，《第二十七屆中國文字學國際學術研討會論文集》(臺中：國立臺中教育大學語文教育學系、中國文字學會，2016 年 5 月)，頁 318-319。

82）[7]、 ![字](二 137)；二作「![字]」，如 ![字]（二 121）、![字]（算 89）；三省訛作「![字]」，如 ![字]（二 55）、![字]（二 63）；四隸訛作「![字]」，如 ![字]（二 91）、![字]（二 88），「午」形和「大」字作 ![字]（二 132）混同，秦簡牘未見「午」形和「大」形混同。

(二)「媚」![字]（奏 167）：「眉毛之形」混同為「![字]（大）」形

《說文・眉部》：「![字]，目上毛也。从目，象眉之形，上象額理也。」（卷四上・108 頁）。甲骨文「眉」字作 ![字]（合 3421《新甲》）、![字]（合 30155《新甲》），商金文作 ，西周金文作 ![字](周早.![字]簋)，或加一道眉線[8]作 ![字](周早.小臣謎簋《新金》)、![字](周晚.![字]伯歸![字]簋《新金》)。秦簡可見一「眉」字作 ![字](放.日乙 231《秦》)，但字形不清晰；秦簡从「眉」之「媚」字作 ![字](睡.甲 3 正《秦簡》)，或眉毛之形和「大」字作 ![字]（睡.答 88《秦簡》）混同，作 ![字](睡.乙 246《秦簡》)。張家山漢簡未見「眉」字，从「眉」之「媚」字承襲秦簡牘，眉毛之形有二種構形：一作「![字]」，如 ![字]（奏 162），張守中先生摹作 ![字][9]；二作「![字]」，如 ![字]（奏 167）、![字]（奏 10），張守中先生分別摹作 ![字]、![字][10]，眉毛之形和「大」字形同。

---

[7] 本章所錄「張家山漢簡」〈曆譜〉、〈二年律令〉、〈奏讞書〉、〈脈書〉、〈算數書〉、〈蓋盧〉、〈引書〉、〈遣策〉之字形為筆者掃描張家山二四七號墓漢墓竹簡整理小組編：《張家山漢墓竹簡〔二四七號墓〕》(北京：文物出版社，2001 年 11 月)之圖版，本章其後不另在註釋中一一敘明。

[8] 「眉」字，季師旭昇先生云：「甲骨文从目，上象眉毛之形。金文則在目上加畫一道眉線，然後在眉線上加畫毛形，眉毛的味道更明顯。」見季旭昇：《說文新證(上冊)》(臺北：藝文印書館，1992 年 10 月)，頁 258。

[9] 見張守中：《張家山漢簡文字編》(北京：文物出版社，2012 年 11 月)，頁 325。

[10] 見張守中：《張家山漢簡文字編》，頁 325。

(三)「屬」 (引 135)：「尾形」混同為「 (大)」形

《說文·尾部》：「 ，連也。从尾，蜀聲。」（卷八下·280 頁）《說文·尾部》：「 ，微也。从到毛在尸後。古人或飾系尾，西南夷亦然。」（卷八下·279 頁）。甲骨文「尾」字作 （合 136 正《新甲》），春秋金文作 (春早.章子戈《新金》)，先秦貨幣文字作 （方足小布.貨系 1602《貨幣》），楚系文字作 (曾 83《楚》)、 （上三.周 30《上博》）。秦文「尾」字作 （關簡 136《秦簡》）、 （睡.甲 53 正《秦簡》），或尾形訛為「矢」形作 （睡.乙 101《秦簡》）。

秦文字「屬」字作 （戰晚.八年項邦呂不韋戈《戰》）、 （戰晚.五年項邦呂不韋戈《戰》、 （集證 139《秦》）；或作 （秦泥 356《秦》）、 (睡.效 53《秦簡》)，尾形中間豎筆收縮與「大」形作 （睡.答 88《秦簡》) 形同；或尾形平直化，形似「土」形作 (睡.律 195《秦簡》)。張家山漢簡未見「尾」字，「屬」字所從之尾形承襲秦文字有二種構形：一作「 」，和「大」形混同，如 （二 219）、 （引 35）；二作「 」，尾形形似「土」形，如 （二 396）、 （二 486）。

二 混同為「田」形

(一)「盧」 （算 129）：「鑪具之形」混同為「田」形

《說文·皿部》：「 ，飲器也。从皿，盧聲。 ，籀文盧。」（卷五上·157 頁）。甲骨文 (合 21274《新甲》)、 （合 21804《新甲》)、 （合 22210《新甲》)，郭沫若先生認為象鑪形，即古「鑪」字，「鑪」之

初文。[11]于省吾先生則提出 為「盧」與「鑪」之初文，上象盧身，下象款足。[12]甲骨文「盧」字亦加「虍」聲作 (屯 496《新甲》)、 (合28095《新甲》)。西周金文〈趞曹鼎〉承襲甲骨文作 ，[13]或加「皿」形，鑪形省訛，作 (周晚.伯公父匜)，春秋金文或從「膚」聲作 (王子嬰次盧《新金》)(《金文編》摹寫作)[14]、(郘令尹者旨鬻盧《新金》)(《金文編》摹寫作)[15]。先秦貨幣「盧」字常見作 (斜肩空首布.貨系 580《貨幣》)、 (斜肩空首布.文編 228《貨幣》)、 (橋形布.貨系 1425《貨幣》)，鑪形省訛作田形。戰國至秦代的秦文字「盧」字作 (故宮 402《戰》)、(集粹《戰》)、(秦泥 1421《秦》)、 (嶽二十七質 32 正《秦簡》)、 (嶽為 82 正《秦簡》)，鑪形亦見省訛作田形。筆者檢視張家山漢簡，發現「盧」字當中的鑪形均作田形，例如 (二 455)、 (算 129)、 (奏 165)；至於從「盧」之字，「廬」字作 (脈 13)、 (蓋 15)，「瀘」字作 (奏 183)，「艫」字作 (二 7)，除字形不甚清晰之「艫」字難以判斷鑪形是否作田形，其餘從「盧」之字的鑪形均作「田」形，和「田」形混同。

(二)　「黑」 (奏 102)：「人體的一部份」混同為「田」形

---

[11] 見于省吾主編：《甲骨文字詁林》(北京：中華書局，1996 年 5 月)，頁 2129。

[12] 見于省吾主編：《甲骨文字詁林》，頁 2129。

[13] 〈趞曹鼎〉此形 ，郭沫若云：「此乃鑪之初文，下象鑪形，上從虍聲也。」見于省吾主編：《甲骨文字詁林》，頁 2129。。

[14] 容庚編著、張振林、馬國權摹補：《金文編》(北京：中華書局，1985 年 7 月)，頁 340。

[15] 容庚編著、張振林、馬國權摹補：《金文編》，頁 340。

《說文・黑部》:「,火所熏之色也。从炎上出。,古窗字。」（卷一〇上・338頁）。甲骨文「黑」字作(懷1407《新甲》)、（燕758《甲》），西周金文作（周早.章伯戢簋《新金》），唐蘭先生認為此形本象正面人形(即大字)而面部被墨刑的人。[16]許慎釋「黑」為火光從煙囪冒出，日久燻成黑色之意。筆者於拙作〈從隸變看秦簡記號化現象〉一文曾指出甲金文「黑」字正面的「大」形甚明，上部為墨刑的面部，應該可從。[17]春秋金文可見「大」形繁加飾筆作（春早.鑄子弔黑臣匜《新金》）。六國文字有作(齊.璽彙3934《戰》)、(楚.曾174《楚》)，被墨刑的臉部形近「田」形。秦文字作(十鐘《戰》)、(關簡232《秦簡》)、（睡.甲71背《秦簡》），據筆者觀察，秦文字「黑」字和從「黑」之字，如「黔」字作(獄為13正《秦簡》)、「黥」字作(睡封44《秦簡》)，雖「黑」字上半部明顯隸變作「田」形，但仍和「黑」字下半部相連。張家山漢簡承襲秦簡牘，常見作（奏102）、（脈61）、（奏213）；亦可見「黑」字上半部作「田」形並和下面的人形筆畫分離作（奏104）。

(三)「胃」（引27）:「胃形」混同為「田」形

《說文・肉部》:「,穀府也。从肉、象形。」（卷四下・129頁）。春秋金文作(少虞劍《新金》)，戰國楚系文字胃形「」訛作「目」形、「日」形、「田」形和形近「田」形作（包2《楚》）、（九.56《楚》）、（上一.性6《上博》）、（上五.三6《上博》）。秦文字據筆者觀察，

---

[16] 詳參唐蘭:〈陝西省岐山縣董家村新出西周重要銅器銘辭的譯文和注釋〉,《文物》（1976年第5期），頁55-59。

[17] 見拙作:〈從隸變看秦簡記號化現象〉,《第二十七屆中國文字學國際學術研討會論文集》,頁315。

胃形均隸變為「田」形，作 (睡.甲 237《秦簡》)、 (關簡 147《秦簡》)。張家山漢簡承之，胃形亦和「田」形混同，作 (蓋 17)、 (引 27)。

三　混同為「日」形

(一)　「爭」 (蓋 32)：「爪形和所爭之物的部分之形」混同為「日」形

　　《說文‧𤔲部》：「，引也。从𤔲厂。」（卷四下‧126 頁）。甲骨文 (合 17166 正《新甲》)、 (合 17506 臼《新甲》)、 (合 19688《新甲》)等形，胡光煒先生疑實為「爭」之最古之形，[18]朱歧祥先生將 形釋為從雙手爭物，隸作「爭」。[19]金文從「爭」之「靜」字作 (周中.靜卣《新金》)、 (周晚.多友鼎《新金》)、(春早.秦公鎛《新金》)、(春中偏晚.秦公簋《新金》)，兩手所爭之物作 、、 等形；金文「靜」字所從之「爭」亦可見從「力」作 (周晚.毛公鼎《新金》)。考量上述疑為甲骨「爭」字之形為貞人名，難以明確判斷是否為「爭」字；筆者認為金文「靜」字所從之「爭」的構形有兩種可能，一為從𤔲 (上下兩手)、、、 等形表示所爭之物；又見 、 線條分離演變成(從力、從又)。二為從𤔲、從力，用力相爭之意；[20]又見「力」旁與「又」旁共用線條作 。由於

---

[18] 詳見于省吾主編：《甲骨文字詁林》(北京：中華書局，1996 年 5 月)，頁 1000。

[19] 朱歧祥先生認為形為從雙手爭物，隸作爭。見朱歧祥：《殷墟甲骨文字通釋稿》(臺北：文史哲出版社，1989 年 12 月)，頁 87。

[20] 何琳儀先生根據〈大克鼎〉「靜」字的字形認為「爭」字從𤔲、從力，用力相爭之意。見

金文「靜」字清晰可見從「力」者，僅上述〈毛公鼎〉一形，周早〈靜方鼎〉作 (周早.文物 98.5《新金》)，似從「力」，但不甚清晰；又周晚〈大克鼎〉作 ，[21]《金文編》雖摹作 ，[22]但對照圖版難以判斷是否從力。基於上述金文「靜」字所從之「爭」的常見構形考量，筆者疑金文「靜」字所從之「爭」的構形為「從 (上下兩手)、亅、ㄟ、亅等形表示所爭之物」的可能性較高。戰國楚系文字「爭」字作 (郭.緇 11《楚》)、「靜」字作 (郭.老甲 5《楚》)、 (上一.緇 2《楚》)，未見寫成「日」形。秦簡牘「爭」字作 (睡.語 11《秦簡》)、(嶽.為 85 正《秦簡》)，隸變過程中亅、ㄟ、亅等形的曲度變為較為平直並斷開，上端線條與爪形黏合，始形訛作「日」形。張家山漢簡繼承秦簡牘，「爭」字上半部亦隸訛成「日」形作 (二 31)、(蓋 32)、(奏 201)。「爭」字在篆隸演變的過程中上半部寫成「日」形，失去了表示「兩手相爭」的意義，亦是一種記號化的現象。[23]

(二) 「鼷」 (二 18)：「爪」形混同為「日」形

《說文·鼠部》：「，小鼠也。從鼠，奚聲。」（卷十上·332 頁）。甲骨文「奚」字作 (合 33573《新甲》)、 (合 28723《新甲》)，于省吾先生不贊同羅振玉將「奚」字釋為以手持索以拘罪人，認為 形並非人項

何琳儀：《戰國古文字典—戰國文字聲系》(北京：中華書局，1998 年 9 月)，頁 820。

[21] 此字形掃描中國社會科學院考古研究所編：《殷周金文集成釋文(第二卷)》(香港：香港中文大學中國文化研究所，2001 年 10 月)，頁 408

[22] 此字形錄自容庚編著、張振林、馬國權摹補：《金文編》(北京：中華書局，1985 年 7 月)，頁 350。

[23] 關於書寫的混同所造成的記號化現象可參拙作：〈從隸變看秦簡記號化現象〉，頁 315-316。

部繫索之形，應為象人頭上有編髮之形；[24]《甲骨文字典》亦釋「奚」為象以手牽罪隸髮辮之形。[25]甲骨文「奚」字或作 (合 32126《新甲》)、(合 32524《新甲》)。[26]商金文「奚」字作 (亞奚簋《新金》)、(奚卣《新金》)、(葡亞作父癸角《新金》)。戰國晉系文字作 (侯 92:45)[27]、楚系文字作 (天策)[28]，「爪」形未見寫為「日」形。秦簡牘「雞」字作 (睡.甲 69 背《秦簡》)，亦見隸變過程中「爪」形訛成似「日」形作 (睡.答 152《秦簡》)，並發生左右偏旁移位。張家山漢簡「雞」字僅見一形作 (二 18)，「爪」形亦寫訛，和秦簡相較，更明顯可見與「日」形混同。

(三)「帛」(二 285)、(二 259)：「白」形混同為「日」形

《說文·帛部》：「，繒也。从巾，白聲。」(卷七下·255 頁)。甲骨文「帛」字作 (合 36842)、(西周.H11:3)，商金文作 (僕麻卣《新金》)，西周金文作 (周早.舍父鼎《新金》)、(周中.五年琱生簋《新金》)、(周晚.大簋蓋《新金》)，春秋金文作 (者瀘鐘《新金》)。戰國晉系「帛」字作 (魚顛匕《戰》)，燕系文字作 (璽彙 3495《戰》)，楚系作 (信 2.015《楚》)、(上二.魯 2《楚》)，以上「帛」字所從之「白」未見寫作「日」形。本書第二章第一節曾詳細辨析「白」、「日」兩字的形體，並指出

---

[24] 詳參于省吾：《甲骨文字釋林·釋奚》(臺北：大通書局，1981 年 10 月)，頁 65-66。

[25] 見徐中舒主編：《甲骨文字典》(成都：四川辭書出版社，1989 年 5 月)，頁 1178。

[26] 朱歧祥先生認為 、 二形从人膝跪，雙手反縛，結髮，象奴僕罪犯受刑之兒，隸作「奚」字。見朱歧祥：《殷墟甲骨文字通釋稿》，頁 116。

[27] 此字形引自山西省文物工作委員會：《侯馬盟書》(臺北：里仁書局，1980 年 10 月)，頁 327。

[28] 此字形引自季師旭昇先生：《說文新證(下冊)》(臺北：藝文印書館，2004 年 11 月)，頁 130。

秦簡牘可見「白」字輪廓寫為方形或圓形作 (睡.律56《秦簡》)，與「日」字產生形混現象；但「日」字並未寫成上部尖形的「白」字，和「白」字不相混。第二章第一節亦分別指出張家山漢簡典型的「日」字有兩種類型：一是曲度為方形作 (算127)，一是曲度為圓弧作 (二377)；至於典型的「白」字則可見上方或左上略呈尖形作 (二176)、(二119)。第二章第一節亦進而指出張家山漢簡和秦簡牘相同，僅見文例讀為「白」之字寫作「日」形，為單向的形混，如〈二年律令〉簡109：「鬼薪白粲」(頁23)的「白」字作 。張家山漢簡「帛」字作 (二285)、(二259)，「白」形作圓形輪廓而非典型的尖形，亦與「日」形發生形混。

(四) 「盾」 (引56)、 (蓋1)：「目」形混同為「日」形

《說文·盾部》：「，瞂也，所以扞身蔽目。象形。」(卷四上·108頁)。西周金文從目作 (周晚.五年師旋簋)。本書第二章第一節曾指出秦簡牘的「盾」字和楚簡的「盾」旁所從的「目」形可均見寫為「日」形，如「盾」字作 (睡.效4《秦簡》)，「戲(瞂)」字作 (曾46《楚》)；第二章第一節亦一併指出張家山漢簡清晰可辨的「盾」字，如 (引56)、(蓋1)，所從的「目」形均省一橫筆作「日」形。

四 混同為「小」形

(一) 「縣」 (二115)：「建築物柱礎之形」混同為「小」形

《說文·京部》：「，人所為絕高丘也。從高省，丨象高形。」(卷五

下‧170頁)。甲骨文「京」字作 (商.合20190《新甲》)、(商.合33221《新甲》)、(商.懷1650《新甲》),「上象屋頂,中為屋柱,下為柱礎。」[29]西周金文作(周早.弔京簋《新金》)、(周中.師酉簋《新金》),春秋金文作(京戈《新金》)。戰國文字「京」字下半或加飾筆作(晉.貨系391《戰》)、(楚.璽彙0279《戰》)、(楚.上五.三7《上博》)。張家山漢簡未見單字「京」,從「京」之「諒」字則僅見一形作,字跡不清晰;「黥」字所從之「京」旁典型常見作(二88)、(奏27),偶見作(二115),「京」旁下半部之「柱礎」筆畫分離,與張家山漢簡「小」字作(算29)、(二91)形混。秦簡牘未見單字「京」,「諒」字作(睡.封1《秦簡》);「黥」字作(睡.答69《秦簡》)、(龍簡108《秦簡》),「京」旁下半部和「小」形未發生形混現象。

(二)　「尉」 (奏192):「火」旁混同為「小」形

《說文‧火部》:「,從上案下也。從尸、又,持火以尉申繒也。」(卷一〇上‧頁336)。戰國「尉」字作(楚.官印0075《戰》),典型的秦篆作(珍印213《秦》)、(集證152《秦》)、(集證153《秦》),偶見作(集證154《秦》),「火」旁省略一筆,和秦篆「小」字作(集證150《秦》)形混;秦隸常見作(睡.封31《秦簡》)、(里.J1911背面《秦》),亦偶見作(里.J191正面《秦》),「火」旁和秦隸「小」字作(睡.律69《秦簡》)形同。張家山漢簡「尉」字,據筆者觀察,雖有作(二284)、(二458);但以「火」旁寫作「小」形者較為常見,如(二145)、

---

[29] 見季師旭昇先生:《說文新證(上冊)》,頁451。

（奏 192）。

五 混同為「灬」形

「為」（奏 195）：「動物足尾之形」混同為「灬」形

《說文·爪部》：「，母猴也，其為禽好爪，爪，母猴象也；下腹為母猴形。王育曰：『爪，象形也。』，古文為，象兩母猴相對形。」（卷三下·87 頁）。甲骨文「為」字从又、从象作（合 2953 正《新甲》）、（合 15179《新甲》），西周金文从爪形作（周早.䛘簋《新金》）、（周中.六年琱生簋《新金》）、（周中偏晚.晉侯㑇馬方壺《新金》），春秋金文作（蠶所䰙盂《新金》）、（大師子大孟姜匜《新金》）。六國文字可見承襲春秋金文作（晉.中山方壺《戰》），亦見象身省略為一橫或二橫線作（晉.十一年庫嗇夫鼎《戰》）、（齊.陳喜壺《戰》）、（楚.上五.姑 4《上博》）。秦文字「為」字常見象足和象尾訛成四短斜筆作（秦陶 3372《秦》）、（睡.效 60《秦》），亦偶見四短斜筆進而和象身分離作（戰晚.詛.沈《秦》）、（嶽麓一.為 81《秦》）。張家山漢簡「為」字之象足象尾主要有二種構形：一、作四短斜筆，如（奏 43）、（二 394）；二、進一步隸變為朝向左下的四點或五點，並和象身分離，如（奏 195）、（二 63）。

六 混同為「羊」形

(一)「執」（二 504）：「刑具部分之形」混同為「羊」形

甲骨文「丮」字作（合 20378《新甲》）、（合 576《新甲》）、（合 33013《新甲》），多位學者認為象施於手腕的刑具之形。[30]《說文・丮部》：「，捕罪人也。从丮，从幸，幸亦聲。」（卷一〇下・345 頁）。甲骨文「執」字从幸、从丮作（合 10373《新甲》）、（屯 2651《新甲》），西周金文作（周早.執卣《新甲》），或「幸」、「丮」二旁分離作（周中.員方鼎《新甲》）、（周晚.達盨蓋《新甲》），或「丮」旁加止形作（周晚.多友鼎《新甲》）。六國文字可見承襲西周金文作（晉.中山王豐兆域圖《戰》），或止形和丮形分離，訛成女形作（楚.包 2.80《楚》）、（楚.上二.容 24《上博》）。秦篆「執」字作（春晚.石.田車《秦》），秦簡或作（睡.乙 197《秦簡》），「幸」旁下半部隸變作「干」形。張家山漢簡「執」字二見，承襲秦簡作（二 504）、（二 504），張守中先生分別摹作、[31]，「幸」旁上半部作形、下半部隸變作「干」形。

(二)「南」（奏 19）：「樂器器體之紋飾」混同為「干」形

《說文・宋部》：「南，艸木至南方有枝任也。从宋，羊聲。，古文。」（卷六下・198 頁）甲骨文「南」字作（合 14295《新甲》）、（合

---

806)、（合 30374《新甲》），有學者認為「南」為鐘鎛、瓦製或磬鐘類的樂器之形。[32]商金文作（南彖罍《新金》），西周金文作（周早.保侃母簋蓋《新金》）、（周早.啟卣《新金》）、（周晚.吳王姬鼎《新金》）、（周晚.散氏盤《新金》），春秋金文作（洹子孟姜壺《新金》），樂器器體之花紋大抵作「丰」或「羊」。六國文字承襲金文作（晉.貨系 151《戰》），或「羊」形加飾筆作（齊.陶彙《戰》），或收縮器體左右兩側之豎畫作（晉.璽彙 2563《戰》）、（楚.上二.容 14《上博》）、（晉.平肩空首布.文編 141《貨幣》），器體花紋作羊、羊（羊）、羊等形。秦文字承襲西周金文作（集證 135《秦》）、（集證 158《秦》）、（秦陶 2937《秦》）、（秦泥《秦》）、（睡.乙 161《秦簡》）、（嶽.郡 6《秦簡》），未見收縮左右兩側之豎畫，器體紋飾作羊；器體紋飾同戰國晉系貨幣文字作羊，僅見一例，作（睡.甲 18 背《秦簡》）。據郝慧芳統計，張家山漢簡「南」字出現 36 次。[33]據筆者觀察，張家山漢簡「南」字見於〈二年律令〉、〈奏讞書〉及〈蓋廬〉三種文獻，作（二 447）、（二 458）、（奏 17）、（奏 23）、（奏 138）、（奏 144）、（奏 151）、（蓋 7）。和秦簡相較，有二方面的差異：一是張家山漢簡「南」字筆跡清晰者，器體紋飾均作羊，

---

[32] 關於「南」字，郭沫若先生云：「余以為殆鐘鎛之類之樂器」。唐蘭先生則不贊成將「南」定為鐘鎛之類的樂器，云：「余謂南本即青，青者瓦製之樂器也。……以字形言之，青字上從屮，象其飾，下作白形，殆象瓦器而倒置之，口在下也，其中空。」詳參于省吾主編：《甲骨文字詁林》(北京：中華書局，1996 年 5 月)，頁 2862、頁 2866。朱歧祥先生認為「南」象磬鐘類樂器之形，見朱歧祥：《殷墟甲骨文字通釋稿》，頁 383。

[33] 郝慧芳：《張家山漢簡語詞通釋》(上海：華東師範大學博士論文，2008 年 4 月)，頁 313。

秦簡牘則僅見一例；二是張家山漢簡「南」字中間的豎畫，除〈蓋廬〉簡 7 例外，習見寫成誇張的延長筆畫，如（奏 102），甚至是末筆並向左傾斜的超延長筆畫，如（二 456），或除了誇張的延伸豎畫，中末端的筆觸有加重之態，如（奏 19），秦簡則並未特別突出中間的豎畫。

第二節　混同現象溯源總表

(一) 混同為「（大）」形			
	原形（來源）	字例	張家山漢簡	古文字或秦隸
1	午（杵）形	春	二 91	合 9336　 周中.伯春盉 睡.日乙 156《秦》
2	眉毛之形	媚	奏 167	合 3421（眉） 周早.小臣謎簋（眉） 睡.乙 246《秦簡》
3	尾形	屬	引 135	合 136 正（尾） 春秋早.章子戈（尾） 秦泥 356《秦》 睡.效 53《秦簡》
(二) 混同為「田」形			

1	鑪具之形	盧	盧 算 129	合 28095	周晚.伯公父
				斜肩空首布.貨系 580《貨幣》	
				嶽二十七質 32 正《秦簡》	
2	人體的一部份	黑	黑 奏 102	懷 1407	周早.章伯取簋
				齊.璽彙 3934《戰》	
				關簡 232《秦簡》	
3	胃形	胃	胃 引 27	春秋.少虞劍	
				上一.性 6	
				關簡 147《秦簡》	

（三）混同為「日」形

1	爪形和表示所爭之物的ʃ形上半部黏合	爭	爭 蓋 32	合 19688	
				周晚.多友鼎（靜）	
				睡.語 11《秦簡》	
2	「爪」形	爰	二 18	合 33573（奚）	
				商.葡 亞作父癸角（奚）	
				睡.答 152《秦簡》	
3.	「白」形	帛	二 259	西周.H11:3	
				周中.五年琱生簋	

4	「目」形	盾	引56	合7995	周晚.五年師旋簋
				曾37《楚》（戲）	
				睡.效4《秦簡》	

(四) 混同為「小」形				
1	建築物柱礎之形	黥	二115	商.合33221（京）	
				周早.弔京簋（京）	
				睡.答69《秦簡》	
2	火形	尉	奏192	楚.官印0075	
				集證154《秦》	
				里.J191 正面《秦》	

(五) 混同為「灬」形				
1	動物足尾之形	為	奏195	合2953正	
				周中.六年琱生簋	
				秦陶3372《秦》	
				嶽麓一.為81《秦》	
	馬		二506	周晚.史頌簋	
			遣18	秦泥151《秦》	

				璽印集成.31 SP-0028《秦》
				關簡 345《秦簡》
2	人形和兩旁飾筆	寡	二 174	周晚.毛公鼎
				戰.晉.中山王鼎
				睡.乙 99《秦簡》
(六) 混同為「目」形				
1	薦物之器或神主之形	且	算 131	合 27061
				周早.且日庚簋
				睡.為 24《秦簡》
		俎	奏 164	周中.三年癲壺
				春秋中晚.鄭大子之孫與兵壺器
				睡.答 27《秦簡》
2	可能為半穴居的部分之形	復	奏 5	合 5409　 周早.復鼎
				睡.日乙 108《秦》
		腹	引 74	合 31759
				睡.封 60《秦簡》
		覆	二 117	《說文》小篆

					睡.封 21《秦簡》		
3	「鼎」形或 「貝」形	具	奏 165	花東 481	周中.昌鼎		
				春秋.孫弔師父壺			
				上一.緇 9			
				嶽麓一.為 17《秦》			
		俱	引 97	《說文》小篆			
4	「貝」形	得	奏 19	合 8928	周中.師旂鼎		
				春秋晚.䣄鎛			
5	「日」形	莫	引 26	合 10729			
				周晚.散氏盤			
				關簡 254《秦簡》			
				秦印 188			
		驀	奏 83	睡.雜 9《秦簡》			
		募	二 308 （募）	睡.雜 35《秦簡》			
		昏	引 2	合 29092			

				關簡 170《秦簡》
6	爪形	煖	脈 57	《說文》小篆
		援	奏 155	璽印集成.31 SY-0022《秦》 睡.答 101《秦簡》

(七) 混同為「刀」形

1	「人」形	刑	奏 73	戰晚.詛.沈《秦》 睡.封 32《秦簡》
2	「匕」形或 「止」形	疑	奏 60	合 23669 周晚.伯濮父簋蓋 戰中.商鞅量《秦》 秦.元年詔版五《秦》 關簡 209《秦簡》

(八) 混同為「吅」形

1	「卩」形	坐	引 64	合 5357 信 2.018《楚》 睡.效 54《秦簡》
2	「卯」形	留	二 211	周晚.趩鼎

			戰.秦.璽彙 5360《戰》
			睡.為 39《秦簡》
(九) 混同為「灷」形			
1	構形不明(可能是「癹」或「葵」的本字)	癹	秦 106 / 父 合 21405 / 周晚.此簋 / 周.病 382《秦》
2	「朿」形	責	二 230 / 合 21306 甲 / 周中.戎生編鐘 / 睡.效 60《秦簡》
(十) 混同為「屾（屮）」形			
1	「廾」形	送	二 275 / 戰晚.奜盉壺 / 睡.甲 59 正《秦簡》
2	「少」形	徙	二 350 / 周晚.逨盤 / 嶽.為 72 正《秦簡》
(十一) 混同為「艮」形			
1	可能是半穴居和其出入口之形	良	（艮）二 222 / 合 13936 正　商.懷 495 / 周晚.良季鼎

				春早.邯子良人甗
				睡.乙 68
2	「皀」形	食	二 34	商.合 11484 正
				周晚.食仲走父盨
				睡.為 31《秦簡》

(十二) 混同為「阝」形

1	「𨸏」形	降	奏 9	合 18812　周中.班簋
				睡.乙 134《秦簡》
				秦陶 115《秦簡》(陽)
2	「卩」形	辟	二 93	合 28005　周早.大盂鼎
				睡.甲 5 背《秦簡》

(十三) 混同為「止」形

1	「癶(址)」形	發	奏 1	周早.姑發習反劍
				嶽.占 1 正《秦簡》
2	兩翅之形	燕	二 460（燕）	合 5281
				《說文》小篆
				里 J1(16)6 正《秦簡》

	**(十四) 混同為「田」形**
1	「西」形	迺	奏 9	合 28074 周晚.多友鼎 《說文》小篆	
2	倉廩之形	嗇	二 179	合 5790 周中.史牆盤 里 8-1017《里》	
	**(十五) 混同為「火」形**
1	「夭」形	走	蓋 43	周早.大盂鼎 春晚.石.馬薦 睡.答 186《秦簡》(越) 秦陶 157《秦》(越)	
2	「チ（チ）」形	孝	奏 186	周中.追簋 嶽.為 13 正《秦簡》	
	**(十六) 混同為「人」形**
1	「勹」形	鞠	二 115 二 115	未見「鞠」字 周中.番匊生壺(匊)	

| 2 | 「又」形 | 粲 | 二48 | 睡.律134《秦簡》 |

(十七) 混同為「」形

1	「牛」形	造	二360	周晚.頌簋蓋 戰.十九年上郡守遣戈 戰.年相邦樛斿戈《秦》 睡.雜1《秦簡》
2	頭髮之形	老	二412	合22246 周晚.史季良父壺 睡.乙104《秦簡》
3	可能為「鉦、鐃」之類樂器的上部之形	庚	曆14	花東420　 周早.史獸鼎 睡.乙76《秦簡》

(十八) 混同為「」形

| 1 | 可能是「」形 | 昔 | 引18 | 合137反　 周晚.師克盨
 睡.乙120《秦簡》 |
| 2 | 箭尾之形 | 備 | 奏75 | 合565
 周晚.元年師旋簋
 睡.雜10《秦簡》 |

3	頭髮之形	首	秦 136	花東 304 周中.師酉簋 周.日 146《秦》
4	鷗屬頭上之角	灌	二 454 （灌）	合 27824（雚） 商.雚母觶（雚） 璽印集成.21 SY-0190《秦》
		權	引 46	
5	可能象人頭上的某種飾物	敬	蓋 42	合 32294（苟） 周早.弔趞父卣 周晚.大克鼎 春秋.秦公鐘 秦陶 133《秦》
		驚	脈 24	《說文》小篆 珍印 153《秦》 雲夢木牘《戰》
（十九）混同為「圭」形				
1	構形不明（似中形）	陵	二 449	周早.陵父日乙罍 周中.三年癲壺

				集證 158《秦》
				關簡 34《秦簡》
2	「束」形	漬	引 33	合 21306 甲（責）
				周中偏晚.戎生編鐘（責）
				睡.法 159《秦》
				關簡 315《秦簡》
3.	「來」形	嗇	二 60	商.合 10433
				周早.沈子它簋蓋
				睡.律 120
（二十）混同為「羍」形				
1	刑具部分之形	執	二 504	合 10373　周中.達盨蓋
				睡.乙 197《秦簡》
2	樂器器體之紋飾	南	奏 19	合 14295　周晚.散氏盤
				晉.平肩空首布.文編 141《貨幣》
				睡.甲 18 背《秦簡》
3	獸皮之形	鞠	二 115	（鞹）睡.法 35《秦》

				)睡.封 6《秦簡》
4	「屰」形	朔	![朔]奏 17	![朔]戰.楚.包 63 ![朔]里 J1(9)11 背
5	「手」形	擘	![擘]脈 17	古文字和秦隸未見 ![擘]《說文》小篆
6	「辛」形	辜	![辜]二 39	![辜]戰晚.詛.巫《秦》 ![辜]睡.甲 52 背《秦簡》
7	「羊」形	群	![群]二 146	![群]春晚.子璋鐘《新金》 ![群]龍簡 90《秦簡》

第三節　結語

(一) 本章歸納出張家山漢簡 20 組混同偏旁或部件，亦梳理各自的原形，還原其本來的真實面貌。

1 就偏旁而言

以混同為「目」旁和「日」旁的來源較為複雜多樣。

2 就部件而

以混同為「干」形的原形最為多元。

(二) 關於發生混同現象的某個偏旁或部件的寫法是否見於張家山漢簡以前的出土文字材料究，本章追溯如下：

1 源於西周金文

例如：張家山漢簡「敬」字作 ▨（蓋 42），人頭上的某種飾物作「▨」形，張家山漢簡亦有其他部件作「▨」形，發生混同現象。古「敬」字作 ▨（合 32294）、▨（周早.弔趯父卣），亦作 ▨（周晚.大克鼎）、▨（春秋.秦公鐘），已見人頭上的某種飾物寫作「▨」形。

2 源於春秋金文

例如：古「具」字可見从鼎或从貝作 ▨（花東 481）、▨（周中.智鼎），張家山漢簡「具」字作 ▨（奏 165），「鼎」形或「貝」形混同作「目」形，此混同現象始見於春秋金文，作 ▨（孫弔師父壺），楚文字和秦文字亦可見作 ▨（上一.緇 9）、▨（嶽麓一.為 17《秦》）。他例如「得」字。

3 源於六國文字和秦文字

例如：六國文字中的「南」字，器體花紋可見作 ▨、▨ (羊)、▨ 等形，其中作 ▨ 形者，僅見於 ▨ (晉.平肩空首布.文編 141《貨幣》)；秦文字亦僅見一例，作 ▨（睡.甲 18 背《秦簡》）；至於張家山漢簡「南」字筆跡清晰者，器體紋飾均作 ▨，如 ▨（奏 19）。他例如「盧」、「黑」、「胃」、「盾」等字。

4 源於秦文字

(1) 見於秦簡牘，張家山漢簡承襲

例如：秦簡「媚」字作 (睡.乙 246《秦簡》)，眉毛之形和「大」字作 （睡.答 88《秦簡》）混同。張家山漢簡承襲秦簡牘作 （奏 167）、（奏 10），眉毛之形亦和「大」字形同。又如秦簡「執」字作 （睡.乙 197《秦簡》），張家山漢簡承襲秦簡作 （二 504），「𡐦」旁上半部作 形、下半部隸變作「手」形。他例如「爭」、「鼷」、「帛」、「且」、「復」、「腹」、「援」、「刑」、「老」、「備」、「首」、「漬」、「朔」、「群」、「辟」、「發」、「嗇」、「送」、「徙」、「良」、「食」、「責」、「癸」等字。

(2) 見於秦簡牘和其他秦文字，張家山漢簡承襲

例如：秦文字「屬」字可見作 （秦泥 356《秦》）、(睡.效 53《秦簡》)，尾形與「大」形作 （睡.答 88《秦簡》）形同。張家山漢簡「屬」字作 （二 219）、（引 35），承襲秦文字，所从之尾形作「 」，亦和「大」形混同。又例如秦文字「留」字可見作 （戰.秦.璽彙 5360《戰》）、（睡.為 39《秦簡》），張家山漢簡「留」字常見作 （二 211），承襲秦文字，「卯」形筆畫收縮和「叩」形混同。他例如「馬」、「尉」、「陵」、「驚」、「造」、「降」、「走」等字。

(3) 見於秦簡牘以外的秦文字，張家山漢簡承襲

例如秦文字「莫」字可見作 （秦印 188），張家山漢簡「莫」字亦見作 （引 26），「日」形和「目」形混同。他例如「灌」字。

5 秦文字和之前的古文字未見

例如：張家山漢簡「春」字作 （二 91）、（一 88），所从之「午」隸訛作「 」，和「大」字作 （二 132）混同：秦文字和之前的古文字

未見「午」形和「大」形混同。他例如「寡」字作 （二 174），人形（卩形）筆畫分離並收縮筆畫為二點，原人形兩旁的四點飾筆減省為二點，二者形成「灬」形；秦文字則未見「人」形分離，作 （睡.乙 99《秦簡》）。他例如「黥」、「疑」、「坐」、「庚」、「昔」、「摹」、「辜」、「鞠」、「粲」、「孝」等字。

6 其他現象

例如「日」形和「目」形偏旁的混同已見於戰國文字，張家山漢簡「昏」字所從的「日」形可見和「目」形混同作 （引 2）；據筆者觀察，六國文字和秦文字的「昏」字未見將「日」形寫作「目」形。

第四章　《張家山漢簡》形近易混字例考源辨析

黃文杰先生《秦至漢初簡帛文字研究》一書云：

> 判斷兩字是否混同，一是要有時代觀念，比如戰國楚簡「衣」加羨畫
> 寫作「卒」的現象，在秦至漢初簡帛文字中就很少見；二是對同時代
> 字形的混同現象要注意量的統計，看是普遍現象，還是個別現象。
> ……辨析形近字，最終應以文義為依歸。[1]

確如上述所言，探究字形的形混現象必須立基於文例。據此，本文以文義的通讀為依據，細緻的探討張家山漢簡「大」和「六」、「手」和「牛」、「夫」和「失」、「史」和「共」這四組單字的形混面貌；顧及漢字演進的脈絡，本文亦進行考源，追溯這四組單字的形混究竟發生於何時？期能從辨析與考源的過程中，梳理張家山漢簡對於先秦文字之傳承與變異。

第一節　「大」、「六」

《說文・大部》：「　　，天大、地大、人亦大，故大象人形。」（卷一〇下・342 頁）。甲骨文「大」字作　　(商.合 340)[2]、　　(商.合 20026)、　　

---

[1] 黃文杰：《秦至漢初簡帛文字研究》(北京：商務印書館，2008 年 2 月)，頁 143。
[2] 本章所錄「甲骨文」字形均採自劉釗主編：《新甲骨文編(增訂本)》(福州：福建人民出版社，2014 年 12 月)。其後不另在註釋中一一敘明。

(西周 H11:50)，商金文作(大丂簋)[3]，西周金文作 (周早.叔簋)、(周中.史牆盤)、(周晚.筍伯大父盨)，春秋金文作 (魯伯大父作季姬婧簋)。戰國晉系文字作 (中山方壺《戰》)、(大攻尹鈹《戰》)；齊系文字或加「口」形作(陶彙 3.87《戰》)、(陶彙 3.95《戰》)；燕系文字作(璽彙 0022《戰》)，亦見加「口」形作(十三年乘馬戈《戰》)。

《說文‧六部》：「，《易》之數，陰變於六，正於八。从入，从八。」（卷一四下‧484 頁）。甲骨文「六」字作 (商.合 5825)、 (商.合 7403)、 (商.合 22630)、 (西周 H11:63)，商金文作(宰梳角)，西周金文作 (周早.保卣)、 (周中.陵賈簋)、(周晚.毛舁簋)，春秋金文作(上都府匜)。戰國晉系文字作 (金頭像飾《戰》)、(陶彙 6.206《戰》)；齊系文字作(陳侯因資敦《戰》)。

從以上字形可知「大」字與「六」字在甲金文和戰國晉系、齊系文字有明顯區別。「大」字可見作五筆，如 (商.合 340)、(周中.史牆盤)；或見作四筆，如(大攻尹鈹)；或見作三筆，如 (魯伯大父作季姬婧簋)。「六」字則可見作二筆，如(西周 H11:63)；或作四筆，如 (商.合 22630)、(上都府匜)。雖然「大」字與「六」字均可見作四筆，但「大」字下方兩筆連接，「六」字下方兩筆彼此之間是分離的。

戰國楚系文字「大」字常見作(曾 146《楚》)、 (郭.老乙 9《楚》)、(仰 25.10《楚》)、 (太后鼎《戰》)、 (清.皇門 02《清華》)、 (清.祭公 16)、[4](上一.子 21)、[5](上三.周 2)；「六」字常見

---

[3] 本章所錄「金文」字形均採自董蓮池編著：《新金文編》（北京：作家出版社，2011 年 10 月）。其後不另在註釋中一一敘明。

[4] 此「大」字字形錄自馬承源：《上海博物館藏戰國楚竹書(一)》(上海：上海古籍出版社，2001 年 11 月)，頁 33。

[5] 此「大」字字形錄自馬承源：《上海博物館藏戰國楚竹書(三)》(上海：上海古籍出版社，

作 、 ![圖](郭.六 43)、 ![圖] (九.五六 4)、 ![圖][6](上三.周 2)、 ![圖] (清.琴舞 10)。其中《上海博物館藏戰國楚竹書(三)·周易》簡 2「需」卦:「又(有)孚,光卿(亨),貞吉,利涉大(![圖])川。……六(![圖])四:孤(需)于血。」[7]此簡同見「大」、「六」二字,分別作 ![圖] 、 ![圖] ,可見楚系常見的「大」、「六」二字承襲甲金文,「大」字下方兩筆連接,和「六」字下方兩筆分離仍有明顯區別。但筆者發現《新蔡葛陵楚墓》零 236、186:「大司馬子厚」[8]的「大」字作 ![圖] [9](![圖] 《楚》),此「大」字下方筆畫分離,和「六」字形混。另,《上海博物館藏戰國楚竹書(三)·周易》簡 40「姤」卦:「初六:繫于金柅,貞吉。」[10]其中「初六」的「六」字作 ![圖] ,此「六」字下方兩筆連接,和上述楚簡的「大」字作 ![圖] (上三.周 2)亦發生形混現象。

戰國至秦代的秦文字「大」字常見作 ![圖] (睡.答 88《秦簡》)、 ![圖] (睡.甲 139 背《秦簡》)、 ![圖] (睡.律 17《秦簡》)、 ![圖] (關 71《關》)、 ![圖] (關 77《關》)、 ![圖] (嶽.為 55 正《秦簡》)、 ![圖] (青 3《秦》)、 ![圖] (放.志 1《秦簡》);「六」字常見作 ![圖] (放.甲 73《秦簡》)、 ![圖] (睡.效 3《秦簡》)、 ![圖] (嶽.為 53 正《秦簡》)、 ![圖] (關簡 154《秦簡》)。其中《睡虎地·秦律雜抄》簡 31:「牛大牝十,其六毋(無)子,貲嗇夫、佐各一盾。」[11]此簡同見

2003 年 12 月),頁 14。

[6] 此「大」字字形錄自同上註。

[7] 此釋文引自馬承源:《上海博物館藏戰國楚竹書(三)》,頁 138。

[8] 此釋文引自河南省文物考古研究所:《新蔡葛陵楚墓》(鄭州:大象出版社,2003 年 10 月),頁 216。

[9] 此「大」字字形錄自同上註,圖版一六八。

[10] 此釋文引自馬承源:《上海博物館藏戰國楚竹書(三)》,頁 190。

[11] 此釋文引自睡虎地秦墓竹簡整理小組編:《睡虎地秦墓竹簡》(北京:文物出版社,1990 年 9 月),釋文頁 87。

「大」、「六」二字，分別作 [12]、[13]，有所區別。綜上，可知秦文字「大」、「六」二字雖然均可見作四筆，但「大」字下方兩筆作「人」或「」形，兩筆筆畫是連接的；「六」字下方兩筆作「八」形，筆畫是分離的，二字基本上有明顯區別。但筆者發現《睡虎地・語書》簡7：「此皆大罪殹(也)，而令、丞弗明智(知)，甚不便。」[14]的「大」字作 [15]( )[16]，此「大」字下方筆畫分離，和「六」字形混。另，關沮周家臺30號秦墓《日書》簡135：「入月二日、六日、八日、十二、十四日、十八日」[17]之「六」字作 [18](《關》)，此「六」字下方兩筆相連，和上述秦簡「大」字作 (關71)、(關77)發生形混現象。

張家山漢簡「大」字常見寫法可分為四種類型：

(1) 承襲甲金文，如〈二年律令〉簡246：「恒以秋七月除千(阡)佰(陌)之大( )草。」(頁42)[19]

(2) 形上下斷開，上下半部各演變為撇、捺構成的兩個「人」形，下半部「人」形的撇筆並連接上半部的「人」形，此為常見字形，如〈奏讞書〉簡119：「其殿(臀)瘢大( )如指四所，其兩股瘢大( )如指。」(頁101)

---

[12] 此「大」字字形錄自同上註，圖版頁44。

[13] 此「六」字字形錄自同上註。

[14] 此釋文引自睡虎地秦墓竹簡整理小組編：《睡虎地秦墓竹簡》，釋文頁13。

[15] 此「大」字字形錄自睡虎地秦墓竹簡整理小組編：《睡虎地秦墓竹簡》(北京：文物出版社，1990)，圖版頁11。

[16] 此形錄自方勇：《秦簡牘文字編》(福州：福建人民出版社，2012)，頁303。

[17] 此釋文錄自湖北省荊州市周梁玉橋遺址博物館編：《關沮秦漢墓簡牘》(北京：中華書局，2001年8月)，頁26。

[18] 此釋文引自同上註，頁120。

[19] 本章所錄「張家山漢簡」〈曆譜〉、〈二年律令〉、〈奏讞書〉、〈脈書〉、〈算數書〉、〈蓋廬〉、〈引書〉、〈遣策〉之釋文採自張家山二四七號墓漢墓竹簡整理小組編：《張家山漢墓竹簡〔二四七號墓〕(釋文修訂本)》(北京：文物出版社，2006年5月)，其後不另在註釋中一一敘明。由於本文多次徵引該書，其後直接在釋文之後用括號標示頁碼，不另在註釋中一一敘明。

又如〈蓋廬〉簡 24：「凡攻之道，德義是守，星辰日月，更勝為右。[20]四時五行，周而更始。大(⬚)白金也。〔二四〕秋金強，可以攻木。」[21](頁164) 〈算數書〉簡 183：「大(⬚)廣[22] 廣七步卌九分步之□□□□□□□□□□□□□□□□□為□六十四步有(又)三百卌三分步之二百七十三。」(頁 156) 此外，亦偶見下半部的「人」形和上半部的「人」形分離，未見相連，如《算數書》簡 183：「大(⬚)廣术(術)」(頁 156)

(3) 將 ⬚ 上半部撇筆和捺筆所構成之「人」形寫作 ⬚ 形，疑為求書寫快速，應可視為一種草化現象；下半部則常見作「人」形，亦偶見做「 ⬚ 」形，皆和上半部 ⬚ 形的橫筆連接，如〈二年律令〉簡461：「大(太)(⬚)卜、大(太)(⬚)史。」(頁 74)〈二年律令〉簡 35：「父母、叚(假)大(⬚)母、主母、後母。」 (頁 13)

(4) 上半部為短豎點和橫畫所構成作 ⬚，下半部亦為撇、捺構成的「人」形，如〈奏讞書〉簡 26：「十年八月庚申朔癸亥，大(太)(⬚)僕不害行廷尉事。」 (頁 93)〈奏讞書〉簡 36：「 大(⬚)奴[23]武亡。」 (頁 94) 筆者

---

[20] 「更勝為右」，邵鴻先生云：「更勝，按五行迴圈相剋。為右，為上。《管子·七法》：『春秋角試，以練精銳為右。』」見邵鴻：《張家山漢簡《蓋廬》研究》(北京：文物出版社，2007 年 11 月)，頁 59。

[21] 邵鴻先生譯：「大凡用兵進攻的方法，必須遵守德義的原則，懂得日月星辰按照規律相剋。四時和五行，都是周而復始的。金星屬金，秋季是金強盛的季節，可以進攻屬木的對象。」見同上註，頁 61。

[22] 「大廣」為《算數書》題名。彭浩云：「大廣，即《九章算術》方田章之『大廣田』。唐李淳風註『大廣田者，初術直有全步而無餘分，次術空有餘分而無全步，此術先見全步復有餘分，可以廣兼三術，故曰大廣。』『初術』指有整數步無分數步的乘法；『次術』指只有分數步的乘法；『此術』指既有整數步又有分數步的乘法，即帶分數乘法。」見彭浩：《張家山漢簡《算數書》註釋》(北京：科學出版社，2001 年 7 月)，頁 124。

[23] 「大奴」即身材高大的奴僕《漢語大詞典》：「《漢書·昌邑哀王劉髆傳》：『過弘農，使大奴善以衣車載女子。』顏師古注：『凡言大奴者，謂奴之尤長大也。』」引自羅竹風主編：《漢語大詞典 2》(上海：漢語大詞典出版社，1988 年 3 月)，頁 1334。

疑上述二形 和 可能由 形上下筆畫斷開，且上半部左右兩斜筆合併為一橫筆而來；亦可能由 形而來，上半部的 演變作 。

張家山漢簡「六」字常見寫法可分為三種類型：

(1) 上半部作「人」形，下半部作「八」形，如《二年律令》簡 55：「盜臧(贓)直(值)過六( )百六十( )錢，黥為城旦舂。六( )百六十( )到二百廿錢，完為城旦舂。」(頁 16) 又如《算數書》簡 174：「六( )分為百卌，七分為百廿，八分為百五。」(頁 155)

(2) 上半部作 形，下半部作「八」形。如《算數書》簡 174：「五分為百六( )十八。」(頁 155)《二年律令》簡 315：「右庶長七十六( )宅，左庶長七十四宅。」(頁 52)

(3) 上半部為短豎點和橫畫所構成作 ，下半部為「八」形。如《二年律令》簡 90：「隸臣妾及收人有耐罪，毄(繫)城旦舂六( )歲。」(頁 21)《二年律令》簡 255：「卿以下，五月戶出賦十六( )錢。」(頁 43)《奏讞書》簡 9：「賈(價)錢萬六( )千。」(頁 92)

綜上，可知張家山漢簡「大」、「六」二字雖然均可見作四筆，但二字仍有明顯區別。析言之，「大」字上半部可見作「人」形、「 」形或「 」形，下半部則常見作「人」形，偶見作「 八 」形，且下半部的「人」形和上半部的「人」形、「 」形或「 」形筆畫有連接者為常見，未連接者為偶見；至於「六」字，下半部作「八」形，且下半部的「八」形和上半部的「人」形、「 」形或「 」形的筆畫相連者為常見，未連接者為偶見。即使張家山漢簡典型的「大」、「六」二字有別，筆者亦發現〈奏讞書〉簡 92：「新郪信、髳長蒼謀賊殺獄史武，校長丙、贅捕蒼而縱之，爵皆大庶

長。」(頁99)其中「大庶長」[24]的「大」字作 ，下方的兩筆畫分離作「八」

形，和「六」字的寫法形混。另，《算數書》簡162、163：「廣八分步之六

( )，求田一〈七〉分【步】之四。其從(縱)廿一分【步】之十六( )。

廣七分步之三，求田四分步之二【為縱幾何】。其從(縱)一步六( )分步

之〔162〕一。〔163〕」(頁153～頁154)

《二年律令》簡289：「卿以上予棺錢級千、享(椁)級六( )百。」(頁49)

以上《算數書》簡162、163和《二年律令》簡289的「六」字下半部兩筆

相連作「 ⋀ 」，未作「八」形，和上述張家山漢簡「大」字作 (二246)、

(二35)字形十分相近，發生形混現象。

　　筆者在考源與辨析張家山漢簡「大」、「六」二字「形混現象」的過程中，

發現「大」、「六」二字寫法多樣，甚至同一簡或相鄰兩簡「大」、「六」二字

出現二次以上，同時並見不同寫法，如〈二年律令〉簡370、371：「毋父母、

妻子、同產者，以大( )父，毋大( )父[25]〔三七○〕以大( )母[26]與

同居數者。」(頁59)此相鄰兩簡，「大」字三見，出現三種寫法；又例如《算

---

24 《史記・卷三○・平準書》：「匈奴數侵盜北邊，屯戍者多，邊粟不足給食當食者。於是募民能輸及轉粟於邊者拜爵，爵得至大庶長。」引自西漢・司馬遷：《史記》(宋慶元黃善夫刻本)，卷30，葉2下。《漢書・卷一九・百官公卿表上》：「爵：一級曰公士，二上造，三簪裊，四不更，五大夫，六官大夫，七公大夫，八公乘，九五大夫，十左庶長，十一右庶長，十二左更，十三中更，十四右更，十五少上造，十六大上造，十七駟車庶長，十八大庶長，十九關內侯，二十徹侯。皆秦制，以賞功勞。徹侯金印紫綬，避武帝諱，曰通侯，或曰列侯，改所食國令長名相，又有家丞、門大夫、庶子。」引自〔東漢〕班固撰、〔唐〕顏師古注：《漢書》(臺北：臺灣商務印書館，2010年，《百衲本二十四史》影印《北宋景祐刊本》)，卷19，葉14上～14下。

25 「大父」即祖父。《漢語大詞典》：「《史記・留侯世家》：『留侯張良者，其先韓人也。大父開地，相韓昭侯、宣惠王、襄哀王。』裴駰集解引應劭曰：『大父，祖父。』引自羅竹風主編：《漢語大詞典2》，頁1328。

26 「大母」即祖母。《漢語大詞典》：「《漢書・濟川王劉明傳》：『李太后，親平王之大母也。』顏師古注：『大母，祖母也。』」引自羅竹風主編：《漢語大詞典2》，頁1334。

數書》簡 162、163：「廣八分步之六()，求田一〈七〉分【步】之四。其從(縱)廿一分【步】之十六()。廣七分步之三，求田四分步之二【為縱幾何】。其從(縱)一步六()分步之〔162〕一。〔163〕」(頁 153～頁 154)此相鄰二簡「六」字三見，存有二種寫法。據此，著眼於漢字的發展，顯示出張家山漢簡「大」、「六」二字的寫法仍未趨於穩定。此外，從張家山漢簡「大」、「六」二字「形混現象」分析的過程中，筆者觀察《《張家山漢簡——〈算數書〉、〈引書〉、〈蓋廬〉、〈遣策〉》文字編》「六」字欄位的 99 個《算數書》字形，發現上述簡 162、163 三個「六」字和「大」形相混作、、，和《算數書》其他「六」字的寫法，如(算 174)、(算 40)、(算 148)不同；且鄰近《算數書》簡 162、163 又可見「六」字者，為簡 150 和簡 167，分別寫作、，和簡 162、163 的寫法亦明顯不同，筆者疑《算數書》恐非出自同一書手。

第二節 「手」、「牛」

《說文‧手部》：「，拳也。象形。，古文手。」(卷一二上‧400 頁)甲骨文未見單獨的「手」字，西周金文「手」字作(周中.臣諫簋)、(周晚.柞鐘)、(周晚.不嬰簋蓋)。《說文‧牛部》：「，大牲也，牛件也。件，事理也。象角頭三，封尾之形。」(卷二上‧37 頁)。甲骨文「牛」字作(商.合 20530)、(商.合 20667)、(商.合 20667)、(商.合 27619)、(西周 H11:125)，西周金文「牛」字作(周早.叔簋)、(周中.友簋)、(周晚.師袁簋)。從以上字形可知「手」字與「牛」字在西周金文有明顯區別，「手」字中間線條為曲筆，「牛」字中間則為直豎筆，且「牛」字「」形

之下為一平直的橫線條，不同於「手」字上下為圓弧之曲線或✔形。就偏旁而言，西周金文從「手」之「捧」字常見作 (周早.籭卣)、(周中.大鼎)、(周中.三年瘋壺)、 (周晚.頌簋)，偶見作 (周中.尹姞鬲)；西周金文從「牛」之「牲」字常見作 (周早.小盂鼎)、 (周中.任鼎)，偶見作 (周早.矢令方彝)。上述字形中，〈尹姞鬲〉「捧」字的「手」形作 ，若不考慮中間的豎畫下方是否有線條殘泐，此形和「矢令方彝」的「牛」形作 雖然形近；但仔細辨析，西周金文典型的「牛」形中間豎筆的起筆位置較兩側曲筆為低，和「手」形仍有不同之處。

　　戰國楚系文字「手」「牛」二字有明顯區別，「手」字作 (郭.五 45《楚》)、[27](上七.安甲 9)、[28](上七.安乙 9)，從「手」之「指」字作 (郭.性 28《楚》)、「搏」字作 (包.二 133《楚》)、「捉」字作 (郭.老甲 33《楚》)、「拇」字作 [29](上三.周 27)、「拜」字作 [30](上三.彭 8)、[31](上五.競 9)。戰國楚系文字「牛」字作 [32](上三.周 22)、 (望一 22《楚》)、 (包.二 125《楚》)、 (望二.45《楚》)，從「牛」之「牧」字作 [33](上七.吳 5)、「牲」字作 (新零 207《楚》)、「牡」字作 (新甲.一 7《楚》)、「瀆」字作 [34](上九.卜 4)、「解」字作 [35](上八.王 3)、「牢」字作 (包.

27　此「手」字字形錄自馬承源：《上海博物館藏戰國楚竹書(七)》(上海：上海古籍出版社，2008 年 12 月)。

28　此「手」字字形錄自馬承源：《上海博物館藏戰國楚竹書(七)》。

29　此「拇」字字形錄自馬承源：《上海博物館藏戰國楚竹書(三)》。

30　此「拜」字字形錄自馬承源：《上海博物館藏戰國楚竹書(三)》。

31　此「拜」字字形錄自馬承源：《上海博物館藏戰國楚竹書(五)》(上海：上海古籍出版社，2006 年 2 月)。

32　此「牛」字字形錄自馬承源：《上海博物館藏戰國楚竹書(三)》。

33　此「牧」字字形錄自馬承源：《上海博物館藏戰國楚竹書(七)》。

34　此「瀆」字字形錄自馬承源：《上海博物館藏戰國楚竹書(九)》(上海：上海古籍出版社，2012 年 12 月) 。

35　此「解」字字形錄自馬承源：《上海博物館藏戰國楚竹書(八)》(上海：上海古籍出版

二 99《楚》)、(新甲.三 136《楚》)。從以上字形可知，戰國楚系文字「手」形可見承西周金文作，但楚系常見典型的「手」形則加飾點或飾筆作、、、、，與「牛」字有別，不相混。

戰國至秦代的秦文字「手」、「牛」二字在由於隸變因素，可見形混現象。秦文字常見的「手」形有三種類型：一為五筆，作(睡.封 78《秦簡》)、(嶽.占 20 正《秦簡》)，又如從「手」之「掖」字作(睡.甲 153 正《秦簡》)、「捕」字作(睡.答 107《秦簡》)、「掾」字作(睡.效 55《秦簡》)；二為四筆，作(8-2092《里》)，又如從「手」之「把」字作(睡.乙 172《秦簡》)、「捋」字作(青牘正 2《秦簡》)、「捕」字作(嶽.為 9 正《秦簡》)；三為三筆，作(里 J1(9)1 正《秦簡》)，又如從「手」之「挾」字作(嶽簡 1252《秦簡》)、「擅」字作(龍簡 23《秦簡》)、「舉」字作(嶽.為 83 正《秦簡》)。至於秦文字常見典型的「牛」字為四筆，作(嶽.為 68 正《秦簡》)、(睡.乙 70《秦簡》)、(睡.雜 31《秦簡》)，亦見「牛」形作三筆者，如從「牛」之「牡」字作(關簡 368《秦簡》)、「犀」字作(放.志 2《秦簡》)。從以上字形可知，秦文字的「手」形和「牛」形作四筆和三筆時，可見發生形混現象；若轉眼於隸變，即當漢字將線條轉換為筆畫時，隸變過程中筆畫平直和拆解的現象，造成「手」形和「牛」形的形混現象。

張家山漢簡「手」字常見寫法有二種類型：

(1) 作五筆，上下半部左為短橫或捺點、右為短撇所構成，中間為直豎或左曲豎，如：《引書》簡 7：「冬日，數浴沐，手()欲寒，足欲溫。」(頁 171)《引書》簡 45：「右郄(膝)痛，左手()據權，內揮右足，千而已；左郄(膝)

社，2011 年 5 月)。

痛，右手()據權，而力揮左足，千而已。左手()句(勾)左足。」(頁177)
《二年律令》簡278：「大數衛(率)取上手[36]()什(十)三人為復。」(頁47)

(2) 作三筆，上下半部為二橫筆，中間為直豎或左曲豎，如《引書》簡56：
「以下盾(楯)之至股，而前靬手()，反而舉之，而力引之。」(頁179)《引書》簡68：「手()操左棺(腕)而力舉手。」(頁180)《引書》簡81：「在【左】頰，左手()據右顫之髮，信(伸)左手()而右手引之。」(頁182)《引書》簡96：「左手()據右肩，力引之。」(頁184)

張家山漢簡「牛」字常見寫法有二種類型：

(1) 作四筆，上半部作「凵」、「凵」形，下半部為一橫筆，中間為直豎或左曲豎。如《奏讞書》簡100：「毛買(賣)牛()一，質，疑盜，謁論。毛曰：盜士五(伍)牝牛()，毋它人與謀。牝曰：不亡牛()」(頁100)《奏讞書》簡102：「毛遷黑牝牛()來，即復遷去。」(頁100)《奏讞書》簡103：「以十一月行，不與毛盜牛()。」(頁100)《蓋廬》簡35：「馬牛()未食。」(頁165)《脈書》簡15：「四節疕如牛()目。」(頁116)

(2) 作四筆，上半部左為短橫或捺點、右為短撇所構成，下半部為一橫筆，中間為直豎或左曲豎。如《二年律令》簡253：「馬、牛()、羊、豻麤、麤食人稼穡，罰主金馬、牛()各一兩，四豻麤若十羊、麤當一牛()，而令撟(？)稼償主。」(頁43)

《二年律令》簡411：「發傳送，縣官車牛()不足，令大夫以下有訾(貲)者，以貲共出車牛()及益，令其毋訾(貲)者與共出牛()食、約、載具。」(頁64)

---

36 整理者釋「手」為「技藝的等級」。見張家山二四七號漢墓竹簡整理小組編：《張家山漢墓竹簡〔二四七號墓〕(釋文修訂本)》，頁47。

　　綜上，可知張家山漢簡「手」、「牛」二字常見的典型寫法，一為五筆和三筆，一為四筆，二字有所區別。但張家山漢簡「手」字除上述五筆和三筆的常見寫法，亦可見作四筆，上半部左為短橫或捺點、右為短撇所構成，下半部為一橫筆，中間為直豎或左曲豎。作四筆的少數字例，如《引書》簡52：「手(圖)撫席，舉尻以力引之，三而已。」(頁178)《脈書》簡27：「肩脈，起於耳後，下肩，出肘內廉，出臂外館(腕)上，乘手(圖)北(背)。」(頁120)此和張家山漢簡「牛」字常見的典型寫法，如圖(二411)、圖(二253)發生形混現象。

　　至於「牛」字，張家山漢簡除常見的四筆寫法，如上述，同秦簡牘文字，亦受隸變過程中筆畫平直化的影響，偶見作三筆者，如《二年律令》簡8：「殺馬、牛(圖)，有(又)亡粟米它物者，不負。」(頁9)筆者檢視張家山漢簡的單字「牛」，發現僅此一例疑作三筆者，此形上部的筆畫難以斷定是一筆或兩筆。至於從「牛」之字，亦偶見「牛」旁作三筆者，如「物」字，《二年律令》簡179：「當收者，令獄史與官嗇夫、吏襍封之，上其物(圖)數縣廷，以臨計。」(頁32) 此和張家山漢簡「手」字常見的典型三筆寫法，如圖(引56)、圖(引96)，發生形混。

第三節　「夫」、「失」

　　《說文‧夫部》：「圖，丈夫也。从大，一以象簪也。周制以八寸為尺，十尺為丈，人長八尺，故曰丈夫。」（卷一〇下‧347頁）甲骨文「夫」字作圖 (商.合20166)、圖 (商.合8836)、圖 (商.合36742)，从「大」，至於「大」形上端之「一」形，學界主要有以下三種不同意見。或說象簪形，高

鴻縉先生謂「夫，成人也。童子披髮，成人束髮，故成人戴簪。字倚大(人)，畫其首髮戴簪形。」[37]或說為指事符號，趙誠先生謂「夫字从大从一。大是正面人形，一則用來指示某一種高度，過此高度即為夫。則夫為指事字。」[38]或說為區別符號，陳初生謂「此字甲骨文作 ![img]、![img]，金文同，象人正立形，取意與『大』同，一乃區別記號，非象簪。『夫』之本義為成年男子。」[39]商金文「夫」字作 ![img] (小子夫父己尊)，西周金文作 ![img] (周早.小夫卣)、![img] (周中.師晨鼎)、![img] (周中.𢽙簋)、![img] (周晚.小克鼎)、![img] (周晚.善夫吉父鬲)，春秋金文作 ![img] (春早.衛文君夫人弔姜鬲)、![img] (春晚.黿公華鐘)。

　　《說文・手部》：「![img]，縱也。从手，乙聲。」（卷一二上・405 頁）甲骨文作 ![img]（《合集 1779》）、![img]（《合集 227》）、![img]（《合集 5862》）、![img]（《合集 10923》）等形，先前學者，如葉玉森、李孝定等先生釋為「先」字。趙平安先生指出姚孝遂先生已提出上述字形和「先」字寫法有嚴格區分；趙先生並進一步運用古隸中的「失」字作 ![img]（睡.為 13）、![img]（龍崗秦簡 204）等形，證明古隸和上述甲骨文之間一脈相承的聯繫，據此將上述甲骨文釋為「失」字。[40]商金文「失」字作 ，西周金文作 ![img] (周早.失父乙簋)、![img] (周晚.揚簋)。趙平安先生認為《說文》「失」字以假借義為說，「失」本象頭上有某種飾物的人形，故有「美」的意思，後用為方國名、人名或地名，和甲骨文的羌、鬼、尸、髟等相彷彿；並引〈離騷〉「佚女」說明古籍中用

---

[37] 高鴻縉：《中國字例》(臺北：三民書局，1992 年 10 月第九版)，頁 263。

[38] 趙誠：《甲骨文簡明辭典》(北京：中華書局，1988 年 1 月第一版)，頁 181。

[39] 劉翔、陳抗、陳初生、董琨編著：《商周古文字讀本》(北京：語文出版社，1989 年 9 月)，頁 398。

[40] 詳參趙平安：〈從失字的釋讀談到商代的佚侯〉，《新出簡帛與古文字古文獻研究》(北京：商務印書館，2009 年 12 月)，頁 56-59。

「佚」字表示「美好」義。[41]從以上字形可知「夫」字與「失」字在甲金文有明顯區別。

戰國楚系文字「夫」、「失」二字亦有明顯區別。「夫」字作 (曾姬無卹壺)、(君夫人鼎)、（曾170《楚》）、（郭.老乙1《楚》）、(上四.曹34《上博》)、(上五.弟4《上博》)；「失」字作 (郭.語2《楚》)、(上四.曹8《上博》)，可知戰國楚系文字「夫」字與「失」字有別，不相混。

秦文字「夫」、「失」二字的常見寫法有別，不相混。常見的「夫」字作五筆，所从之「大」形作 ，並於大形之上加一橫筆，如 (睡.甲4背《秦簡》)、(嶽.為9正《秦簡》)、(龍簡39《秦簡》)、（珍印315《秦》）；至於秦文字常見的「失」字作 (睡.乙252《秦簡》)、(嶽.占4正《秦簡》)、(關簡219《秦簡》)。可知秦文字常見典型的「夫」、「失」二字的寫法有明顯區別。另，除典型常見不相混的字形，筆者亦觀察到秦文字「夫」、「失」二字仍可見十分相近的寫法，如「夫」字亦見作 (秦陶1834《秦》)，又如《睡虎地・法律答問》簡55：「為有秩偽寫其印為大嗇夫。」[42]的「夫」字作 [43]；「失」字則亦可見作 (嶽.三十四質8正《秦簡》)、(周.日245《秦》)。可見秦文字「夫」、「失」二字在隸變過程中，受筆畫平直化與二筆省併為一筆的影響，除典型常見不相混的寫法，亦可見兩字雖未完全同形，卻十分相近的寫法，一為五筆、一為四筆，有形混之嫌。

---

41 詳參趙平安：〈從失字的釋讀談到商代的佚侯〉，《新出簡帛與古文字古文獻研究》，頁59-61。

42 此釋文引自睡虎地秦墓竹簡整理小組編：《睡虎地秦墓竹簡》，釋文頁106。

43 此「夫」字字形錄自同上註，圖版頁53。

張家山漢簡「夫」字常見寫法有二種類型，作、，見以下所述：

(1) 作五筆，所从之「大」形作，並於大形之上加一橫筆，此為張家山漢簡「夫」字最常見之寫法。如：《二年律令》簡115：「其父、母、兄、姊、弟、夫()、妻、子欲為气鞠，許之。」(頁24)《二年律令》簡384：「其棄妻，及夫()死，妻得復取以為戶。」(頁61)《奏讞書》簡162、163：「夫()人養婢媚進〔162〕食夫()人〔163〕。」(頁106)《脈書》簡54：「夫()骨者柱殹，筋者束殹。」(頁125)

(2) 作五筆，「大」形兩臂之形由於筆畫平直化和省併，隸變為一橫筆，且「大」形上半部和其上的一橫筆作「土」形、「士」形或上下兩橫等長的「土」形，此為張家山漢簡「夫」字次常見之寫法。如：

《二年律令》簡176：「妻有罪，夫()告之，亦除其夫()罪。」(頁32)《奏讞書》簡26：「大(太)僕不害行廷尉事，謂胡嗇夫()[44]瀡 (讞)獄史闌。」(頁171)《二年律令》簡174：「其子有妻、夫()，若為戶、有爵。」(頁32)

張家山漢簡「失」字常見寫法只有一種類型，作五筆。如：《二年律令》簡4：「其失()火延燔之，罰金四兩。」(頁8)《二年律令》簡269：「發致及有傳送，若諸有期會而失()期，乏事，罰金二兩。」(頁46)《蓋廬》簡3：「失()時則危其國〔三〕家〔四〕。」(頁161)《引書》簡86：「失()欲口不合，引之。」(頁183) 據上所列，可知張家山漢簡「夫」、「失」

---

44 此《奏讞書》簡26「夫」字，張守中先生摹寫作，筆者對照《奏讞書》簡26圖版，此形實際作，可訂正張守中先生之摹寫。見張守中：《張家山漢簡文字編》(北京：文物出版社，2012)，頁281。張家山二四七號漢墓竹簡整理小組編：《張家山漢墓竹簡〔二四七號墓〕》(北京：文物出版社，2001年)，頁55。

二字常見的典型寫法雖同為五筆，但「夫」字作 ![字形](二 384)、![字形](二 176)、
![字形](奏 26)，「失」字作 ![字形](蓋盧 3)，有明顯區別。

　　另，除典型常見不相混的字形，筆者發現張家山漢簡「夫」、「失」二字
相對少見的寫法可見形混現象。見以下所述：

(1) 「夫」字偶見作四筆，所從之「大」形作 ![字形]，並於大形之上加一橫筆。
據筆者檢視《《張家山漢簡·二年律令》文字編》「夫」字的 41 個字形，[45]並
逐一對照原圖版，發現字形清晰作四筆者，僅見四簡，分別是《二年律令》
簡 332：「節(即)有當治為者，令史、吏主者完封奏(湊)令若丞印，齎夫(![字形])
發，即襐治為。」(頁 54)《二年律令》簡 342：「即夫(![字形])妻皆瘛(瘲)病。」
(頁 55) 《二年律令》簡 386：「毋子，其夫(![字形])。」(頁 61)《二年律令》
簡 387：「夫(![字形])同產及子有與同居數者，令毋貿賣田宅及入贅。」(頁 61)

(2) 「失」字偶見筆畫平直化和省併，隸變作四筆。據筆者檢視，僅見二例，
分別是《二年律令》簡 112：「劾人不審，為失(![字形])。」(頁 24) 《奏讞書》
簡 196：「等曰，誠失(![字形])[46]。」(頁 108) 至於張家山漢簡從「失」之字僅
見「秩」字，「失」旁的寫法同單字常見作五筆，如《二年律令》簡 292：
「大夫比三百石，不更比有秩(![字形])。」(頁 49) 《二年律令》簡 470：「都
官之稗官及馬苑有乘車者，秩(![字形])各百六十石，有秩(![字形])毋乘車者，各
百廿石。」(頁 80)；亦偶見作四筆，如《二年律令》簡 472：「秩(![字形])者
及毋乘車者之鄉部，秩(![字形])各百廿石。」(頁 80)。可見「失」作為偏旁時，

---

45 鄭介弦：《《張家山漢簡‧二年律令》文字編》（彰化：國立彰化師範大學碩士學位論文，
　　2012 年），頁 852。

46 此《奏讞書》簡 196「失」字，張守中先生摹寫作 ![字形]，筆者對照《奏讞書》簡 196 圖版，
　　此形實際作 ![字形]，為四筆，並非張守中先生摹寫之五筆。見張守中：《張家山漢簡文字編》，
　　頁 319。張家山二四七號漢墓竹簡整理小組編：《張家山漢墓竹簡〔二四七號墓〕》，頁
　　69。

寫法與單字相同,亦以五筆為常見、四筆相對少見。

綜上,可知張家山漢簡「夫」相對較為少見的四筆寫法,如《二年律令》簡 387 作 ,此形和「失」字亦為相對少見的四筆寫法,如《二年律令》簡 112 作 ,產生形混現象。

第四節　「史」、「夬」

《說文‧史部》:「 ,記事者也。从又持中;中,正也。」(卷三下‧90 頁)。甲骨文「史」字作 (商.合 20089)、 (商.花東 114),或省又作 (商.合 4676),手所持之「 」,究竟為何物,實難論定。吳大澂釋為簡形,[47]方述鑫釋為武器之形。[48]商金文作 (史鼎),西周金文作 (周早.燮作周公簋)、 (周中.史牆盤)、 (周晚.鄦簋),春秋金文作 (蔡大史鉭)。戰國晉系文字作 (侯馬《戰》)、 (侯馬《戰》),楚系文字作 (包 2.168《楚》)、 (郭.老甲 2《楚》)、 (上二.子 8《楚》),對於甲金文「史」字構形中手所持之「 」,晉系作 、 ,楚系作 、 、 ,各有其特色。

《說文‧又部》:「 ,分決也。从又;中,象決形。」(卷三下‧89 頁)。《殷墟甲骨刻辭類纂》「字形總表」編號 0952 的 形,[49]何琳儀釋為「夬」

---

[47] 關於「史」字,吳大澂云:「記事者也,象手執簡形。」見〔清〕吳大澂:《說文古籀補》,《金文文獻集成(第十七冊)》(香港:明石文化國際出版有限公司,2004 年 12 月,據清光緒二十四年增輯本影印),頁 217。

[48] 方述鑫云:「 字的本義當是手執武器打獵作戰。……史、事二字甲骨文作 或 ,本義均是手持武器作事。从史的字又有吏和使,是史的孳乳字,故亦含作事的意思。」見方述鑫:〈甲骨文口形偏旁釋例〉,《古文字研究論文集》(高雄:復文出版公司,1981 年 12 月),頁 300。

[49] 姚孝遂:《殷墟甲骨刻辭類纂》(《吉林大學古籍研究所叢刊之六》(北京:中華書局,1989 年 1 月),頁 7、頁 358。

字，謂「象右手套扨指之形。」[50]戰國楚系「夬」字作 (包 2.260《楚》)，或「又」形線條分離作 (望 2.2《楚》)，從「夬」之「鳩」字作 (曾侯乙鐘《戰》)、「決」字作 (上二.容 24)。[51]

戰國至秦代的秦文字「史」字作 (秦陶 2977《秦》)、(集證 164《秦》)、(放.志 1《秦簡》)、(睡律 172《秦簡》)、(關簡 49《秦簡》)、(睡.效 32《秦簡》)、(睡.封 39《秦簡》)、(關簡 48《秦簡》)、(嶽.三十四質 10 正《秦簡》)。李蘇和先生曾指出秦系文字「史」字主要有兩種寫法，一為繼承西周金文，如 (放.志 1)；一為經過隸變者，如 (睡.效 32)。[52]案：此說可從。不過，筆者進而將戰國至秦代的秦文字「史」字寫法細分為三種類型：一為承襲甲金文從「又」持「中」，「中」形作「中」或「屮」，「又」形與「中」形仍是兩個獨立的偏旁和部件，如上述之 (集證 164)、(關簡 49)，此為秦文字「史」字最為常見之寫法；二為隸變過程中，「中」形中間和兩側的豎筆收縮，下為「又」形，如上述之 (睡.封 39)，此為偶見字形；三為隸變過程中，「中」形收縮兩側的豎筆為「口」形，中間的豎畫並和「又」形右上之曲筆「𠃌」黏合，產生連筆現象，[53]如上述之 (關簡 48)、(嶽.三十四質 10 正)。

戰國至秦代的秦文字「夬」字作 (睡.乙 200《秦》)、(睡.為 44

---

[50] 何琳儀：《戰國古文字典—戰國文字聲系》(北京：中華書局，1998 年 9 月)，頁 905。

[51] 此「決」字字形錄自馬承源：《上海博物館藏戰國楚竹書(二)》(上海：上海古籍出版社，2002 年 12 月)，頁 117。

[52] 參李蘇和：《秦文字構形研究》(上海：復旦大學博士論文，2014 年 5 月)，頁 243。

[53] 趙平安先生云：「連是指隸變過程中所發生的連筆現象。連的應用，加快了書寫速度。使原來結構更為緊湊。」見趙平安：《隸變研究》(保定：河北大學出版社，1993 年 6 月)，頁 54。

《秦簡》)、（史）[54]（龍簡 204）[55]、(里 J1165 正《秦》)、（嶽.為 43 正《秦簡》），從「夬」之「決」字作(睡.甲 25 正《秦簡》)、「缺」字作(里 J1(8)151 正《秦簡》)、「駃」字作(睡.雜 27《秦簡》)、「抉」字作(睡.律 84《秦簡》)、「快」字作(里 J1(8)158 背《秦簡》)、「陕」字作(嶽.為 1 正《秦簡》)。筆者將秦文字「夬」字寫法細分為三種類型：一為「夬」形的上部作「由」或「中」形，下為獨立之「又」形，如上述(睡.為 44《秦簡》)，此為秦文字「夬」字最常見之寫法；二為「中」形中間的豎筆和「又」形之曲筆「フ」黏合，產生連筆現象，如上述之(龍簡 204)，此為相對較為少見的寫法；三為「夬」形的上部作「由」，下為獨立之「又」形，如上述之 (嶽.為 43 正《秦簡》)，此為偶見寫法。

綜上所述，「史」、「夬」二字在商周甲金文、戰國楚系文字的寫法有別，並未發生形混現象。至於戰國至秦代的秦文字，「史」和「夬」發生形混，現象有三：一為「夬」字的偶見寫法（上述第三種類型）作(嶽.為 43 正《秦簡》)，和「史」字最為常見的寫法，如(集證 164)、(關簡 49)形混；二為「夬」字相對較為少見的寫法（上述第二種類型）作(龍簡 204)和「史」字亦為相對少的寫法，如 (關簡 48)形混；三為「史」字偶見的寫法作(睡.封 39)和「夬」字最為常見的寫法（上述第一種類型）作(睡.為 44)形混。

張家山漢簡單獨的「夬」字僅見於〈引書〉簡 109，通讀為「決」。簡文 108、109：「賤人之所〔一〇八〕以得病者，勞卷(倦)飢渴，白汗夬

---

54 此「夬」字字形的圖版和摹寫錄自中國文物研究所、湖北省文物考古研究所編：《龍崗秦簡》（北京：中華書局，2001 年 8 月），頁 53。

55 《龍崗秦簡》簡 204：「☑罪者獄未夬（決）。」「夬」字作，通讀「決」。此釋文引自同上註，頁 134。

(決)()[56]絕，自入水中，及臥寒突()之地，[57]不智(知)收衣，故得病焉。〔一〇九〕」[58](頁299) 張家山漢簡从「夬」之「突」字，如上例作(引109)；「決」字作(二178)、(二115)、(引20)、(引19)；「肤」字作(胺)(二27)；「缺」字作(二478)、(鈌)(二516)、(鈌)(脈44)。張家山漢簡「夬」字寫法的類型同上述秦簡牘：一為「夬」旁上部作「」或「」形，與下面之「又」形為獨立之構形，如上述「夬」字作(引109)、「決」字作(二178)；二為「」或「」形中間的豎筆和「又」形之曲筆「」產生連筆現象，如上述「決」字作(二115)。和秦簡牘相較，筆者發現張家山漢簡「夬」字或「夬」旁和秦簡牘相同，以未發生連筆現象的第一種類型為常見，發生連筆的第二種類型較為少見。

張家山漢簡「史」字見於〈二年律令〉和〈奏讞書〉，其中〈二年律令〉的「史」字上部所从皆為「」或「」，作(二219)、(二481)、(二522)、(二482)、(二522)、(二179)、(二521)。至於〈奏讞書〉「史」字可見作(奏97)、(奏130)，上部所从為「」形，是常見並典型的「史」字寫法；但〈奏讞書〉「史」字亦見作(奏54)、(奏61)，上部所从作「」形，是典型常見的「夬」字寫法，

---

56 整理者釋「夬」通「決」，《說文》：「決，行流也。」此「夬」字張守中先生摹作，對照原圖版作，此形上半部所从應為「」形，而非左邊有缺口的「」形。見張守中：《張家山漢簡文字編》(北京：文物出版社，2012)，頁80。

57 高大倫先生釋：「突，孔、洞。《廣雅‧釋詁》：『突，空也。』《玉篇‧穴部》：『突，空也。』寒突之地，寒冷通風的地方。」見高大倫：《張家山漢簡《引書》研究》(成都：巴蜀書社，1995年1月)，頁171。

58 高大倫先生譯：「貧賤的人為什麼會生病呢，那是因為勞動倦怠，又餓又渴流汗太多，為圖涼爽而跳入冷水中洗澡，躺臥在寒冷通風的地方，不知道即時添加衣服，所以會患上疾病。」見高大倫：《張家山漢簡《引書》研究》，頁171。

與「夬」字發生形混。筆者進一步比較秦簡牘和張家山漢簡「史」字的寫法，發現「史」字上半部「屮」形中間的豎筆和「又」形之曲筆「ㄋ」黏合為一撇筆，發生省併現象，如上述之 史 (二 522)、史 (二 521)等形，對秦簡牘而言為相對少見的寫法，對張家山漢簡而言卻是常見寫法，筆者有以下兩點思考：一為隸變發展過程中為求書寫快速，省併方式為重要之手段，亦造成漢字結構表義的弱化；二為雖然學術界一般認定戰國中晚期的秦國至秦代的隸書和西漢初年的隸書屬於「古隸」，[59]由於同屬「古隸」範疇，字形必然存在高度的符合性和穩定性；然就歷時的眼光來看，秦簡牘和張家山漢簡「史」字構形的比較，顯示戰國中晚期至漢初這段時間的秦簡牘和漢簡帛文字在隸變「漸變」過程中常被忽略的「差異性」。[60]

第五節　結語

(一) 關於張家山漢簡單字形混現象考源

1 已見於秦簡牘：

例如「史」「夬」二字、「手」「牛」二字。

2 見於戰國楚簡和秦簡牘，張家山漢簡繼承：

---

[59] 劉鳳山云：「隸書可以分為古隸和今隸。古隸包括秦隸和漢初的隸書，從時間上看大致以武帝為界。之前稱古隸，後來的稱為今隸。……從西漢中期以後，古隸逐漸演變為完全成熟的今隸，東漢風格多樣的漢碑成為完全成熟的今隸的見證。」見劉鳳山：《隸變研究》(上海：首都師範大學博士論文，2006)，頁 60-61。

[60] 筆者拙作：〈秦簡牘和張家山漢簡文字構形比較探賾〉，《第二十八屆中國文字學國際學術研討會論文集》(臺北：臺灣大學，2017.5)曾以秦簡牘文字(戰國中晚期的秦國至秦代)和西漢早期的張家山漢簡文字進行比勘，探討張家山漢簡文字在早期隸變過程中的「傳承性」和「差異性」。

例如「大」「六」二字。

3 秦簡牘字形雖未同形，卻十分相近，有形混之嫌：

例如「夫」「失」二字。

(二) 可見秦簡牘的形混現象較張家山漢簡複雜

例如秦文字「史」和「夬」發生形混的現象有三，張家山漢簡「史」、「夬」二字的形混僅存一種現象，即為「史」字較為少見的寫法作 、 和「夬」字典型常見的寫法寫法作 形混。

(三) 可見形混現象共同發生於較為少見的某種寫法：

例如張家山漢簡「夫」、「失」二字常見的典型寫法雖同為五筆，但「夫」字作 、 、 ，「失」字作 ，有明顯區別，不相混。至於張家山漢簡「夫」相對較為少見的四筆寫法作 ![字]（二387），此形和「失」字亦為相對少見的四筆寫法作 ![字]（二112），則產生形混現象。

(四) 張家山漢簡某些字的構形仍未十分穩定

為了將書手的影響因素降至最低，筆者觀察張家山漢簡某些字形在同一簡中並見，卻存有不同寫法，顯示張家山漢簡某些字的構形仍未十分穩定。例如〈二年律令〉簡522「史」字二見，卻存有兩種寫法，分別作 ![字]、 ![字]，後一個字形發生連筆的省併現象；又如〈二年律令〉簡522「史」字二見，亦分別作 ![字]、 ![字]；又如〈二年律令〉簡516「史」字作 、「缺」字作 ![字]。雖然張家山漢簡「史」字以連筆的省併現象較為常見，但此現象亦顯示張家山漢簡「史」字的寫法仍未十分穩定。又例如《二年律

令》簡387「夫」字二見，有兩種寫法，分別作 、。「失」作偏旁時，如《二年律令》簡472「秩」字三見，亦有兩種寫法，分別作 、、，可知「失」作為偏旁時，寫法與單字相同，亦以五筆為常見、四筆為偶見。

(五) 隸變對於形混現象產生影響

關於隸書對篆文字形的改造，也就是漢字將線條轉換為筆畫的方法，葛小冲先生《漢隸與小篆的構形比較》大致歸納出「同、平、直、拆、折、伸、縮、斷、連、轉、移、增、省」等十二種基本手段。本章探討張家山漢簡「手」形和「牛」形的形混現象，可見隸變過程中，將線條轉換為筆畫採取平直化和拆解的方法，例如「手」字作 （引52）、「牛」字作 (二411)，同為四筆，造成形混現象。

(六) 比較張家山漢簡和秦簡牘之形混現象，可探究隸變過程中的「差異性」

例如張家山漢簡「史」字發生連筆的省併現象作 (二521)為常見寫法，對秦簡牘而言卻為偶見，以未省併之字形作 (關簡49)為常見，顯示秦簡牘和張家山漢簡在同屬「古隸」之範疇下，字形雖有高度符合性，亦不可忽略存於隸變「漸變」過程的「差異性」。例如張家山漢簡「手」字常見作五筆或三筆，偶見作四筆，如 (引52)，和「牛」字常見的四筆，如 (二411)發生形混現象。「手」字作四筆，是秦簡牘常見的寫法；對張家山漢簡而言，卻是偶見現象。此顯示在隸變過程中，由於筆畫平直化及省併的影響逐漸增強，造成秦簡牘「手」字常見的四筆，在張家山漢簡演變為常見的

三筆。

(七) 張家山漢簡的形混現象是否為同一篇章的侷限性問題

形混現象若非屬同一批材料，不宜視為個別現象。例如《算數書》簡 162「六」字作 ![字形]，《二年律令》簡 289「六」字作 ![字形]，下半部兩筆相連作「∧」，未作「八」形，和「大」字作 ![字形](二 246)、![字形](二 35)字形十分相近，發生形混現象。

第五章 《張家山漢簡》其他構形現象相關探討

第一節 簡省

　　何琳儀《戰國文字通論》一書提出「單筆簡化」、「複筆簡化」、「濃縮形體」、「刪簡偏旁」、「刪簡形符」、「刪簡音符」、「刪簡同形」、「借用筆畫」、「借用偏旁」、「合文借用筆畫」、「合文借用偏旁」、「合文刪簡偏旁」、「合文借用形體」等十三種戰國文字簡化的方式。[1]其中「單筆簡化」、「複筆簡化」可合併為「筆畫簡化」，至於「刪簡偏旁」此項應可分別併入「刪簡形符」、「刪簡音符」和「刪簡同形」之中。筆者參考上述簡化的方式，據此檢視張家山漢簡文字構形的簡省現象，歸納出「濃縮形體」、「省略構字偏旁或構字偏旁的部分形體」、「簡省聲旁」、「簡省筆畫」、「共用筆畫」及「連筆草化」六種類別，分述於下：

一 濃縮形體

　　本書第二章「秦簡牘和《張家山漢簡》文字構形比較析論」曾探討秦簡牘和張家山漢簡均可見濃縮構字偏旁的部分形體為橫畫的「得」字、「新」字，亦見濃縮構字偏旁的部分形體為實心點或短橫的「瓜」、「狐」、「總」三字。本章為求完整呈現《張家山漢簡》濃縮形體之現象，這五個字例在此章亦一併列出。如下所示：

---

[1] 何琳儀：《戰國文字通論(訂補)》(南京：江蘇教育出版社，2003 年 1 月)，頁 202-213。

字例	張家山漢簡		說明
	未濃縮形體	濃縮形體	
辤	（辤）(奏 90)	（辤）(奏 71)	辛 濃縮為
新	（新）(二 455)	（新）(奏 80)	亲 濃縮為
妾	(二 124)	（妾）(奏 182)	立 形中間左右兩斜筆濃縮為一橫筆
得	（得）(二 205)	（得）(二 261)	「貝」形下面兩筆濃縮成一橫畫
環	（環）(脈 58)	（環）(奏 54)	「目」形下左右兩筆濃縮為一橫筆
謂	（謂）(算 34)	（謂）(奏 134)	「言」形中間左右兩筆濃縮為一橫筆
刾	（刾）(引 18)	（刾）(引 45)	𠃌 濃縮為
稤	（稤）(引 35) (屬)	（稤）(蓋 47)	尾形「木」濃縮為二橫畫
總	未見	（總）(奏 106)	形濃縮為圓點
瓜	未見	(遣 27)	瓜果之形濃縮為短畫
狐	未見	(算 34)	

二 省略構字偏旁或構字偏旁的部分形體

字例	張家山漢簡		說明
	未省略形體	省略形體	
屈	（屋）(二 454)	（屈）(引 111)	省略尾形「本」
歲	（歲）(二 279)	（歲）(二 157)	下方的「止」形有所省略
議	（議）(奏 189)	（諽）(奏 184)	「義」旁省略「羊（羊）」形
奪	（奪）(蓋 7)	（奪）(蓋 51)	「雀」形上方省略「小」形

三 簡省聲旁

何琳儀《戰國文字通論》一書曾指出形聲字的音符一般不能省，除非有明確的辭例限約，才有可能將音符省略。[2]除了辭例制約的情況下可以省略聲符，林清源《楚國文字構形演變研究》亦提出聲符省略的另外兩種情況，其一是該字構形特殊，即使省略音符，也不致與其他字造成混淆；其二是形聲字所從的音符本身也是個形聲字，進行音符簡化時，也會偶而發生將音符本身最初的音符刪去，只保留音符所從的義符。[3]筆檢視張家山漢簡內部字形的構形簡省，發現一例「簡省聲符」的現象。如下：

---

2 參何琳儀：《戰國文字通論（訂補）》，頁 207。
3 參林清源：《楚國文字構形研究》（臺中：東海大學博士學位論文，1997 年 12 月），頁 42。

【蒲】

《說文》:「，水艸也，可以作席。从艸，浦聲。」(卷一下·頁 19)古「甫」字作(商.宰甫卣《新金》)，或「中」形變形音化為「父」聲作(周中.匡卣《新金》)、(春秋.女仲匜《新金》)。秦簡牘「蒲」字作(睡.律 131《秦簡》)，張家山漢簡作(二 448)，「甫」形寫作「用」形，簡省「父」聲。

四 簡省筆畫

字例	張家山漢簡		說明
	未簡省筆畫	簡省筆畫	
診	(診)(奏 171)	(二 93)	簡省為 言
詹	(詹)(二 440)	(詹)(二 463)	簡省為 言
群	(羣)(二 140)	(羣)(二 155)	簡省為 羊
親	(親)(蓋 52)	(視)(二 159)	簡省為 示
義	(義)(蓋 46)	(義)(奏 151)	簡省為 弗
罪	(奏 43)	(罪)(二 72)	簡省為 罒
指	(引 10)	(指)(脈 22)	簡省為 旨

誠	（誠）(奏 28)	（許）(奏 41)	簡省為
食	二 234	二 63	簡省為
養	（養）二 343	脈 15	簡省為

五 共用筆畫

「共用筆畫」亦稱為「借筆」「共筆」，是指一個文字某些相鄰的筆畫其形態相同或相近，因而發生重疊共用的現象。吳振武〈古文字中的借筆字〉一文曾列舉三百多個古文字「合文」和「單字」的借筆字例，並將單字的借筆區分出「在兩個或兩個以上偏旁組成的合體字中，有不少字往往因偏旁和偏旁之間有部分相同或相近而互借」、「橫向筆畫的疊借」、「豎向筆畫的疊借」及「將某一筆畫有意識地拉長，連帶完成另一畫」四種類別。[4]

由於筆畫的共用會造成構形上的差異，和單純筆形曲直的變化不同，因此本書將「共用筆畫」納入構形探討的範疇。關於張家山漢簡文字的共筆現象，如下所示：

(一) 橫向筆畫的借筆

【嘗】

---

[4] 詳參吳振武：〈古文字中的借筆字〉，《古文字研究(第二十輯)》(北京：中華書局，2000 年 3 月)，頁 310-333。

古「嘗」字作 ![圖] (周晚.姬鼎《新金》)、![圖] (戰晚.陳侯因 育 敦《新金》)，《說文》篆文作 ![圖] (卷三上‧頁 79)。張家山漢簡「嘗」字作 ![圖] (奏 216)，「旨」形濃縮形體作 ![圖]，此種寫法亦見於秦簡牘，作 ![圖] (睡.封 93)。

【奉】

古「奉」字从 ![圖]、丰聲作 ![圖] (周晚.散氏盤《新金》)，《說文》篆文作 ![圖] (卷三上‧頁 79)。張家山漢簡「奉」字作 ![圖] (引 51)，亦作 ![圖] (奉) (引 21)、![圖] (奉) (奏 86)，「丰」旁和「収」旁隸變後的「廾」形共用橫畫。

【官】

張家山漢簡「官」字作 ![圖] (二 10)、![圖] (奏 29)，亦見「𠂤」旁中間部位共用橫畫作 ![圖] (二 98)、![圖] (算 127)。

【管】

張家山漢簡「管」字作 ![圖] (![圖]) (遣 39)、![圖] (脈 6)，同上述「官」字，「𠂤」中間部位共用橫畫。

【旦】

張家山漢簡「旦」字作 ![圖] (二 121)、![圖] (奏 187)，亦見作 ![圖] (二 115)、![圖] (二 86)，「日」形和「一」形共用橫畫。

【易】

張家山漢簡「易」字作 ![圖] (蓋 38)、![圖] (奏 104)、![圖] (奏 115)，亦見「日」形和下面的「勿」形共用橫畫作 ![圖] (引 110)。

【楊】

張家山漢簡「楊」字作 ![圖] (二 467)，亦見作 ![圖] (算 105)、![圖] (奏 88)，所从「易」聲，如上面「易」字所述，「日」形和下面的「勿」

形共用橫畫。

【陽】

張家山漢簡「陽」字作(二 458)，亦見作(二 451)、(脈 17)，亦同上述「易」、「楊」二字，「昜」旁中間部位共用橫畫。

【傷】

張家山漢簡「傷」字作(二 28)，亦見作(引 5)、(二 20)，亦同上述「易」、「楊」、「陽」二字，「昜」旁中間部位共用橫畫。

【是】

張家山漢簡「是」字作(脈 55)、(奏 163)，亦見中間部位共用橫畫作(脈 37)、(奏 42)。

【得】

張家山漢簡「得」字作 ()(二 205)，亦見「貝」形下面兩筆濃縮成一橫畫並和「貝」形的上半部共用橫畫作 (二 329)。

【善】

古「善」字作 (周中.員方鼎《新金》)，《說文·誩部》：「，吉也。从誩，从羊。此與義、美同意。，篆文善从言。」（卷三上·頁 77）。張家山漢簡「善」字作 (蓋 39)、 ()(奏 83)、(脈 40)，隸變後的「善」字其「言」旁上端和「羊」旁共用橫畫。

(二) 豎向筆畫的借筆

【野】

張家山漢簡「予」字作 (二 289)、(奏 219)，亦作 (二 217)、

(蓋 40)，「野」字作 (蓋 31)、 (二 448)、 (二 455)，「予」旁和「土」旁的豎畫共用。

李蘇和《秦文字構形研究》將秦文字的借筆現象分成「一字內偏旁之間的借筆」、「橫向筆畫之間的借筆」、「豎向筆畫之間的借筆」、「斜向筆畫之間的借筆」及「拉長一筆或數筆的借筆」五種類別，並列舉出五十個借筆的單字字例，[5]其中屬於秦簡牘的借筆現象有十九例。筆者檢視張家山漢簡單字的借筆，僅發現以上諸例，顯示張家山漢簡文字的借筆現象並不多見，其中「官」、「旦」、「楊」、「陽」等字例的借筆現象亦見於秦文字。

六 連筆草化

狹義而言，草書是指某種特定的字體；廣義而言，凡寫得潦草的字形亦可算是種草書。本節所謂的連筆草化是廣義的概念，是針對書寫過程中為求簡捷便利因而產生的連筆書寫，亦是種廣義的草化現象。由於偏旁的連筆草化會造成構形上的差異，和曲直的筆形變化不同，因此本書納入構形探討的範疇。

裘錫圭先生〈從馬王堆一號漢墓「遣冊」談關于古隸的一些問題〉指出：

> 古隸在使用過程中產生了孕育著草書的新因素，這跟秦篆在使用
> 過程中產生了孕育著隸書的新因素是同類的現象。戰國時代的秦

---

5 詳參李蘇和：《秦文字構形研究》(上海：復旦大學博士學位論文，2014 年 5 月)，頁 100-103。

篆發展出小篆和隸書兩種字體，古隸也發展出八分和草書兩種字體。[6]

誠如裘錫圭先生所言，張家山漢簡屬西漢初期的古隸，經筆者檢視，發現當中的確可見草書的孕育萌芽，其中以「止」旁和「皿」旁連筆草化的現象較為顯著。如下所示：

【止】旁

關於張家山漢簡「止」旁的連筆草化，筆者歸納出以下三種構形：

(一) 連筆草化作 之、之、之、之、之、之

字例	張家山漢簡「止」旁的連筆草化
是	（奏163）、（奏42）、（奏20）
徒	（二254）、（奏54）
隨	（隨）（奏211）
適	（適）（二361）
過	（二234）、（過）（脈65）
造	（二234）、（造）（脈65）

---

[6] 裘錫圭：〈從馬王堆一號漢墓「遣冊」談關于古隸的一些問題〉，《考古》第1期（1974年2月），頁54。

逢	（夆）（奏200）、（逢）（奏200）
送	（奏20）、（奏18）
遣	（遣）（二232）、（遣）（奏2）
徙	（從）（二328）
逋	（逋）（二398）
遺	（遺）（二376）
遂	（遂）（奏158）
近	（近）（二266）
遠	（遠）（蓋31）
道	（道）（二19）、（蓋49）
邊	（邊）（二141）、（邊）（二19）
遯	（遯）（奏61）
造	（造）、（造）（奏82）
定	（定）（奏115）
武	（奏75）、（奏75）

從	（從）（二 217）、 （奏 75）
踐	（踐）（引 67）
距	（距）（引 72）
蹢	（蹢）（引 102）
躛	（躛）（引 99）

(二) 連筆草化作 と、 、 、 、

字例	張家山漢簡「止」旁的連筆草化
進	（進）（奏 162）
邋	（邋）（奏 156）、 （邋）（奏 142）
遇	（遇）（奏 157）
避	（避）（二 14）
追	（追）（蓋 43）
逐	（逐）（二 494）
從	（奏 15）
踝	（脈 22）

踐	(踐)（引49）
旋	(旋)（引101）

(三) 連筆草化作 乙

字例	張家山漢簡「止」旁的連筆草化
定	(定)（奏128）

【皿】旁

關於張家山漢簡「皿」旁的連筆草化，筆者歸納出以以下二種構形：

(一) 連筆草化作 乞、乞

字例	張家山漢簡「皿」旁的連筆草化
盈	(盈)（算42）、 (盈)（算165）
蓋	(蓋)（蓋15）

(二) 連筆草化作 皿

字例	張家山漢簡「止」旁的連筆草化
盜	(盜)（奏219）

蓋	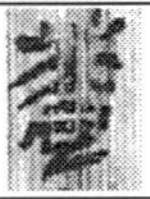（）（奏 11）

第二節　增繁

李蘇和《秦文字構形研究》一書曾探討秦文字和音義無關的「增繁筆畫」、「增繁部件或偏旁」、「增繁同形偏旁或筆畫」、「空間填實」、「一字中某一筆畫過度拉長」以及和音義有關的「增繁義符」、「增繁聲符」的現象。[7] 本節從共時的角度檢視張家山漢簡「內部」構形的增繁現象，發現張家山漢簡的「增繁」現象屬罕見，僅見「增繁筆畫」此一類型，其中又以「增繁橫筆」較為常見，如下所示：

一　增繁橫筆

字例	張家山漢簡	
	未增繁筆畫	增繁筆畫
咸	() (奏 106)	（)(奏 227)
減	() (二 434)	（)(二 166)
監	() (二 103)	（)(二 467)

[7] 李蘇和：《秦文字構形研究》(上海：復旦大學博士學位論文，2014 年 5 月)，頁 107-112、頁 158-162、頁 178-186。

| 臧 | （臧）(二 95) | （臧）(奏 51) |

二　增繁豎筆

字例	張家山漢簡	
	未增繁筆畫	增繁筆畫
民	（民）(蓋 1)	（民）(二 188)
氏	（氏）(奏 141)	（氏）(二 456)

三　增繁撇筆

字例	張家山漢簡	
	未增繁筆畫	增繁筆畫
走	（走）(蓋 44)	（走）(脈 25)

第三節　替換

　　本書第一章曾述及趙久湘先生《張家山漢簡異體字研究》將張家山漢簡的字形和《說文解字》以及《玉篇零卷》、《玉篇》、《集韻》、《字彙》等字書進行參照比較，歸納分析了 40 個全同異體字。[8]由於趙久湘先生是進行外部

---

[8] 趙久湘：《張家山漢簡異體字研究》(重慶：西南大學碩士學位論文，2008 年 5 月)。

歷時的字形探究，本章將著眼於「共時性」的角度，針對張家山內部字形是否有發生偏旁替換的現象進行比對。

本書第二章「秦簡牘和《張家山漢簡》文字構形比較析論」曾列舉張家山漢簡「戰」字作 （戰）（奏 76），亦見作 （數）（奏 136），「殳」、「攴」二旁換用。除此之外，經全面進行張家山漢簡內部構形的比對，發現亦見「骨」旁和「肉」旁、「口」旁和「肉」旁的替換現象。如下所示：

一 「骨」旁、「肉」旁義近替代

【體】（體）（二 27）、【膿】（膿）（二 65）

戰國「體」字作 (楚.郭.緇 9《楚》)，或從「身」作 (晉.中山方壺《新金》)，或從「肉」作 (楚.上一.性 10《楚》)，產生義近形旁通用的現象。《說文》未見「軆」和「膿」，僅見「體」字，《說文‧骨部》「體，總十二屬也。從骨，豊聲」(卷四下‧頁 129)。秦簡牘僅見從「肉」之「膿」作 (睡.乙 246《秦簡》)，馬王堆帛書亦僅見「體」字，銀雀山漢簡「體」、「膿」並見。

張家山漢簡同時可見「體」和「膿」，如〈二年律令〉簡 27：「其非用此物而眇人，折枳、齒、指，胅△，斷決鼻、耳者，耐。」△字作 ，整理者隸定為「體」；〈二年律令〉簡 65：「群盜及亡從群盜，毆折人枳(胑)，胅△，及今彼 (跛) 蹇 (蹇)。」△字作 ，實為從「肉」之「膿」，同「體」，整理者隸定為「體」，可商。上述文例之「胅體」為身體骨折之意，正可以體現《說文》釋「胅」字為「骨差」之義，為《說文》的釋義提供了文獻用

例。[9]另，筆者觀察到上述〈二年律令〉簡27、簡65整理者隸定為「朕體」的字形分別作 、，其中簡65的 形，郭永秉認為從此字佔簡面大小及書寫位置看，左半其實容不下「肉」旁，此字當即「失」字。[10]案：此說可從， 形應為「失」字。對照簡27，讀為「朕」，文意通順。「朕體」一詞，〈二年律令〉簡27和簡65的「體」字一從「骨」、一從「肉」；簡27的「朕」字，簡65寫作「失」形，筆者疑為不同書手所致。

二 「口」旁、「肉」旁取義類屬不同的換用

關於表義偏旁的字義並不相同或相近卻產生替換的異體字現象，筆者拙作〈張家山漢簡所見《說文》重文舉隅探析〉一文[11]曾指出林清源先生稱為「義異別構」，王丹先生稱為「相關形旁的代換」，[12]王平先生稱為「意義相關表意字素的換用」。[13]三位學者對於意義相近或意義相關的偏旁替代，共同指出一個區別的關鍵，在於若從同一個角度、同一個側重點取義，則是意義相近的替代；反之，則為意義相關的替代。筆者拙作〈張家山漢簡所見《說

---

9 關於張家山漢簡為《說文》的釋義提供了新的文獻用例此一課題，郝慧芳亦提及《張家山漢簡‧二年律令》簡27和簡65的「朕」字。見郝慧芳：〈張家山漢簡用字證《說文》釋義例〉，武漢大學簡帛研究中心，2007/03/20，http://www.bsm.org.cn/show_article.php?id=537。

10 見郭永秉：〈張家山漢簡《二年律令》釋文校讀記〉，復旦大學出土文獻與古文字研究中心，2008/04/04，http://www.gwz.fudan.edu.cn/Web/Show/390。

11 筆者拙作：〈張家山漢簡所見《說文》重文舉隅探析〉，《首屆古文字與出土文獻語言研究國際學術研討會論文集》(廣州：華南師範大學出土文獻語言研究中心，2016年12月)，頁321。

12 王丹先生將「同為形聲字而形旁不同的現象」區分為「義近形旁的通用」和「相關形旁的代換」，對於「相關形旁的代換」指出：「為形聲字選擇形旁時，如果對文字所指的事或物有不同的著眼點，所選擇的形旁也會不一樣。」見王丹：〈《古文四聲韻》重文間的關係試析〉，《漢字研究（第一輯）》(北京：學苑出版社，2005年6月)，頁239-240。

13 王平先生將重文形聲字表義偏旁的替換分為「意義相近表義字素的換用」、「意義相關表義字素的換用」和「形訛表義字素的換用」。詳參王平：《說文重文研究》(上海：華東師範大學出版社，2008年12月)，頁75。

文》重文舉隅探析〉一文曾考量「相近」和「相關」的名稱似難以截然分明，而「義異別構」亦有排除意義相關性之疑慮，因此將取義「角度」明確規範為「範疇類屬」。即「義近形旁通用」除了互換的形旁必須義近，亦必須屬於同一範疇類屬；反之，則為「取義類屬不同的換用」。關於「範疇類屬」，筆者主要參考唐蘭先生《甲骨文自然分類簡編》一書所提出的「自然分類法」。[14]對於「口」旁和「肉」旁的替換，「口」字屬人類，「肉」字屬物類，為不同的範疇類屬。

【膴】　　（　）(引 100)、【喉】　　（喉）(算 57)

【朐】　　（　）(引 100)、【咽】　　（咽）(引 54)

　　整理小組將此二形隸定作「膴」、「朐」，讀為「喉」、「咽」。此二形見於《引書》簡 100：

　　耗（吒）而勿發以利口，撫心舉頤以利膴（喉）朐（咽）。（頁 184）

　　《說文》有「喉」、「咽」二字，未見「膴」、「朐」。《說文・口部》：「喉，咽也。从口，侯聲。」（卷二上・頁 40）《說文・口部》：「咽，嗌也。从口，因聲。」（卷二上・頁 40）。」歷代字書可見「膴」為「喉」之異體、「朐」為「咽」之異體的說解，如《集韻・平聲・侯韻》「喉、膴」二字下云：「《說文》：『咽也。』或從肉。」[15]（卷四・頁 17 下）《玉篇・肉部》：「朐，於田切。朐喉也。」（篇上・頁 72 下）[16]《集韻・平聲・侯韻》。「咽、

---

[14] 唐蘭著、唐復年整理：《甲骨文自然分類簡編》(太原：山西教育出版社，1999 年 3 月)

[15] 本書多次徵引〔宋〕丁度：《集韻》(臺北：中華書局，1965 年，《四部備要》本)，為行文方便，直接在引文之後用括號標示卷數、頁碼。

[16] 本書多次徵引〔梁〕顧野王著、〔宋〕陳彭年重修：《大廣益會玉篇》(北京：中華書局，

胭、喹、膛」四字下云：「《說文》：『嗌也。』謂咽喉也，或作胭、喹、膛。」（卷三・頁3下）通讀《引書》簡100的文例，「膔」、「胭」，確實讀為「喉」、「咽」，喉嚨、咽喉之意。張家山漢簡亦見「喉」、「咽」二字，《算數書》簡57：「羽二喉（猴）五錢」（頁139），「喉」字作 **𤠞**（喉），通讀為「猴」，箭矢之意；《引書》簡54：「乃歇（啜）咽，有（又）復之，三而已。」（頁179），「咽」字作 **咽**（咽），作為動詞之用。張家山漢簡「喉」、「咽」二字將義符「口」改換為「肉」，《秦漢簡帛異體字研究》一書歸之於義近相通；[17]但如上述，「口」和「肉」並不屬於同一範疇，意義並不相近，「口」旁和「肉」旁的改換應該是人們對於取義的角度和側重點有所不同所致。

第四節　訛混

劉釗先生曾指出「『訛混』的主要特徵就是形體接近，混用的偏旁之間『音』和『義』都沒有關係。」[18]。本節所謂的「訛混」亦是指一個文字和另一個文字只因形體相近因而發生混用的現象，包括單字和偏旁的形混，有別於和「音」、「義」相關的義近替代和音近互換。孫合肥《戰國文字形體研究》曾大篇幅探討戰國文字突出的形體訛混的現象，[19]李蘇和《秦文字構形研究》亦曾整理歸納出「刀」與「人」、「人」與「弓」、「易」與「易」、「日」

1998年，《古代字書輯刊》影印《張氏澤存堂》本）一書，為行文方便，直接在引文之後用括號標示篇數、頁碼。

[17] 張顯成、王玉蛟：《秦漢簡帛異體字研究》（北京：人民出版社，2016年6月），頁31

[18] 劉釗：《古文字構形學》（福州：福建人民出版社，2006年1月），頁139。

[19] 孫合肥：《戰國文字形體研究》（上海：安徽大學博士學位論文，2014年10月），頁195-552。

與「目」、「皿」與「血」等 40 組秦文字偏旁訛混的現象。[20]

本書第二章和第四章曾論述張家山「十」字和「七」、「白」和「日」、「大」和「六」、「手」和「牛」、「夫」和「失」、「史」和「吏」等單字的形混現象；第三章探討張家山漢簡偏旁或部件不侷限於形體相近的混同現象，從中亦可歸納出「白」和「日」、「目」和「日」、「爪」和「日」、「火」和「小」、「鼎」和「目」、「貝」和「目」、「爪」和「目」、「人」和「刀」、「匕」和「刀」、「卩」和「𦣞」、「羊」和「辛」等偏旁的形近訛混現象。

除此之外，筆者觀察到張家山漢簡另亦見「刀」旁和「力」旁、「艸」旁和「竹」旁的混用現象，如下所示：

【刑】 （二 114)、 （二 163）

整理小組將此二形隸定為「荊」，分別見於《二年律令》簡 114：「當刑者，刑乃聽之。」（頁 24）《二年律令》簡 163：「以私屬為庶人，刑者以為隱官。」（頁 30）《說文·刀部》：「，剄也。从刀，幵聲。」（卷四下·頁 136）《說文·井部》：「，罰辠也。从井、从刀。《易》曰：『井者法也。』井亦聲。」（卷五下·頁 162）《說文》分立「刑」、「荊」為二字，季師旭昇先生認為「刑」、「荊」應該是同一字。[21]案：此說可從。古「荊」字作(周晚.散氏盤《新金》)、(春晚.弔尸鐘《新金》)，戰國齊系文字作 (子禾子釜《新金》)，晉系文字作 (𨥛銮壺《新金》)，楚系文字作 (曾 75《楚》)，秦系文字作 (詛.沈《秦》)、 (睡.答 136《秦簡》)，

---

[20] 李蘇和：《秦文字構形研究》（上海：復旦大學博士學位論文，2014 年 5 月），頁 248-253。
[21] 詳參季師旭昇先生：《說文新證(上冊)》（臺北：藝文印書館，2002 年 10 月)，頁 351。

未見《說文》從「开」的構形。《居延新簡》所屬年代上限始於西漢昭帝、下限至西晉武帝，[22]同時並見從井的「荆」字和從「开」的「刑」字，分別作 ▨(E.P.T51)、▨ (E.P.T58)、▨ (E.P.T65)，[23]漢碑「刑」字可見從「开」作 ▨ (朐忍令碑《漢魏》)。雖然漢簡和漢碑的「刑」字可見從「开」，但並不從「干」，《說文》篆文 ▨ 確實有可能是訛形。

據郝慧芳統計，《張家山漢簡》「荆」字凡 30 見。[24]筆者檢視《張家山漢簡》「荆」字從「井」、從「刀」作 ▨ (二 114)、▨ (荆)(奏 73)，但有一例雖從「井」，「刀」形卻誤寫為「力」形作 ▨ (二 163)。由於「刀」、「力」二形形近，劉釗《古文字構形學》一書指出「刀」、「力」二字極易訛混，在古文字中有許多例證。[25]筆者檢視秦簡牘，亦見「刀」、「力」訛混之例，例如「勝」字作 ▨ (睡.乙 79《秦簡》)，亦作 ▨ (嶽.為 36 正《秦簡》)。

【葬】 ▨ （葬）(二 377)、▨ （葬）（奏 183）

整理小組將此二形隸定為「葬」，分別見於《二年律令》簡 377：「父母及妻不幸死者已葬卅日。」(頁 60)《奏讞書》簡 183：「喪棺在堂上，未葬。」（頁 108）《說文‧刀部》：「▨，藏也。从死在茻中。一其中，所以薦之。」（卷一下‧頁 33）甲骨文「葬」字作 ▨ (合 32831《新甲》)、▨ (英 130《新甲》)、▨ (合 17171《新甲》)、▨ (屯 4514《新甲》)。戰國晉系文字承

---

22 白海燕：《居延新簡文字編》(長春：吉林大學博士學位論文，2014 年 4 月)，頁 7。

23 此三形引自同上註，頁 293。

24 郝慧芳：《張家山漢簡語詞通釋》(上海：華東師範大學博士學位論文，2008 年 4 月)，頁 477。

25 詳參劉釗：《古文字構形學》，頁 142-143。

襲甲骨作 [字] (中山王 [字] 兆域圖《新金》)，楚系文字从死、臧聲作 [字] (包 2.91《楚》)，或作 [字] (包 2.115《楚》)、 [字] (包 2.91《楚》)、 [字] (包 2.267 《楚》)、 [字] (望 1.55《楚》)。秦文字从死、从舛，中間可見二橫筆或一橫筆作 [字] (睡.答 77《秦簡》)、 [字] (龍簡 197《秦簡》)、或「艸」旁寫作「竹」旁作 [字] (睡.日乙 17《秦》)。張家山漢簡「葬」字作 [字] ([字])(二 377)，亦見「艸」旁和「竹」旁混用作 [字] ([字])（奏 183）。

第五節 移位

何琳儀先生《戰國文字通論(訂補)》一書云：

> 方位互作，系指文字的形體方向和偏旁位置的變異。形體方向和偏旁位置不固定的現象，殷周文字中早已有之。戰國時代，由於政令不一，文字異形，其方向和位置的安排尤為紛亂。[26]

上述指出殷周文字已見文字的形體方向和偏旁位置的不固定，此現象到了戰國文字尤為常見；何琳儀先生並進而提出戰國文字的方位移動以「左右互作」最為常見，「四周互作」和「上下互作」次之，「正反互作」、「正倒互作」、「正側互作」及「內外互作」這四類則比較罕見。[27]

李蘇和先生《秦文字構形研究》指出秦文字以左右結構的部件、偏旁移

---

[26] 何琳儀：《戰國文字通論(訂補)》，頁 226。
[27] 詳參同上註，頁 226-229。

位的現象較為常見，[28]並歸納出秦文字「正反無別」、「左右部件、偏旁相互移位」、「上下部件相互移位」、「左右結構改為上下結構或上下結構改為左右結構」、「一字中某一個部件、偏旁的移位」、「一字中某一部件、偏旁的移位影響其他部件、偏旁的字形」、「部件、偏旁橫寫或豎寫」、「受到印面空間的影響結構變緊密」及「拆開結構而佈局變得散漫」等九種方位移動的不同方式。[29]

　　黃文杰先生《秦至漢初簡帛文字研究》指出秦至漢初簡帛文字偏旁的位置雖已相對固定，例如在字右部的偏旁有「欠、攴、刀、斤、阝」等；但尚未定型，仍時有所見偏旁移位的現象，並列舉 58 例，但未見《張家山漢簡》的例子。[30]筆者檢視《張家山漢簡》文字構件發生方位移動，造成文字的空間布局有所改變的字例，如下所示：

一　左右移位

字例	說文小篆	構形 A	構形 B
社		（社）蓋 4	（圵）二 458
猲		（猲）二 65	（謁）奏 220
猶		（猶）秦 170	（猷）秦 163
尷		（尷）引 84	（煐）引 37

---

28 李蘇和：《秦文字構形研究》，頁 144。
29 同上註，頁 144-152。
30 黃文杰：《秦至漢初簡帛文字研究》(北京：商務印書館，2008 年 2 月)，頁 76-80。

豚		奏 61	二 287

二 左右式與上下式互換

字例	說文小篆	構形 A	構形 B
蹶		（蹶）引 41	（麖）脈 46

三 某一構件發生移位，造成文字佈局的改變

字例	說文小篆	構形 A	構形 B
旗		（憜）奏 212	（狼）奏 221
隋		（膌）脈 8	（隓）二 457
然		（然）引 33	（然）脈 24
脩		（脩）奏 134	（脩）奏 153
臨		（臨）奏 18	（臨）奏 19
察		（察）脈 61	（察）二 305
數		（數）奏 12	（數）二 71 （數）算 17

　　關於《張家山漢簡》文字構件發生方位移動的現象，筆者僅發現以上十

三例，其中「蹶」、「然」、「脩」、「臨」四字的方位移動現象皆僅出現一次，屬偶見字形，顯示《張家山漢簡》文字構件的位置已具有相當程度的穩定性。

第六節　類化

劉釗《古文字構形學》一書指出類化現象反映文字「趨同性」的規律，並將「類化」分為「文字形體自身的類化」和「受同一系統內其他文字影響而發生的類化」。[31]林清源《楚國文字構形演變研究》根據劉釗的意見，將古文字構形的類化現象劃分為「自體類化」、「形近類化」和「隨文類化」三大類型。[32]並指出：

> 構形「類化」現象，有些學者稱為「同化」現象，這是指字與字之間，或者部件與部件之間，某些相似的形體，後來進一步演變為相同的形體。[33]

筆者檢視張家山漢簡，可見類化現象，發生於「自體類化」、「個別類化」、「集體類化」和「隨文類化」四種類型。分述於下：

一　自體類化

關於「自體類化」，林清源《楚國文字構形演變研究》指出：

---

[31] 劉釗：《古文字構形學》(福州：福建人民出版社，2006 年 1 月)，頁 95。
[32] 林清源：《楚國文字構形研究》，頁 156。
[33] 林清源：《楚國文字構形研究》，頁 155。

　　一字之內，兩個位置相鄰或相對的部件，其中一個的構形，常會受
另一個的影響，形體逐漸變得相似或相同，這種演變現象，筆者稱
之為「自體類化」。[34]

　　可知「自體類化」是屬於一個字自身內部的類化，發生於一個字內部
的某個偏旁或部件受到位置相鄰的另一個偏旁或部件的影響，因而發生構
形趨同的現象。張家山漢簡「自體類化」的現象，見以下字例：

【識】

　　《說文・言部》：「，常也。一曰知也。从言，戠聲。」（卷三上・
頁 70）。古「戠」字作 （周中.豆閉簋《新金》）、（周中.免匿《新
金》）（周中.趞觶《新金》），秦簡牘「識」中間字从「音」作 （譜）[35]
(睡.律 86《秦簡》)、（里 J193 正面《秦》）。張家山漢簡「識」字作
（譺）(二 431)、（諓）(奏 110)，中間从「言」不从「音」，「音」形可
能受到左旁「言」形的影響，因而寫成了「言」形。

【贏】

　　古「贏」字作 （周早.庚贏卣《新金》）、（周中.贏氏鼎《新金》），
秦簡牘作 （睡.答 206《秦簡》)、（睡.日乙 15《秦》)，李蘇和曾指

34　林清源：《楚國文字構形演變研究》，頁 157。
35　此形為張守中之摹寫。見張守中：《睡虎地秦簡文字編》(北京：文物出版社，1994 年 2
　　月)，頁 31。

出秦文字「贏」和「贏」其聲符「贏」的下部幾乎寫作「二月形」。[36]筆者檢視張家山漢簡的「贏」字同秦簡，下半部右旁受左旁的影響，左右兩旁均寫作「月」形，如 ![字形]（![字形]）(算 32)、![字形]（![字形]）(算 136)。

【亂】

古「𤔔」字作 ![字形] (周晚.番生簋《金》)、![字形] (周晚.召伯簋《金》)、![字形] (周晚.毛公鼎《金》)，以手理亂絲之意。秦篆「亂」字所從之「𤔔」承襲西周金文作 ![字形] (戰晚.詛.亞《秦》)，秦簡牘作 ![字形] (睡.甲 5 正《秦簡》)，爪形(又形)、絲線(幺形)及絲架仍可見；或省略「幺」形上半部，「幺」形下半部則和「又」形結合似「子」形作 ![字形] (睡.為 27《秦簡》)；或左旁「𤔔」形的上下半部均寫為「爪」形和「子」形作 ![字形] (關簡 191《秦簡》)。張家山漢簡「亂」字作 ![字形] （![字形]）(蓋 32)、![字形] （![字形]）(蓋 30)，亦見作 ![字形] （![字形]）(脈 39)、![字形] （![字形]）(引 104)，「ㅂ」形以上和以下的位置均寫作「子」形，「ㅂ」形下方的「子」形為「Ｏ」（「幺」形的下半）和「又」形黏合而來，「ㅂ」形上方的「子」形本來應作「Ｏ」（「幺」形的上半），受了下半部「子」形的影響，亦寫為「子」形。

【灂】

本書第二章第一節關於秦簡牘和張家山漢簡均可見「省略義符」的字例曾探討過「灂」字。張家山漢簡「灂」字常見從水、從雁、從去作 ![字形] （![字形]）(二

---

[36] 李蘇和：《秦文字構形研究》，頁 200。

57)、()(奏 52)、()(蓋 48)，據筆者檢視，亦見作

()(二 74)，此形右旁的「廌」形下半部受左旁「去」形的影響，寫成了

「去」形。

二 個別類化

本章所謂「個別類化」，李蘇和稱之為「受它字影響的類化」，並指

出：

> 書寫甲字時，受到字形本義不同而形近的乙字影響，甲字的部
> 分字形或偏旁寫成乙字的現象，這就是本文要探討的「受它字
> 影響而成的類化」。張涌泉在《漢語俗字研究》中，把這種類化
> 現象叫做「受潛意識影響的類化」。[37]

由上述可知「個別類化」是指本義並不相同但形體有部分相近的兩

個字，其中某一個字受到另一字的影響，導致某部分的形體變得和那個

字相同。張家山漢簡「個別類化」的現象，筆者僅發現「顏」字，此字

於第六章「《張家山漢簡・二年律令》所見《說文》未收字研究」有詳細

的論述，本章僅就類化現象進行說明。

【顏】

張家山漢簡此字，凡 10 見，字形較為清晰者，如（二 129）、

---

37 李蘇和：《秦文字構形研究》，頁 202。

（脈 25）、（引 83），整理小組隸定為「顧」，通讀簡文文例，實為「顏」

字，張守中隸定作「顏」[38]，從字形上考察，可從。西周金文「顏」字從面、

产 聲作 （周中.九年衛鼎《新金》），睡虎地秦簡加飾筆「」作

（答 74）。漢初《馬王堆帛書》「顏」字作 （陽乙 005《馬》）、（五

190《馬》），張家山漢簡「顏」字作 （二 129），實為特殊寫法。檢視張

家山漢簡「顧」字作 、（奏 200）（脈 27）、（蓋 41），和

上述十個「顏」字的寫法形體有相近之處，筆者認為「顏」字左下角之「」

或「」形可能受到「顧」字的影響，類化成「隹」形。

三 集體類化

　　本章所謂「集體類化」是指原本古文字構形並不相同的三個以上的

文字，但皆有其形體相近的偏旁或部件，於是陸續類化成某一個相同的

偏旁或部件。本書第三章「張家山漢簡偏旁或部件的混同現象溯源」，探討

重點在於梳理張家山漢簡各組混同偏旁或部件的商周古字原形，並追溯發

生混同現象的某個偏旁或部件的寫法是否見於張家山漢簡以前的出土文字

材料究。本書第三章所探討發生混同現象的字例中，有一部份可歸之於集體

的形近類化現象。整理說明如下：

(一)「盧、黑、胃」三字，部分形近的形體類化為「田」形

---

[38] 張守中：《張家山漢簡文字編》，頁 249。

「盧、黑、胃」三字的商周古文字構形均不從「田」，但皆有部分構形和「田」形相近，演變至古今文字過渡的秦至漢初的古隸，歷經隸變過程中的隸訛，遂類化成「田」形。

字例	古文字	張家山漢簡
盧	合28095　合26010《甲》	算129　奏165
黑	周早.章伯敢簋《新金》 春早.鑄子弔黑臣匜《新金》	奏102　（累）脈61
胃	春晚.少虡劍《新金》	引27　蓋19

(二) 「且、俎、復、具」四字，部分形近的形體類化為「目」形

「且、俎、復、具」四字的商周古文字構形不從「目」，但皆有部分構形和「目」形相近，演變至古隸遂類化成「目」形。

字例	古文字	張家山漢簡
且	合27155《甲》 周早.且日庚簋《新金》	奏138　算131
俎	周中.三年癲壺《新金》	（俎）奏164
復	周早.復鼎《新金》	（復）奏5　（復）奏14
具	合22153《甲》 周中.九年衛鼎《新金》	二208　奏165

(三) 「造、老、庚」三字，部分形近的形體類化為「屮」形

「造、老、庚」三字的商周古文字構形雖不相同，但其中和「」形有相類之處的 (牛形)、(頭髮之形)及(可能為「鉦、鐃」之類樂器的上部之形)演變至古隸，遂類化成相同的「」形。

字例	古文字	張家山漢簡
造	周晚.頌簋蓋《新金》	二360　　造（造）秦158
老	合19412《甲》　　周晚.史季良父《新金》	（老）二412　　老 二91
庚	周早.庚觥《金》　　周中.豚卣《新金》　　周早.史獸鼎《新金》	曆14　　（庚）曆16

(四)「首、灌、權、敬」四字，部分形近的形體類化為「」形

「首、灌、權、敬」四字的商周古文字構形雖不相同，但其中和「」形有相類之處的 、(頭髮之形)、(鴟屬頭上之角)及(可能象人頭上的某種飾物)演變至古隸，遂類化成相同的「」形。

字例	古文字	張家山漢簡
首	周中.趩觶《新金》　　周中.師酉簋《新金》	秦136　　首 引99
灌	合27824《甲》（雚）	（灌）二454

| 權 | 商早.御尊《金》（雚）
 商.雚母觶《新金》（雚） | 引45　（權）引46 |
| 敬 | 周早.弔趩父卣
 周晚.大克鼎《新金》
 春早.秦公鎛《新金》 | （敬）奏206　（敬）蓋42 |

（五）「執、南、辜、群」四字，部分形近的形體類化為「」形

「執、南、辜、群」四字的商周古文字構形雖不相同，但其中和「」形有相類之處的 (刑具 的部分之形)、 (樂器器體之紋飾)、(辛形)及(羊形)演變至古隸，遂類化成相同的「」形。

字例	古文字	張家山漢簡
執	周中.達盨蓋《新金》 周晚.不嬰簋蓋《新金》	（執）二504
南	周早.小子生尊《新金》 周晚.散氏盤《新金》	（南）二456　 奏19
辜	戰晚.詛巫《秦》	二24　（辜）二39
群	春晚.子璋鐘《新金》	（群）二494　（群）二146

四　隨文類化

關於「隨文類化」，蘇建洲《燕系文字研究》曾指出：

> 在古籍及古文字中，有許多字受上下文的影響，從而類化改寫偏旁
> 或者增添義符，以趨同於上下也，劉釗先生稱為「隨文改字」。[39]

可見「隨文類化」必須發生於具體的語境材料中，是指某一個文字
受了上文或下文另一個文字字形的影響，因而增加或變更原有的偏旁或
部件。張家山漢簡「隨文類化」的現象，筆者僅發現「藍」字，此字於第六
章「《張家山漢簡·二年律令》所見《說文》未收字研究」有詳細的論述，
本章僅就隨文類化的現象進行說明。

【藍】

《二年律令·秩律》簡448：「慎、俷、藍田、新野、宜成」讀為「藍」
的字形作 ，整理小組隸定為「藍」。檢視張家山漢簡的「鹽」字，確
實可見「鹵」形的主體訛寫為「田」形作 （ ）（二436）。如此看
來，關於此簡讀為「藍」的 形，雖然有可能是「藍」字將聲符「監」
改換為「鹽」，又將「鹵」形寫訛成「田」形所致。不過，筆者回歸文例的
考量，此簡簡文為「慎、俷、藍田、新野、宜成」，此「藍」字下文的確緊
接「田」字；因此，筆者無法完全排除「藍」字是受到下文「田」字的影響
因而增添了「田」形的可能性，「隨文類化」可備一說。

---

[39] 蘇建洲：《戰國燕系文字研究》(臺北：國立臺灣師範大學碩士學位論文，2001年6月)，
頁207。

第七節　形體多變之偏旁

關於「異寫字」與「異構字」的區別，陳淑梅《東漢碑隸構形系統研究》一書云：

> 異寫字是筆畫的變異問題，主要是由書寫造成的；有些異寫字僅僅是筆畫之間的差異，還有一些異寫字則由筆畫的變異引起了構件的變異。但是這種構件變異仍然不是結構問題，因為並沒有引起構形屬性的變化。異構字是結構問題，構件的樣式、數量、位置、置向等構形屬性發生了變化。從理論上說，二者應該是很容易區別的，但是實際上並非如此。[40]

上述文字指出就理論而言，「異寫字」是因為書寫造成的筆畫變異，而「異構字」是結構上的問題；但筆畫上書寫的差異往往會造成構件上的差異，即這種因筆畫變異引起的「構件異寫字」與「異構字」從形式上有時並不容易區別。有鑑於此，陳淑梅《東漢碑隸構形系統研究》一書進而指出：

> 在區分異寫字與異構字時，除了依據構形屬性進行直觀的判斷之外，還必須進行構形理據的分析，用是否形成新的理據來判定字形是否發生了　發生了構形屬性的變化。……我們認為「初」與「初」不是異構字而仍然是異寫字，這是因為「初」並未形成新的理據。……

---

[40] 陳淑梅：《東漢碑隸構形系統研究》（上海：上海教育出版社，2005 年 4 月），頁 46-47。

明（景君碑）─明（禮器碑）[41]。明本是由明演變而來，囧演變成目，這是由筆畫變異引起了構件的變異。但是，明可以進行新的理據解釋，記可以把它提升為明的異構字。[42]

　　誠如以上所言，因筆畫變異引起的「構件異寫字」應由以下兩個面向來思考：一是尚未產生新的構形理據，如陳淑梅所舉的「初」與「初」，仍然是「異寫字」的關係；二是已經產生新的構形理據，如陳淑梅所舉的「明」與「明」，此類的「構件異寫字」應歸於「異構字」的範疇。

　　趙學清《戰國東方五國文字構形系統研究》一書亦從構形理據的「構意」層次區別「異寫」與「異構」，云：

　　　　在漢字使用過程中，由於受各種因素的影響，書寫時會使一個字的形體具有較大的隨意性。如果這種差異只是出現在筆畫層次或不改變構意的構件層次上，它們還沒能改變一個字的構形屬性，即無法改變一個字的本質，那麼這些形體就是異寫字的關係。[43]

　　綜上，本節所謂的「異寫」是指在筆畫層次上，因筆畫的增減、黏合或分離等所造成的形體差異現象，但這種因筆畫變異造成的形體上差異並未形成新的構形理據，記詞的功能不變。

　　《張家山漢簡》屬於西漢早期的文字材料，處於漢字由線條向筆畫演

---

41 同上註，頁 47。
42 陳淑梅：《東漢碑隸構形系統研究》，頁 47-48。
43 趙學清：《戰國東方五國文字構形系統研究》（上海：上海教育出版社，2005 年 10 月），頁 14。

變的過渡階段。關於漢隸的筆畫，葛小冲臚列出七種類型，分別是「橫畫」、「豎畫」、「撇畫」、「捺畫」、「鈎畫」、「折畫」及「點畫」；[44]至於古文字的線條如何轉化為隸書的筆畫，葛小冲歸納出「同、平、直、拆、折、伸、縮、斷、連、轉、移、增、省」等方法。[45]蔣善國《漢字形體學》一書云：

> 隸變的消滅象形文字形體，主要是它臆造偏旁，混同了形體不同的，同時也分化了形體相同的字，強異使同，強同使異，造成了漢字形體的巨大變化。因為隸書本身被方正平直的形式所拘，不得不用方正平直的筆畫來省改古文和小篆的偏旁，但是這樣一來，可就把古文象形的面貌全都改變了。……隸變用等 ＿ ＼ ｜ ＼ ｜ ｝ 等筆畫，把古文的形體筆畫化了，因而有些本來相同的形體，寫的卻不一樣了。……另一方面，有些原來基本不同的形體，在隸變過程中，作偏旁時，把它們寫的一樣了。……這兩種現象，都有訛變的成分在內。[46]

蔣善國先生指出古文字形體筆畫化的變隸變過程，造成了文字形體的分化和混同現象，趙平安指出這兩種現象通常稱作「隸分」和「隸合」。[47]關於形體的分化現象，陳淑梅《東漢碑隸構形系統》一書提出兩種不同的形式，一是「同一形體在不同功能下的分化」，是指獨體字既有獨立記詞的功能，又可以充當構件，具有構字功能；在獨立記詞時，其形體與古文字的傳承關係比較明顯；作構件時，形體變化幅度更大一些。二是「同一構件，在不同

---

44 葛小冲：《漢隸與小篆的構形比較》（北京：北京大學出版社，2014年6月），頁67-73。
45 同上註，頁61-67。
46 蔣善國：《漢字形體學》（北京：文字改革出版社，1959年9月），頁198-199。
47 趙平安：《隸變研究》（保定：河北大學出版社，1993年6月），頁70。

構字環境中分化成不同的形體」，是指有些獨體字以構件的身份進入構字，受部位的不同和鄰近構件的影響，可能分化為不同形體。[48]

綜上所述，本節將分析張家山漢簡的偏旁在隸變過程中的異寫現象，除了考量同一偏旁在不同構字之下的不同寫法，亦考量此一偏旁獨立成字時，是否出現異寫現象？詳見以下分析：

一 「言」旁的變形

言	獨立成字		構字偏旁		
	秦篆或說文小篆	張家山漢簡	異寫類型	例字	張家山漢簡
	秦.琅琊台刻石	二 121		訟	（ ）奏 217
		二 118		諸	（ ）算 14
	秦.泰山刻石	奏 64		信	（ ）奏 80
		（言）奏 85		請	奏 145
	說文小篆			誘	（ ）蓋 38
				詞	二 262
				詹	（ ）二 463

---

[48] 詳參陳淑梅：《東漢碑隸構形系統研究》（上海：上海教育出版社，2005 年 4 月），頁 97-98。

二 「羊」旁的變形

羊	獨立成字		構字偏旁		
	秦篆或說文小篆	張家山漢簡	異寫類型	例字	張家山漢簡
	羊 說文小篆	羊（羊）蓋 6 羊（羊）脈 15	羊	群	羣（羣）二 140
			羊	挑	挑（羊兆）奏 61
			羊	群	羣 二 153
			羊	群	羣（羣）蓋 52
			羊	群	羣 二 153

三 「甫」旁的變形

甫	獨立成字		構字偏旁		
	秦篆或說文小篆	張家山漢簡	異寫類型	例字	張家山漢簡
	甫 說文小篆	未見	甫	輔	輔（輔）蓋 5
			甫	捕	捕（捕）二 61
			甫	捕	捕（捕）奏 40
			甫	縛	縛（縛）引 48

		缚	（纞）二 65

四 「亲」旁的變形

亲	獨立成字		構字偏旁		
	秦篆或說文小篆	張家山漢簡	異寫類型	例字	張家山漢簡
	未見	未見		新	（新）二 455
				親	（親）蓋 52
				新	（新）奏 80
				親	（視）二 159
				新	（新）奏 89

五 「辛」旁的變形

辛	獨立成字		構字偏旁		
	秦篆或說文小篆	張家山漢簡	異寫類型	例字	張家山漢簡
	秦陶 2977	（辛）曆 9		辟	（辟）奏 90
				辯	奏 42

𡕢 說文小篆	（𡕢）奏 17	𡕢	辡	（辬）奏 32
	（𡕢）曆 14	𡕢	辜	（辜）二 24
		𡕢	辟	（辟）奏 137

六 「革」旁的變形

革	獨立成字		構字偏旁		
	秦篆或說文小篆	張家山漢簡	異寫類型	例字	張家山漢簡
	革 說文小篆	（革）二 433	革	鞠	（鞣）引 52
			革	鞫	（鞫）二 114
			革	鞫	（鞫）二 115
			革	鞠	（鞠）奏 105
			革	鞠	（鞠）奏 120
			革	鞠	（鞠）奏 45

七 「皿」旁的變形

獨立成字		構字偏旁		
秦篆或	張家山漢簡	異寫	例字	張家山漢簡

皿	說文小篆		類型		
	 說文小篆	未見		盧	（盧）蓋 35
				盜	（盜）蓋 4
				盜	（鹽）二 180
				益	（益）二 320
				盈	（盈）算 165

八 「手」旁的變形

手	獨立成字		構字偏旁		
	秦篆或 說文小篆	張家山漢簡	異寫 類型	例字	張家山漢簡
	 秦陶 2977 說文小篆	（丰）脈 63 引 97		搽	（搽）二 61
				掾	（掾）奏 144
				擘	（擘）脈 17

九 「网」旁的變形

网	獨立成字		構字偏旁		
	秦篆或 說文小篆	張家山漢簡	異寫 類型	例字	張家山漢簡

說文小篆	未見		罪	奏 43
			罪	（圖）二 72
			署	（署）二 275

十 「又」旁的變形

又	獨立成字		構字偏旁		
	秦篆或說文小篆	張家山漢簡	異寫類型	例字	張家山漢簡
	戰晚.詛.沈	未見		右	二 88
	說文小篆			粲	（粲）二 134
				粲	（粲）二 29 （粲）二 35

十一 「止」旁的變形

止	獨立成字		構字偏旁		
	秦篆或說文小篆	張家山漢簡	異寫類型	例字	張家山漢簡
	春晚.石.田車	二 135		跗	引 12
				進	（進）蓋 15

 說文小篆	引 4		定	奏 147
			足	二 481
			道	(道) 奏 115
			武	奏 82

十二 「而」旁的變形

而	獨立成字		構字偏旁		
	秦篆或 說文小篆	張家山漢簡	異寫 類型	例字	張家山漢簡
	 春晚.石.而師 戰晚.詛.亞 說文小篆	二 76 脈 24 算 5		耐	二 123
					(耐) 奏 53
				檽	(檽) 二 298
				孺	(孺) 二 221
				湍	(湍) 引 48
				耎	(濡) 脈 54

十三 「𠂤」旁的變形

𠂤	獨立成字		構字偏旁		
	秦篆或說文小篆	張家山漢簡	異寫類型	例字	張家山漢簡
	𠂤 說文小篆	未見		歸	（㩲）奏 19
				歸	（歸）蓋 39
				降	（胯）二 1
					（胯）奏 9
				隤	（隤）二 414

十四 「攴」旁的變形

攴	獨立成字		構字偏旁		
	秦篆或說文小篆	張家山漢簡	異寫類型	例字	張家山漢簡
	攴 說文小篆	未見		牧	二 433
				更	（更）奏 111
				更	二 315
				救	（救）奏 154

			攴	數	(斅) 二 150

十五 「食」旁的變形

	獨立成字		構字偏旁		
	秦篆或說文小篆	張家山漢簡	異寫類型	例字	張家山漢簡
食	說文小篆	二 234	食	飯	(飯) 二 292
		秦 207	食	養	(養) 秦 162
		脈 9	食	餘	(餘) 算 29
		二 63	食	飢	(飢) 蓋 36
			食	飯	(飯) 引 53

　　以上十五個《張家山漢簡》的偏旁因為書寫時筆畫的變異，如筆形的曲直、筆畫的增省、黏合或分離等異寫因素造成形體上產生差異，本章得出以下結論和觀察：

1 以上偏旁在構字環境中較此偏旁獨立成字時的異寫類型顯著而多樣

　　以上《張家山漢簡》的偏旁，除未見獨立成字出現的「甫」旁、「亲」旁、「皿」旁、「网」旁、「又」旁、「𦣞」旁及「攴」旁，其餘偏旁作為構字偏旁的異寫類型均較此偏旁獨立成字時的異寫類型多元。例如「言」旁獨立成字時可見四種不同類型的寫法，而「言」旁作為其他字的構字偏旁時，除

了「言」旁獨立成字時四種不同的寫法，亦可見另外三種不同類型的寫法。
其他例子如「羊」旁、「辛」旁、「革」旁、「手」旁、「止」旁、「而」旁。

2 偏旁的異寫體現書手書寫的主觀性和任意性

以上《張家山漢簡》的偏旁，可見同一偏旁構成某字出現於同一簡卻有
兩種不同寫法，例如「群」字，〈二年律令〉簡 153 二見，分別作 ![圖], ![圖],
所從「羊」旁一作 ![圖] 、一作 ![圖] ，除凸顯為求書寫快速省簡筆畫，亦體現
書手書寫的主觀性和任意性。其他例子如〈蓋廬〉簡 52 二見「親」字，分
別作作 ![圖]（親） 蓋 52、![圖]（親）（奏 52），所從「亲」旁一作 ![圖]、
一作 ![圖]。

3 偏旁的異寫大體表現了書寫求簡的心理

從張家山漢簡偏旁的異寫類型可看出書手為求書寫便捷，提高書寫效
率，除了將圓轉的線條變曲為直，亦隨意簡省筆畫、黏合筆畫或是濃縮構字
偏旁的部分形體為橫畫，如「言」旁、「羊」旁、「亲」旁、「辛」旁、「我」
旁、「网」旁、「止」旁、「𣬛」旁。

4 「革」旁的異寫可見繁化現象

《張家山漢簡》「革」旁獨立成字時作 ![圖]（革）(二 433)，成為他字
的構字偏旁時，如「鞫」作 ![圖]（鞫）（奏 120）、![圖]（鞫）（奏 45），所
從「革」旁分別作 ![圖]、![圖]，並非為求書寫便捷的簡省，反而有繁化現象；
除了體現書寫的隨意性，亦展現書寫者強烈的個人風格。

5 可見保有古意的異寫偏旁

例如「縛」字作 （）（二 65），所從的「甫」旁作 ，和古「甫」字從田、從中作 （商.合 20219《新甲》）、（商.宰甫卣《新金》）相合。

6 可見連筆草畫的異寫偏旁

例如〈算數書〉簡 165 的「盈」字作 （），所從之「皿」旁因連筆草化作 。

第八節　不同於秦簡牘之構形

本書第二章曾探討秦簡牘和張家山漢簡在早期隸變過程中構形的「相同性」和「差異性」。除了第二章第二節所述秦簡牘發生簡化、繁化、方位移動、形旁換用、形近相混，但未見於張家山漢簡，以及二者隸訛相異的字例外；張家山漢簡亦見其他和秦簡牘構形明顯有異的字形，本節一併將馬王堆和銀雀山漢簡納入比對，如下所示：

【殺】

古「殺」字作 （周早.盠方鼎《新金》）、（周晚或春秋早.曾伯陭鉞《新金》）、（春秋晚庚壺《新金》），秦篆作 （秦.會稽刻石《秦》），《說文》篆文作 （卷三下‧頁 94）。和西周、春秋金文相較，秦簡於字形上方加「乂」形，「㲋」形省變為「朮」形作 （睡.乙 104《秦簡》）、（睡.甲 40 正《秦簡》）、（龍 79《秦簡》）；張家山漢簡「殺」字上從兩個「乂」形、右

皆从「攴」不从「殳」作(二 20)、(二 152)、(奏 155)。張家山漢簡「殺」字的構形不僅異於秦簡牘，亦和漢初其他簡帛字形不同，例如馬王堆帛書作(陰甲 90《馬》)、(春 82《馬》)，銀雀山漢簡作(378《銀》)、(242《銀》)。

【脩】

古「攸」字作(周中.盠方彝《新金》)、(周中.師酉簋《新金》)、(周晚.師毇簋《新金》)，《說文》「脩」字篆文作 (卷四下・頁 132)。秦簡「脩」字作(睡.乙 187《秦簡》)、 (睡.甲 76 正《秦簡》)；漢初馬王堆帛書同秦簡作(要 011《馬》)、(昭 001《馬》)，銀雀山漢簡未見「脩」字。張家山漢簡則分別在人形上方和「攸」形中間增加斜筆和豎筆作(奏 153)，或省簡「攸」形中間的筆畫作(奏 135)，均不同於上述秦簡以及馬王堆的寫法。

【喿】

古「喿」字作(周早.弔喿父簋《新金》)，《說文》「喿」字篆文作 (卷二下・頁 63)。秦簡「喿」字作(嶽.占 16 正《秦簡》)、(睡.甲 33 背《秦簡》)，从「喿」之「操」作(睡.為 5《秦簡》)、(關簡 328《秦簡》)。張家山漢簡从「喿」之「操」字見於〈奏讞書〉和〈引書〉作(奏 198)、(引 68)，「趮」字僅有一例，見於〈蓋廬〉作(蓋 37)；至於「喿」字僅有一例，見於〈蓋廬〉作(蓋 43)，「品」形的空間分布發生改變，不同於秦簡。漢初馬王堆帛書从「喿」之「燥」作(十 110《馬》)，銀雀山漢簡从「喿」之「操」字作(811《銀》)，「品」形的空間分布同

張家山漢簡。

【疑】

甲骨「疑」字作✦(商.合 23669《新甲》)，或加「彳」旁作✦(商.合 12532 正《新甲》)。[49]西周金文加「辵」旁、加「牛」聲[50]作✦(周早.齊史遞且辛觶《新金》)、✦(周晚.伯遘父簋蓋《新金》)。秦金文、秦陶文和秦簡省「彳」形，並將聲旁「牛」寫成「子」形作✦(戰中.集成 10372.商鞅量《秦》)、✦(戰.陶彙 5.395《戰》)、✦(秦.關簡 209《秦簡》)。由於「牛」古音屬疑紐之部、「子」古音屬精紐之部，二者雖韻部相同但聲紐並不相近；因此，筆者考量秦文字將聲旁「牛」寫成「子」形除了可能是疊韻關係的聲旁替換，也可能僅是出於字形訛混的緣故。秦簡「疑」字亦見省「止」形作✦(睡.律 172《秦簡》)，張家山漢簡「疑」字見於〈奏讞書〉和〈蓋廬〉，〈奏讞書〉「疑」字的「止」形均訛作「刀」形，例如簡 47 作✦、簡 50 作✦、簡 54 作✦、簡 60 作✦、簡 211 作✦，至於〈蓋廬〉的「疑」字僅見一個字形，同〈奏讞書〉「止」形亦訛作「刀」形，作✦(蓋 32)。馬王堆「疑」字作✦(周 034《馬》)、✦(春 058《馬》)，銀雀山漢簡作✦(546《銀》)、✦(412《銀》)，均未見將「止」形寫作「刀」形。據上述，可知張家山漢簡「疑」字雖同秦簡將聲旁「牛」寫成「子」形，但「止」形均訛作「刀」形，和秦簡、漢初的馬王堆及銀雀山漢簡的構形仍有相異之處，此獨特寫法為值得注意之現象。

---

[49] 季師旭昇先生指出加「彳」旁以示徬徨四顧、不知去向、止於道路之意。見季旭昇：《說文新證(下冊)》(臺北：藝文印書館，2004 年 11 月)，頁 11。

[50] 季師旭昇先生指出加「牛」，上古音屬疑紐之部合口三等；「疑」，上古音屬疑紐職部開口三等，二者為陰入對轉。見同上註。

【𢼸】

甲骨文「𢼸」字作 (商.合 17942《新甲》)、 (西周.H11:4《新甲》)，西周金文作 (周早.召卣《新金》)、 (周中.史牆盤《新金》)、 (周晚.弔𤉲父簋《新金》)，戰國文字作 (晉.三年□令戈《戰》)、 (楚.郭.唐 17《楚》)。秦篆「𢼸」字作 (春晚.石.馬薦《秦》)、「微」字作 (春晚.石.作原《秦》)，《說文》「𢼸」字篆文作 (卷八上·頁 261)、「微」字篆文作 (卷二下·頁 56)。秦簡「微」字作 (睡.為 5《秦簡》)，張家山漢簡作 ( )(奏 227)、 ( )(奏 211)，和古文字、秦簡構形有異，「人」形寫成似耳形。馬王堆「微」字作 (戰 196《馬》)、 (老甲 085《馬》)，銀雀山漢簡作 (259《銀》)、 (259《銀》)，和張家山漢簡構形相類。

【舍】

古「舍」字作 (西周.H11:115《新甲》)、 (周早.舍父鼎《新金》)、 (周中史牆盤《新金》)、 (周晚.散氏盤《新金》)、 (春秋.居簋《新金》)，《說文》「舍」字篆文作 (卷五下·頁 166)。戰國晉系文字作 (侯馬《戰》)、 (侯馬《戰》)，楚系作 (鄂君啟車節《戰》)、 (包 2.133《楚》)、 (上一.孔 27《楚》) 、 (上二.從甲 2《戰》)，秦文字作 (睡.律 101《秦簡》)、 (嶽為 86 正《秦簡》) 、 (秦陶 2255《秦》)，戰國晉系和楚系文字承襲西周金文加飾筆的寫法，和秦文字構形不同。張家山漢簡「舍」字作 (奏 206)、 (蓋 33)、 ( )(二 167)，未見作秦文字的構形，和戰國晉系和楚系文字相近。由於張家山漢簡出土於湖北省，屬戰國楚之故地，此「舍」字和秦文字構形不同，反而和楚文字較

為相近，可見楚系文字地域性的因子仍有其影響性。出土於湖南的馬王堆亦屬楚之故地，「舍」字可見作 (老甲 069《馬》)，但亦見同秦文字的構形作 (老乙 207《馬》)。出土於山東的銀雀山漢簡同秦文字的構形作 (164《銀》)、(667《銀》)，未見和張家山漢簡相同之構形。

第九節　保有篆意之構形

本節所謂保有篆意是指張家山漢簡某些字形尚未解散篆體的結構，並仍保有篆書圓轉的線條。據筆者檢視，張家山漢簡仍保有篆意的單字或偏旁如下所示：

單字或偏旁	秦篆[51]	說文小篆	秦簡牘	張家山漢簡
小	集證 150		嶽麓一.質 3.1 正《秦》	二 10
八	戰晚.詛.亞		里 8-461 背《里》	算 162
半	戰晚.邵宮盃		里 6-1 正《里》	算 5
牛	珍印 387		睡.甲 11 背《秦簡》(牝)	二 437（牢）
告	戰晚.詛.沈		睡.律 139《秦簡》	二 101

---

51 本欄位「秦篆」字形引自劉孝霞：《秦文字整理與研究》（上海：華東師範大學博士學位論文，2013 年 3 月）。

口	吉 戰晚.詛.沈（吉）	口	放.甲 22《秦簡》	引 97
吾	戰晚.吾宜戈	吾	嶽律左 2《秦簡》	二 454
君	戰晚.詛.沈	君	嶽占 40《秦簡》	奏 89
哀	未見	哀	睡.為 31《秦簡》	（哀）奏 187
唐	未見	唐	里 8-1114《里》	算 129
止	春晚.石.田車	止	關簡 330《秦簡》	引 2
足	珍印 81（疋）	足	關簡 310《秦簡》	脈 12（踝）
丈	未見	丈	嶽占 6 正《秦簡》	二 285
廿	戰中.商鞅量	廿	里 6-1 正《里》	引 64
卅	戰晚.三年詔事鼎	未見	里 6-1 正《里》	二 217
革	集證 163（鞙）	革	里 8-2101《里》	（革）二 433
右	春早.秦公鐘	右	周.日 244《秦》	二 88
反	未見	反	睡.日乙 199《秦》	二 1
及	春早.秦公鎛 秦.泰山刻石	及	睡.日甲 147 背《秦》	二 1
史	秦.泰山刻石	史	睡.封 85《秦》	二 219
支	集證 160	支	嶽為 15 正《秦簡》	引 59

攴	戰晚.詛.巫（數）		睡.甲54背《秦簡》（敗）	二19（收）
目	戰晚.詛.亞		睡.效44《秦簡》（相）	引90
自	戰晚.詛.亞		關簡200《秦簡》	二25
百	春晚.秦公鐘		里8-1正《里》	二91
角	春晚.石.車工		關簡187《秦簡》	（角） 脈17
喜	春晚.石磬		睡.日乙189《秦》	蓋52
丹	春晚.石.鑾車（彤）		關簡377《秦簡》	（丹） 二438
今	戰晚.詛.巫		睡.答168《秦簡》	（今） 二518
生	春晚.秦公鐘		睡.乙120《秦簡》	蓋25（星）
有	春早.秦公鎛		關簡143《秦簡》	二63
夜	秦.泰山刻石		睡.為33《秦》	（夜） 奏101
求	春晚.石.車工 戰晚.詛.巫	（裘）	嶽為68正《秦簡》	二144
見	戰晚.詛.沈(親)		睡.乙164《秦簡》	脈40
石	戰晚.詛.沈		嶽為84正《秦簡》	二147

火	集證 165（炊）		關簡 158《秦簡》	二 147
夷	集證 150		放.日乙 232《秦》	（夷）二 457
心	戰晚.詛.巫		睡.語 9《秦簡》	脈 46
水	春晚.石.霝雨		睡.日乙 80《秦簡》	二 267
齊	戰中.商鞅量 珍印 352		睡.封 76《秦簡》	（濟）二 436 (濟)
孔	春晚.石.汧殹		睡.甲 69 背《秦簡》	奏 216
乳	未見		關簡 314《秦簡》	（乳）引 83
五	戰晚.新郪虎符		睡.答 136《秦簡》	脈 38
子	春晚.石.汧殹		放.甲 71《秦簡》	（子）二 31
丑	未見		睡.乙 50《秦簡》	（丑）曆 5

　　以上張家山漢簡四十五個保有篆意的單字或偏旁和秦簡牘的構形具有相當的吻合度，可見由古文字轉變為今文字需歷經一段長時間的過渡階段；在此古今文字之變的交接期，早期隸書尚可見含有篆意，意味篆書對於萌芽期的隸書仍有其影響力。

第十節　保有古意之構形

趙平安先生《隸變研究》一書云：

> 拿《說文》小篆作「參照體」，不一定能反映隸變的真實過程，甚至
> 會出現出錯誤。因為《說文》小篆已不全是隸變前原樣。導致《說文》
> 小篆變樣的原因是多方面的。首先，《說文》小篆的主體來源於《倉
> 頡篇》《爰歷篇》《博學篇》，它們是經過李斯等人加工整理的，李斯
> 等人在加工整理的過程中，不可避免地摻進了一些主觀因素。其次，
> 秦初到《說文》成書期間，小篆在流傳中又發生了一些訛誤。再次，
> 《說文》成書過程中以及成書以後，某些篆形又被竄改或寫錯。[52]

　　由《說文解字·敘》：「今敘篆文，合以古籀，博採通人，至於小大，信
而有證。」[53]可知許慎撰寫《說文》廣徵博引通人和古籍之說，著書嚴謹；
但《說文》自成書以來，因輾轉傳抄、增刪，難免有所訛誤。趙平安先生上
述文字更明確周全地指出《說文》所收錄的小篆由於源自於李斯等人主觀意
識的加工整理，再加上秦至《說文》成書期間以及成書以後，在流傳過程中
無可避免地發生的一些訛誤，因而造成一些小篆字形不合乎漢字演變的序
列，已非隸變前的原樣。杜忠誥先生《說文篆文訛形釋例》一書云：

---

[52] 趙平安：《隸變研究》（保定：河北大學出版社，1993 年 6 月初版修訂），頁 34。
[53] 〔東漢〕許慎記、〔南唐〕徐鉉等校定：《說文解字》（北京：中華書局，1985 年，《叢
　　書集成初編》影印《平津館叢書》本），卷 15 上，頁 505。

近數十年來，拜現代科學考古之賜，地下第一手墨跡文字資料相繼出土。……尤其是處在漢字由以象形線條符號為主的篆書，向以抽象點畫符號為主的隸書過渡轉換的戰國、秦、西漢間的墨跡文字資料，出土數量龐大，且多為科學性挖掘，有明確的考古上之斷代依據。不只提供了各時代不同地域的諸多橫向比對資料，也補足了不少過去一向欠缺的關鍵環節，可望作出較為完整的縱向系聯。對於漢字形體，既可以討其根源，解決不少漢字的本形問題；又可以悉其枝脈，為漢字的歷史發展過程，理出一條概略的遞嬗演化脈絡來。據此，不但可以印證許氏之真識，又可以補苴許書之闕漏，更可以訂正許說之謬誤。有好些《說文》中的可疑古篆形體，過去依憑商、周甲骨、金文，只能大略知其然地判定其為譌形。但取這些簡牘帛書墨跡文字比照之下，對於該譌形生成之所以然，便常讓人有頓時間豁然開朗之感。故近數十年來簡牘帛書之大量出土，勢必使未來的古文字形體學研究別開新紀元。[54]

　　二十世紀以來，地不愛寶，地下材料大量出土，出土文獻的相關釋文及文字編大量湧現，為《說文》的研究提供成熟有利的條件。誠如上述杜忠誥先生所言，戰國、秦至漢代簡牘帛書的出土，填補了漢字古今演變的環節，某些字形亦可以為《說文》篆文之訛形提供佐證。

　　戰國、秦至漢代的簡牘帛書是人們生活中實際使用的文字，直接反映了當時社會生活的真實面貌；簡牘帛書的大量出土，提供了研究當時政治、經

---

[54] 杜忠誥：《說文篆文譌形釋例》（臺北：文史哲出版社，2009 年 2 月初版修訂），頁 37-38。

濟、法律、醫藥、思想等有利的第一手文獻資料。《張家山漢簡》有明確的年代標誌，根據〈曆譜〉所載，年代下限不會晚於公元前 186 年， 屬於西漢早期的文字材料。據筆者觀察，《張家山漢簡》處於篆體向隸書演變的過渡階段，可見某些字形較《說文》小篆更接近於古文字原形，保留了古意。詳見以下例子：

【叚】

西周金文「叚」字作 ▨ (周晚.禹鼎《新金》)、▨ (周晚.師𡧫簋《新金》)，春秋金文作 ▨ (春早.曾伯𩰲臣《新金》)。戰國晉系文字作 ▨[55]（ ▨ ）[56](周王叚戈)，秦系文字作 ▨(睡.律 105《秦簡》)、 ▨ (里.8-135 正《里》)。《說文》：「▨，借也，闕，古雅切。▨，古文叚。▨，譚長說叚如此。」(卷三下‧頁90) 《說文》「叚」字篆文所從之「石」形線條黏合並向上彎曲延伸，張家山漢簡「叚」字作 ▨(▨)(奏 139)、 ▨（ ▨ ）（二 267），「爪」形同春秋金文和秦簡作「刀」形，所從「石」形則和金文、秦簡相近，較《說文》小篆更接近古文字之構形。

【斗】

甲骨文「斗」字作 ▨ (合 21344《新甲》)、 ▨ (合 21353《新甲》)，上象斗勺，下象斗柄之形。春秋金文作 ▨ (秦公簋《新金》)。戰國晉系文字作 ▨ (十一年庫嗇夫鼎《新金》)，楚系文字可見加「主」聲作 ▨[57](上

---

[55] 此形引自中國社會科學院考古研究所編：《殷周金文集成釋文（第六卷）》（香港：香港中文大學中國文化研究所，2001 年 10 月），頁 459。

[56] 此摹寫字形引自季師旭昇先生：《說文新證（上冊）》（臺北：藝文印書館，2002 年 10 月），頁 196。

[57] 此形引自馬承源主編：《上海博物館藏戰國楚竹書（三）》（上海：上海古籍出版社，2003 年 12 月），頁 63。

博三.周 51)，秦系文字作(睡.律 74《秦簡》)、(龍簡 192《秦簡》)。《說文》:「，十升也。象形，有柄。」(卷一四上・頁 472)杜忠誥先生認為《說文》小篆的構形屬「穿突之訛」，斗柄上端上突而穿抵斗勺之上沿，已失象形之初旨。[58]筆者認為《說文》小篆的「斗」字除穿突之訛，斗勺亦發生離析之訛。張家山漢簡「斗」同甲金文和秦簡的寫法作(算 38)、（二 297），較《說文》小篆更接近古文字之構形。

【矛】

西周金文「矛」字作(周中.㦰簋《新金》)，春秋金文从「矛」之「矪」字作(郚醻尹征城《新金》)。戰國楚系文字作(秦一 5《楚》)、(郭.五 41《楚》)，秦系文字作(睡.答 85《秦簡》)，从「矛」之「務」字作(龍簡 10《秦簡》)。《說文》:「，酋矛也。建於兵車，長二丈，象形。凡矛之屬皆从矛。，古文矛，从戈。」(卷一四上・頁 473)何琳儀先生提出「矛」字的演變序列，具右系者為「、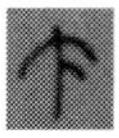、、、、、、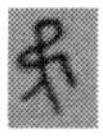、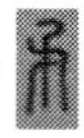」[59]張家山漢簡「矛」字承襲西周金文和秦簡的寫法作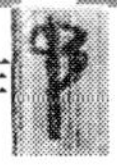(遣 37)，从「矛」之「務」字作（蓋 51），較《說文》小篆更接近古文字之構形。

【罠】

西周金文「罠」字作(周早.作冊罠尊《新金》)、(周晚.番生簋

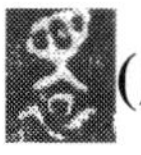

[58] 詳參杜忠誥:《說文篆文訛形釋例》，頁 187-188。

[59] 何琳儀:《戰國古文字典—戰國文字聲系（上冊）》(北京:中華書局，1998 年 9 月)，頁 256。

《新金》)，戰國晉系文字作 (璽彙 1903《戰》)，楚系文字作 (新乙 4.102《楚》)、(望 2.50《楚》)。西周金文「環」字作 (毛公鼎《新金》)，楚系作 (望 1.54《楚》)、 (包 2.213《楚》)，秦系作 (嶽三十五質 35 正《秦簡》)。《說文》：「，目驚視也。從目，袁聲。」(卷四上·頁 105)《說文》：「，璧也。肉好若一謂之環。從玉，睘聲。」(卷一上·頁 7)出土文獻未見《說文》小篆「睘」、「環」二字之構形。張家山漢簡「環」字和秦簡構形相同，常見作 (奏 216)，較《說文》小篆更接近古文字之構形。

【尋】

甲骨文作 (合 2461《新甲》)、 (合 16070《新甲》)、 (合 31060《新甲》)，象人伸兩臂度量之形，或加口形作 (合 28060《新甲》)。西周金文加巾形作 (周中.五年琱生尊乙《新金》)，春秋金文可見加口形或又形作 (春早.仲之孫簋《新金》)、 (春早.尋仲匜《新金》)。楚系文字作 (郭.性 65《楚》)，或加聲符「由」作(上博一.孔 16《上博》)，或加口形作 (上博五.鬼 7《上博》)；秦系文字作 (睡.甲 13 正《秦簡》)。《說文》：「，繹理也。從工，從口，從又，從寸。工、口，亂也；又、寸，分理之。彡聲。此與啟同意。度人之兩臂為尋，八尺也。」(卷三下·頁 95) 張家山漢簡「尋」字作 () (引 22)、() (引 67)，和秦簡形近，和上述甲骨、金文有相類之處，右下的寸形可能和上述(春早.尋仲匜《新金》)的又形有關，右上的 形疑為口形或 形(簟席)之訛，較《說文》小篆更接近古文字之構形。

【寡】

　　西周金文「寡」字从宀、从頁作 (周中.寡子卣《新金》)、(周中.作冊嗌卣《新金》)、(周晚.毛公鼎《新金》)。戰國晉系文字省「宀」形作 (晉.中山王䲥鼎《新金》),楚系文字亦省「宀」形作 (郭.緇 22《楚》)、(上博五.弟 16《上博》),所加 形可能為飾筆或區別符號;秦系文字承襲甲金文从宀作 (睡.為 2《秦簡》)、(睡.日乙 99《秦》),「頁」形下方「人」形的左右各加一筆飾筆。《說文》:「,少也。从宀,从頒。頒,分賦也,故為少。」(卷七下・頁 241)「寡」形下半部訛為「分」形。張家山漢簡「寡」字作 ()(二 379)、()(二 379),和秦簡構形相近,「寡」形下半部並未訛為「分」形。

第六章　《張家山漢簡‧二年律令》所見《說文》未收字研究

《說文解字‧敘》：

> 蓋文字者，經藝之本，王政之始，前人所以垂後，後人所以識古。故曰：「本立而道生」，「知天下之至賾而不可亂也」。今敘篆文，合以古籀，博採通人，至於小大，信而有證。稽譔其說，將以理群類，解謬誤，曉學者，達神恉。分別部居，不相雜廁。萬物咸覩，靡不兼載。厥誼不昭，爰明以諭。[1]

許慎師承賈達，由上述《說文‧敘》知其著書嚴謹，徵引古籍、博采通人，撰寫《說文解字》意圖使人們對漢字的形音義有正確的認識，破除世人以為古文是「鄉壁虛造不可知之書」和「秦之隸書為倉頡時書」之謬誤。

張顯成先生〈馬王堆漢墓簡帛中《說文》未收之秦漢字〉一文：

> 馬王堆漢墓帛書中《說文》未收之字為 657 個。而馬王堆漢墓簡帛只是簡帛中的一小部分，由此可以推測，生活於東漢中期的許慎（約公元 58 年—約公元 147 年）所編著的《說文》未收之秦漢字還有不少。

---

[1] 〔東漢〕許慎記、〔南唐〕徐鉉等校定：《說文解字》（北京：中華書局，1985 年，《叢書集成初編》影印《平津館叢書》本），卷 15 上，頁 505–506。

為何有如此多的秦漢字《說文》失收了呢？其中一個重要原因，當是
《說文》屬許慎一人所編纂，憑一個人的能力來編纂這樣的字典，則
不可避免地會漏收不少字。另一個原因是許慎屬古文經學家（雖然他
也吸收了一些今文經學的思想），其《說文》收字顯然會受此圍限。

2

據《說文‧敘》載，《說文》除收錄字頭 9353 字，另收重文 1163 字。
「重文」是指《說文》於字頭下所收錄跟字頭形體不同的字形，以「古文、
籀文、奇字、篆文、或體、俗體、今文、引通人、引文獻」等不同方式呈現。
儘管《說文》收錄之正篆和重文總計 10516 個字形，但誠如上述張顯成先生
所言，許慎以一己之力撰寫《說文》，許多秦漢字無可避免會有所失收；且
《說文》自成書以來，因輾轉傳抄、增刪，難免有所訛誤和脫漏。二十世紀
以來，地下材料大量出土，出土文獻的相關釋文及文字編陸續出版，為《說
文》未收字的研究提供成熟有利的條件。其中出土的秦漢簡帛文字保留了當
時文字及詞彙系統的真實面貌，又距《說文》未遠，對於《說文》未收字的
研究顯然具有重要的意義和價值。

1983 年 12 月於湖北省江陵縣出土張家山二四七號漢墓，發現 1236 枚
竹簡（不含殘片），計三萬六千五百餘字，年代下限為公元前一八六年，屬
西漢早期漢墓。張家山二四七號漢墓出土了《二年律令》、《奏讞書》、《算數
書》、《脈書》、《引書》、《蓋廬》、《曆譜》以及《遣策》等八種文獻，內容涉
及漢律、司法訴訟、數學、導引、養生、治病、軍事理論及曆譜等方面。筆
者檢視學界歷來對於張家山二四七號漢墓竹簡的研究，包括簡文的編聯、句

2　張顯成：〈馬王堆漢墓簡帛中《說文》未收之秦漢字〉，《說文學研究（第二輯）》（武漢：
　　崇文書局，2006 年 6 月），頁 105–106。

讀、釋文、文字編和相關簡文內容的探討；據筆者觀察，其中《二年律令》出土簡數最多，計 526 枚，引起最多的關注和研究。如《張家山漢律研究》[3]、《《張家山漢墓竹簡・二年律令》通假字研究》[4]、《張家山漢簡《二年律令》研究文集》[5]、《由張家山漢簡《二年律令》論漢初的繼承制度》[6]、《張家山漢簡《二年律令》研究》[7]、《張家山漢簡《二年律令》法律制度研究》[8]、《張家山漢簡《二年律令》與漢代社會研究》[9]、《《張家山漢簡・二年律令》文字編》[10]、《張家山漢簡法律文獻與漢初社會控制》[11]等專書，成果甚豐，對於《說文》未收字的研究提供了更為成熟有利的條件。

據上所述，本文以《張家山漢墓・二年律令》為研究範疇，首先進行其中《說文》正篆和重文未收字之釋例，以先秦出土文獻、秦文字、歷代字書以及傳世文獻梳理存於其中的文字現象；繼而剖析《說文》未收的可能原因，一探《張家山漢墓・二年律令》所見《說文》未收字之價值。

---

[3] 曹旅寧：《張家山漢律研究》（北京：中華書局，2005 年 8 月）。
[4] 成蒂：《《張家山漢墓竹簡・二年律令》通假字研究》（臺南：成功大學中文研究所碩士論文，2006 年 7 月）。
[5] 中國社會科學院簡帛研究中心：《張家山漢簡《二年律令》研究文集》（桂林：廣西師範大學出版社，2007 年）。
[6] 劉欣寧：《由張家山漢簡《二年律令》論漢初的繼承制度》（臺北：國立臺灣大學出版委員會，2007 年 6 月）。
[7] 朱紅林：《張家山漢簡《二年律令》研究》（哈爾濱：黑龍江人民出版社，2008 年 6 月）。
[8] 周美華：《張家山漢簡《二年律令》法律制度研究》（高雄：中山大學中文研究所博士論文，2009 年 12 月）。
[9] 王彥輝：《張家山漢簡《二年律令》與漢代社會研究》（北京：中華書局，2010 年 8 月）。
[10] 鄭介弦：《《張家山漢簡・二年律令》文字編》（彰化：國立彰化師範大學國文研究所碩士論文，2012 年 1 月）。
[11] 謝瑞東：《張家山漢簡法律文獻與漢初社會控制》（北京：社會科學文獻出版社・社會政法分社，2015 年 5 月）。

第一節 《張家山漢簡‧二年律令》所見
《說文》未收字釋例

一 釋 [12] 〔緐〕[13]（二 455）

整理小組將此形隸定為「緐」，通讀為「繁」。此形見於《二年律令‧秩律》簡 455：

河陽、汲、蕩陰、朝歌、鄭、野王、山陽、內廣（黃）、緐（繁）陽、陝、盧氏、新安、新城（成）、宜陽。（頁 73）[14]

《漢書‧地理志上》：「沙，內黃，清淵，魏，繁陽。」（卷二八‧頁 24 下）[15]《漢書‧谷永杜鄴傳》：「杜鄴字子夏，本魏郡繁陽人也。」（卷八五‧

---

[12] 本文所錄《張家山漢墓竹簡‧二年律令》之「字形」，為筆者掃描張家山二四七號漢墓竹簡整理小組編：《張家山漢墓竹簡〔二四七號墓〕》（北京：文物出版社，2001 年 11 月）之圖版，其後不另在註釋中一一敘明。

[13] 本文〔 〕內為隸定字形，採張家山二四七號漢墓竹簡整理小組編：《張家山漢墓竹簡〔二四七號墓〕(釋文修訂本)》（北京：文物出版社，2006 年 5 月）一書之隸定。

[14] 本文所錄《張家山漢墓竹簡‧二年律令》之「釋文」，採自張家山二四七號漢墓竹簡整理小組編：《張家山漢墓竹簡〔二四七號墓〕(釋文修訂本)》。由於本文多次徵引該書，為行文方便，直接在釋文之後用括號標示頁碼，其後不另在註釋中一一敘明。此簡中的「鄭」字，《二年律令與奏讞書—張家山二四七號漢墓出土法律文獻釋讀》一書改釋為「鄚」。見彭浩、陳偉、工藤元男主編：《二年律令與奏讞書—張家山二四七號漢墓出土法律文獻釋讀》（上海：上海世紀出版股份有限公司、上海古籍出版社，2007 年 8 月），頁 276。

[15] 本文多次徵引〔東漢〕班固撰、〔唐〕顏師古注：《漢書》（臺北：臺灣商務印書館，2010 年，《百衲本二十四史》影印《北宋景祐刊本》）一書，為行文方便，直接在引文之後用括號標示卷數、頁碼，其後不另在註釋中一一敘明。

頁 20 下）可知「繁陽」確實為戰國時之魏邑。《二年律令》簡 440 至簡 473 為「秩律」之相關條文，「秩」為俸祿，整理小組指出「漢制官秩比百石以上稱有秩」（頁 15）。《二年律令・秩律》記載許多不同官職的不同秩祿，[16] 亦列舉許多郡名，「繁陽」即為其中之一，對於漢初行政區劃的研究具有相當的價值。

　　張家山漢簡此簡的「𦆨陽」，通讀文意，雖確實讀為「繁陽」，但𦆨形下半部所從為「示」非「糸」，整理小組隸定為「繁」，可商；嚴格隸定實應隸作「𥅀」較為妥適。《說文》有「𦼖」字，未見「繁」、「𥅀」二形。《說文・艸部》：「𦼖，白蒿也。从艸、繁聲。」（卷一下・頁 31）由於「𥅀」形未見於其他出土文獻和《龍龕手鑒》、《玉篇》、《類篇》、《字彙》、《正字通》、《康熙字典》等歷代字書，筆者檢視秦簡牘和張家山漢簡，雖未見將「糸」形寫作「示」形之例，但觀察楚系文字「糸」旁常見筆勢簡化作𦀖，如「緅」字作𦀖（包 2.268《楚》）、「紴」字作𦀖（信 2.012《楚》）、「綢」字作𦀖（曾 128《楚》），和「示」旁作𥘅，如「社」字作𥘅（包 2.138 反《楚》）、「神」字作𥘅（郭.太 2《楚》），二者有形近之處，加上張家山漢簡出土於楚之故地，「繁」寫成「𥅀」，疑可能是形近訛誤所致；不過由於缺乏平行例證，仍有待日後進一步考證。

---

[16] 廖伯源云：「《張家山漢墓竹簡・二年律令・秩律》所載諸官吏，秩最低者百廿石。按吏秩百石以下，長吏得自辟除，不必上請。吏秩過百石者，長吏得上書朝廷，批准乃得任用。……漢初官吏，秩百石以下為少吏，百廿石以上為長吏。其後郡縣屬吏自辟除，皆百石以下，不復有秩百廿石及百六十石之官。……此漢代地方官制之重大轉變，傳世文獻不言，因張家山漢簡之出土而顯露。」見廖伯源：〈漢初縣吏之秩級及其任命—張家山漢簡研究之一〉，《社會科學戰線》第 3 期（2003 年 3 月），頁 100。

二 釋 〔鹽〕（二 448）

整理小組將此形隸定為「」，通讀為「藍」。此形見於《二年律令·秩律》簡 448：

> 下邽、斄、鄭、雲陽、重泉、華陰、慎、衙、（藍）田、新野、宜成、蒲反、成固、圜陽、巫、沂陽。（頁 71）

《漢書·地理志上》：「京兆尹，元始二年戶十九萬五千七百二，口六十八萬二千四百六十八。縣十二：長安，新豐，船司空，藍田，華陰，鄭，湖，下邽，南陵，奉明，霸陵，杜陵。」（卷二八·頁 11 上～11 下）《漢書·楚元王傳》：「高祖兄弟四人，長兄伯，次仲，伯蚤卒。高祖既為沛公，景駒自立為楚王。高祖使仲與審食其留侍太上皇，交與蕭、曹等俱從高祖見景駒，遇項梁，共立楚懷王。因西攻南陽，入武關，與秦戰於藍田。」（卷三六·頁 1 上）「藍田」，縣名，位於陝西省長安縣東南，秦嶺之北。[17]

張家山漢簡此簡的「田」，通讀文意，讀為「藍田」，整理小組將形隸定為「」。楚系「鹽」字作 （包 2.147《楚》）、[18]（容 3《上博二》[19]），秦系文字從「監」聲作 （秦泥 409《秦》），或「鹵」形的主體

---

17 參《教育部重編國語辭典修訂本》，http://dict.revised.moe.edu.tw/cgi-bin/cbdic/gsweb.cgi?ccd=kZyskX&o=e0&sec=sec1&op=v&view=1-1（2017 年 7 月 23 日）。

18 此形 ，李零先生隸作「鹵」，蘇建洲先生認為嚴格隸定當隸作「」，古文字鹵、西二字形近易混。見蘇建洲：《上海博物館藏戰國楚竹書（二）校釋》（臺北：國立臺灣師範大學國文研究所博士論文，2004 年 6 月），頁 59-60。

19 為行文方便，本章將馬承源主編：《上海博物館戰國楚竹書（二）》（上海：上海古籍出版社，2002 年 12 月）簡稱為《上博二》，其後不另在註釋中一一敘明。

寫為「田」形作（里 J1(9) 5 正 1《秦簡》），張家山漢簡亦寫為「田」形作（二 461）、（二 436）、（奏 181）。考量「鹽」字如上所述，在秦簡和張家山漢簡中已見「鹵」形的主體寫作「田」形，且這些寫成「田」形的「鹽」字上下文並未出現「田」字，應是單純的形近寫訛，和「隨文類化」[20]或稱之為「受上下文影響的類化」[21]無涉。由於張家山漢簡「鹽」字確實有作此簡形艸下所从之形，整理小組將形隸定為「藍」，通讀為「藍」，可從；此从「艸」、从「鹽」的構形未見於其他出土文獻，亦未見於《說文》、《龍龕手鑒》、《玉篇》、《集韻》、《字彙》、《正字通》、《康熙字典》等歷代字書。關於形，很有可能是「藍」字將聲符「監」改換為「鹽」，「鹵」形又寫訛成「田」形所致。不過，筆者考量此簡簡文「慎、䣊、藍田、新野、宜成」，當中的「藍」字下文緊接「田」字，因此無法完全排除「藍」字是受到下文「田」字的影響因而增添了「田」形的可能性，「隨文類化」或可備一說。關於因「隨文類化」而增添偏旁者，例如包山楚簡 267、268、271、272、275、277 等簡的「生」字增添「糸」旁，林清源先生認為有可能是「生」字受上下文「糸」旁諸字的影響，因而跟著增添「糸」旁。[22]

---

[20] 林清源先生云：「一個字受上下文構形的影響，因而增添或更換一些部件，這種構形演變現象，筆者稱之為『隨文類化』。」見林清源：《楚文字構形研究》（臺中：東海大學中文研究所博士論文，1987 年 12 月），頁 168。

[21] 黃文杰先生認為「受上下文影響的類化」表現為「甲字因與乙字在上下文接觸受影響而類化，連文是較常見的形式。」見黃文杰：〈戰國文字中的類化現象〉，《古文字研究（第 26 輯）》（北京：中華書局，2006 年 11 月），頁 450。

[22] 詳參林清源：《楚文字構形研究》，頁 171。

三 釋 ![字形] 〔奻〕〔妖〕（二 81）

　　《二年律令與奏讞書─張家山二四七號漢墓出土法律文獻釋讀》一書為使字跡更為清晰，運用紅外線成像技術，此形圖版作 ![字形] 。（頁 11）[23]此形僅見於《二年律令·盜律》簡 81：「鄭 ![字形] 書。」此簡明白寫出書手姓名。《張家山漢墓竹簡〔二四七號墓〕》一書將此形隸定為「奻」，《張家山漢墓竹簡〔二四七號墓〕(釋文修訂本)》則隸定為「妖」，「奻」、「妖」均未見於出土文獻和歷代字典辭書。《張家山漢簡》典型的「女」字作 ![字形]（二 88）、![字形]（奏 180），和 ![字形] 形左旁的寫法有些出入，筆者檢視張家山漢簡「奸」字作 ![字形]（二 193），《二年律令·收律》簡 175：「坐奸、略妻及傷其妻以收，毋收其妻。」（頁 32）簡文中的「奸」字作 ![字形]（二 175），左旁的「女」形和 ![字形] 形的左旁寫法相同，可證 ![字形] 形左旁為「女」形，可信。

　　《說文·女部》：「![字形]，女字也。从女、夂聲」（卷一二下·413 頁）據《說文》所載，「![字形]（妖）」為女子人名用字，由於張家山漢簡「夂」字作 ![字形]（二 52）、![字形]（二 382）、![字形]（脈 62），和 ![字形] 形右半偏旁形體有差距，故筆者排除 ![字形] 形為「妖」字的可能性。至於 ![字形] 形是否為「奻」或「妖」？檢視張家山漢簡「尺」字，常見為五筆作 ![字形]（二 256）、![字形]（二 282），和 ![字形] 形所从之右旁的形體和筆畫數三筆並未吻合；雖然張家山漢簡有一「尺」字作 ![字形]（算 5），難以斷定其筆畫數，但其形體仍和 ![字形] 形不相類。

　　張家山漢簡未見單獨的「欠」字，从「欠」之字所从「欠」旁的常見寫

---

[23] 此圖版字形引自彭浩、陳偉、工藤元男主編：《二年律令與奏讞書─張家山二四七號漢墓出土法律文獻釋讀》。由於本文多次徵引該書之圖版，為行文方便，直接在徵引的圖版字形之後用括號標示頁碼，不另在註釋中一一敘明。

法可分為三種類型：一作 ，如「欲」字作 （引 6）、「次」字作 （引 6）；二作 或 ，如「款」字作 （脈 56）、 （二 60）、 （二 185）；三作 ，如「歐」字作 （二 38）、「次」字 （二 271）、「欲」字作 （二 101）。除上述三種常見類型，筆者發現張家山漢簡「次」字有一字形作 （二 185）、「厥」字作 （引 66），張守中先生摹作 （頁 259）[24]，此二形的「欠」旁雖為偶見寫法，卻和 形所从之右旁十分相近。綜上所述，筆者認為 形為「妶」字可能性很高，隸定為「妮」較不妥適。

四 釋 〔濮〕（二 450）

《二年律令與奏讞書—張家山二四七號漢墓出土法律文獻釋讀》一書運用紅外線成像技術，此形圖版作 （頁 48），張守中先生摹作 （頁 302）。此形僅見於《二年律令‧秩律》簡 450：

> 池〔四四九〕陽、長陵、濮（濮）陽，秩各八百石，有丞、尉者半之，司空、田、鄉部二百石。（頁 72）

---

[24] 由於本文多次徵引張守中：《張家山漢簡文字編》（北京：文物出版社，2012 年 11 月）一書之摹寫字形，為行文方便，直接在摹寫字形之後用括號標示頁碼，其後不另在註釋中一一敘明。

整理小組注云：「濮陽，屬東郡。」（頁73）森谷一樹先生云：「池陽、長陵、濮陽三縣是高帝七年後設置的，故列於高帝七年製定的《秩律》之尾。」[25]

「𤁤」字，《說文》未收，亦未見於歷代字書和其他先秦出土文獻。「濮」字則見於《說文》和歷代字書，為水名、地名。《說文‧水部》：「𤁣，濮水。出東郡濮陽，南入鉅野。从水，僕聲。」（卷十一上‧頁363）《大廣益會玉篇‧水部》：「濮，補祿切。水，出東郡。」（篇中‧頁78上）[26]《類篇‧水部》：「濮，博木切。《說文》：『水。出東郡濮陽，南入鉅野。』又洲名。」（卷十一中‧頁16下）[27]《正字通‧水部》：「濮，博木切，音卜。《說文》：『水。出東郡濮陽，南入鉅野。』《地理志》：『濮水首受沛于封丘縣東北，至都關入羊里水也。』」（巳集上‧頁91下）[28]《字彙補‧水部》：「濮，又濮陽，南方極遠之國。」（巳集‧頁19下）[29]「濮」字亦見於先秦傳世文獻，如《春秋‧隱公四年》：「九月，衛人殺州吁于濮。」[30]

筆者檢視先秦出土文獻未見「濮」或「𤁤」字，張家山漢簡「濮陽」

---

[25] 彭浩、陳偉、工藤元男主編：《二年律令與奏讞書──張家山二四七號漢墓出土法律文獻釋讀》，頁269。

[26] 本文多次徵引〔梁〕顧野王著、〔宋〕陳彭年重修：《大廣益會玉篇》（北京：中華書局，1987年，《古代字書輯刊》影印《張氏澤存堂》本）一書，為行文方便，直接在引文之後用括號標示篇數、頁碼，其後不另在註釋中一一敘明。

[27] 本文多次徵引〔宋〕司馬光：《類篇》（北京：中華書局，1984年，《古代字書輯刊》影印《姚刊三韵》本）一書，為行文方便，直接在引文之後用括號標示卷數、頁碼，其後不另在註釋中一一敘明。

[28] 本文多次徵引〔明〕張自烈：《正字通》（上海：上海古籍出版社，1995年，《續修四庫全書》經部第234冊）一書，為行文方便，直接在引文之後用括號標示卷數、頁碼，其後不另在註釋中一一敘明。

[29] 本文多次徵引〔清〕吳任臣：《字彙補》（上海：上海古籍出版社，1995年，《續修四庫全書》經部第233冊）一書，為行文方便，直接在引文之後用括號標示卷數、頁碼，其後不另在註釋中一一敘明。

[30] 〔周〕左丘明傳、〔晉〕杜預注、〔唐〕孔穎達疏：《十三經注疏‧左傳》（臺北：藝文印書館，1997年，《重栞宋本左傳》），卷3，頁15上。

的「濮」字作，由於聲符「僕」本身也是形聲字，省略義符「人」，保留聲符「菐」仍具有表音功能，又有辭例的制約，因此發生聲符省略的現象，「濮」和「」為一字之異體。歷代字書和其他先秦出土文獻未見「」字，張家山漢簡將「濮」字的聲符「僕」省去了「人」形為「菐」，後世罕見通行，筆者僅發現晉〈辟雍頌陽〉作[31]、東魏〈李憲墓誌〉作[32]。

五　釋 二 27〔釖〕（二 27）

此形，凡 1 見。整理小組隸定作「釖」，見於《二年律令‧賊律》簡 27：「鬭而以釖及金鐵銳、錘、椎傷人，皆完為城旦舂。」（頁 12）整理小組注云：「釖，即『刃』字。《漢書‧薛宣傳》引律：『鬭以刃傷人，完為城旦。』」（頁 12）張家山漢簡「「刃」、釖」二字並見，「刃」字見於《二年律令‧賊律》簡 32：「妻悍而夫毆笞之，非以兵刃也，雖傷之，毋罪。」（頁 32）「刃」字作，簡文中的「兵刃」為兵器和刀子（刀刃）之意，用法同於上述《二年律令‧賊律》簡 27 的「釖」字；加上對照《漢書》文例，「釖」字應為「刃」字之異體，在「刃」字上加注義符「金」，用以明確表示本義。

古「刃」字作（合 5837《新甲》）、（合 117《新甲》），檢視出土文獻，「釖」字最早見於戰國楚簡。戰國楚簡「刃」、「釖」二字並見，「刃」見於《郭店‧成之聞之》簡 35：「少（小）人〔三四〕不緅人於刃，君子不

---

[31] 臧克和：《漢魏六朝隋唐五代字形表》（廣州：南方日報出版社，2011 年 4 月），頁 769。
[32] 同前註，頁 770。

緅人於豊（禮）。」[33]裘錫圭先生疑「刃」當讀為「仁」。[34]「釰」字，則見於《上博二‧容成氏》簡18：「墨（禹）聖（聽）正（政）三年，不折（製）革，不釰（刃）金，不銘（絜）矢。」[35]「釰」字作 （容18《上博二》），簡文「折革」即製革，製甲衣；「釰金」即刃金，砥礪兵刃；「銘矢」即絜矢，使矢鏃鋒利。[36]可知「釰」字在簡文中作為動詞，磨利兵器之意；簡文文意代表不興兵戎、休養生息的治國方式。[37]

《說文》未收「釰」字，但有「刃」字。《說文‧刃部》：「刃，刀堅也。象刀有刃之形。」（卷四下‧頁 136）「釰」字亦見於其他字書，最早見於〔遼〕釋行均《龍龕手鑒》：「釰，音刃。劍刃也。」（卷一‧頁7上）[38]秦簡牘和稍晚於張家山漢簡的《銀雀山漢簡》皆有「刃」無「釰」，漢初《馬王堆漢墓》和大約抄寫於西漢武帝至東漢中期之間的《居延舊簡》[39]則是同張家山漢簡，「刃」、「釰」二字並見，「釰」字分別作 （明420《馬》[40]）、（203‧34）。[41]《說文》未收「釰」字，據上所述，筆者認為「釰」是「刃」字添加義符的後起字，雖同時並見於戰國楚簡和漢簡，但始終未能取代初文「刃」，未能廣泛通行於後世。

---

33 釋文引自荊門市博物館編：《郭店楚墓竹簡》，（北京：文物出版社，1998 年 5 月），頁 168。

34 錫圭先生注云：「『刃』疑當讀為『仁』。此文之意蓋謂小人不求在仁義方面勝過人，君子不求在禮儀方面勝過人。同前註，頁170。

35 釋文引自馬承源主編：《上海博物館藏戰國楚竹書（二）》，頁263。

36 同前註，頁264。

37 見蘇建洲：《上海博物館藏戰國楚竹書（二）校釋》，頁216。

38 本文多次徵引〔遼〕釋行均：《龍龕手鑒》（臺北：藝文印書館，1965 年，《百部叢書集成》影印《宋刻本》）一書，為行文方便，直接在引文之後用括號標示卷數、頁碼，其後不另在註釋中一一敘明。

39 參李瑤：《《居延舊簡》文字編》（長春：吉林大學博士論文，2014 年 6 月），頁 8。

40 為行文方便，本文將陳松長編著：《馬王堆簡帛文字編》（北京：文物出版社，2001 年 6 月）一書簡稱為《馬》，其後不另在註釋中一一敘明。

41 此形引自李瑤：《《居延舊簡》文字編》，頁868。

六　釋 〔犫〕（二 457）

此形，凡 1 見，《二年律令與奏讞書—張家山二四七號漢墓出土法律文獻釋讀》一書運用紅外線成像技術，此形圖版作 （頁 48），張守中先生摹作 （頁 24）。整理小組隸定作「犫」，見於《二年律令‧秩律》簡 457：「陽安、魯陽、朗陵、犫（犫）、酸棗。」（頁 74）整理小組注云：「犫，屬南陽郡。」（頁 76）《漢書‧卷一‧高帝紀上》：「六月，與南陽守齮戰犫東，破之。」顏師古注曰：「犫，縣名。」（卷一‧頁 11 上）《漢書‧何武王嘉師丹傳》：「哀帝初即位，褒賞大臣，更以南陽犫之博望鄉為氾鄉侯國，增邑千戶。」（卷八六‧頁 3 下）《二年律令‧秩律》列舉許多郡名，「犫」即為其中之一。

整理小組將此形隸定為「犫」，嚴格隸定實應隸作「犫」。《說文》未收「犫」，但有「犫」字。《說文‧牛部》：「，牛息聲。从牛，雔聲。一曰牛名。」（卷二上‧頁 28）大徐本《說文》作「犨」，段注本作「犫」，注云：

> 按今本皆作犨、雔聲；而《經典釋文》、唐石經作犫。《玉篇》、《廣韵》皆作犫，云犨同。《五經文字》且云「犫作犨，訛。」葢唐以前所據《說文》無不从言者。凡形聲多兼會意，讎从言，故牛息聲之字从之。鍇、鉉本皆誤也，今正。[42]

《說文》有「讎」字，《說文‧言部》：「，猶譍也。从言，雔聲。」（卷

---

[42]〔清〕段玉裁：《說文解字注》（臺北：漢京文化事業有限公司，1983 年，《經韵樓藏版》），卷 2 上，頁 7 下。

三上‧頁 69）段玉裁指出唐以前《說文》「犓」本應从言作「讋」，並指出凡形聲多兼會意，讎从言，故牛息聲之字从之。按：此說可從，「讋」字从言確實更能符合牛息聲此義的構形。戰國晚期秦文字有一「犓」字作 （珍金 136-138.廿一年音或戈《秦》），此為筆者檢視目前出土文獻所見最早的「犓」字，此形雖模糊，但仍可判斷「牛」上所从為「讎」非「雔」，為《說文》「犓」本應从言作「讋」提供了參考的佐證。秦簡未見「讋」和「犓」，張家山漢簡見「犓」，未見「讋」，《馬王堆漢墓》亦見「犓」作 （五 317 《馬》），未見「讋」，亦可為《說文》「犓」本應从言作「讋」增加可信度。

　　《龍龕手鑑》：「犓，或作犓。」（卷一‧頁 39 下）《大廣益會玉篇‧牛部》：「犓，尺由切。牛息聲，又牛名又出也。犓，同上。」（篇下‧頁 25 上）《字彙‧牛部》：「犓，同犓。」（巳集‧頁 76 下）[43]《正字通‧牛部》：「犓，俗犓字。」（巳集下‧頁 15 下）其中《正字通》以从言之「讋」為「犓」之俗體，據上述所引之出土文獻，此說有可商之處。

七　釋 〔䭫〕（二 249）

　　此形，張守中先生摹作 （頁 268），凡 1 見，見於《二年律令‧田律》簡 249：

　　　禁諸民吏徒隸，春夏毋敢伐材木山林，及進（壅）隄水泉，燔草為灰，

43　由於本文多次徵引〔明〕梅膺祚：《字彙》（上海：上海古籍出版社，1995 年，《續修四庫全書》經部第 232 冊）一書，為行文方便，直接在引文之後用括號標示卷數、頁碼，其後不另在註釋中一一敘明。

取產麛（麛）卵㲉（㲉）；毋殺其繩重者，毋毒魚。（頁 42-43）

整理小組注云：「麛，即『麛』，幼鹿，此處泛指幼獸。㲉，《說文》：『生而須母哺者曰㲉。』」（頁 43）《說文》未收「麛」，有「麛」字，《說文‧鹿部》：「麛，鹿子也。从鹿，弭聲。」（卷一〇上‧頁 326）檢視歷代字書，「麛」字異體作麑、麛、麛、麛、麛等形，未見作「麛」。如《龍龕手鑑》：「麑、麛、麛，三俗，麛，正。」（卷三‧頁 57 下）《類篇‧鹿部》：「麛、麛、麛，緜批切。《說文》：『鹿子也。』或从弥、从嵩。」（卷一〇上‧頁 13 上）《正字通‧鹿部》：「麛，俗麛字。」（亥集下‧頁 10 上）又「麛，俗麛字。」（亥集下‧頁 13 下）

檢視出土文獻，《睡虎地秦簡‧秦律十八種》簡 4、簡 5：

春二月，毋敢伐材木山林及雍（壅）隄水。不夏月，毋敢夜草為灰，取生荔、麛▇（卵）㲉，毋□□□□□□〔四〕毒魚鱉，置穽罔（網），到七月而縱之。唯不幸死而伐綰（棺）享（槨）者，是不用時。邑之紤（近）皂及它禁苑者，麛〔五〕時毋翟將犬以之田。[44]

上述《二年律令‧田律》簡 249 可與此簡文內容相對照，釋文中「麛」字二見，分別作▇、▇[45]，原圖版字形模糊不清，張守中先生摹作▇[46]、方勇先生摹作▇（《秦簡》）。戰國璽印和漢初《馬王堆帛書》可見「麛」

---

[44] 睡虎地秦墓竹簡整理小組：《睡虎地秦墓竹簡》（北京：文物出版社，1990 年），釋文頁 20。

[45] 睡虎地秦墓竹簡整理小組：《睡虎地秦墓竹簡》，圖版頁 15。

[46] 此形引自張守中：《睡虎地秦簡文字編》，頁 155。

字作 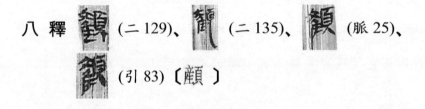（晉.璽彙 3373《戰》）、 （縱橫家書 318），和張家山漢簡相較，除了將聲符「弭」省略其偏旁，「鹿」形亦省。

《說文》有「弭」字，《說文・弓部》：「，弓無緣可以解轡紛者。從弓，耳聲。」（卷一二下・頁 427）張家山漢簡「麛」字作「麛」，考「麛」字古音屬（明／支）、「弭」古音屬（明／支）、「耳」字古音屬（日／之），「麛」字以「弭」為聲符，「弭」和「麛」聲韻俱同，可以有效明確地標音；至於「麛」和「耳」即使韻部十分相近（「支」、「之」旁轉疊韻），但「明」紐和「日」僅同屬鼻音，為鄰紐雙聲，但和「弭」字相較，畢竟和「麛」字聲音相隔較遠。林清源先生曾指出音符是形聲字的必要條件，若不是有特殊條件的制約，通常不可省略。[48]蘇建洲先生進而補充說明文字的發展當以省簡聲符的偏旁為多，完全省略聲符相當罕見。[49]張家山漢簡「麛」字省略聲符「弭」的偏旁，實由於聲符「弭」本身也是形聲字，因而發生省略；保留了原聲符「弭」所從之聲旁「耳」，但省去了義符。

八 釋 （二 129）、 （二 135）、 （脈 25）、
（引 83）〔顓〕

此字，凡 10 見，整理小組隸定為「顓」，分別作 （二 122）、 二 129、 （二 135）、 （奏 15）、 （脈 17）、 （脈 23）、 （脈 24）、

---

[47] 此形引自徐中舒主編、漢語大字典字形組編：《秦漢魏晉篆隸字形表》（成都：四川辭書出版社，1985 年 8 月），頁 691。

[48] 林清源：《楚文字構形研究》，頁 42。

[49] 蘇建洲：《戰國燕系文字研究》，頁 27。

[字形]（脈 25）、[字形]（引 83）、[字形]（引 97）。釋文如下：

　　《二年律令‧具律》簡 122：「奴婢有刑城旦舂以下至䙴（遷）、耐罪，黥顑（顏）頯畀主。」（頁 25）《二年律令‧告律》簡 129：「司寇、䙴（遷）及黥顑（顏）頯罪贖耐，贖耐罪罰金四兩。」（頁 26）《二年律令‧告律》簡 135：「奴婢自訟不審，斬奴左止（趾），黥婢顑（顏）頯，畀其主。」（頁 27）《奏讞書》簡 15：「黥媚顑（顏）頯。」（頁 92）整理小組注：「顏，額中央。頯，顴部。」（頁 92）《脈書》簡 17：「上頭角，下顑（顏），夾覞（頞），轂（繫）目內廉。」（頁 118）《脈書》簡 23、簡 24：「上穿乳，穿頰，出目外廉，環。是勭（動）則病：洒洒病〔二三〕塞（寒），喜信（伸），數吹（欠），顑（顏）墨，病種（腫），至則惡人與火。」（頁 120）《脈書》簡 25：「其所產病：顑（顏）痛，鼻肌（衄），領（頷）疢，乳痛。」（頁 120）《脈書》簡 83：「其病甚，令人騎其北（背），無（撫）顑（顏），舉頤而卬（仰）之。」（頁 182）《脈書》簡 97：「苦頯（？）及顑（顏）痛，漬以寒水。」（頁 184）

　　通讀簡文文例，上述整理小組隸定為「顑」之字形，實為「顏」字，作為臉部或額頭之意。上述十個字形其中字形較為清晰者，如[字形]（二 129）、[字形]（二 135）、[字形]（脈 25）、[字形]（引 83），筆者據以下兩點理由，認為此十個字形實應隸定作「顑」。[50]第一點考量：張家山漢簡「產」字作[字形]（二 49）、[字形]（脈 25）、[字形]（算 86）、[字形]（引 1）、[字形]（引 33），「產」字下半部作「[字形]」或「[字形]」，和上述十個字形左下角的構形作「[字形]」或「[字形]」，並不十分相合，一上端為「[字形]」形，一上端為「[字形]」形，又「[字形]」和「[字形]」的構形確實存有較大差異。第二點考量：筆者檢視上述十個字形

──────────

[50] 張守中先生亦隸定作「[字形]」。見張守中：《張家山漢簡文字編》，頁 249。

左下之構形和張家山漢簡的「隹」形相合。張家山漢簡未見單字「隹」，從之「隹」之字，其構形有二：一作「隹」形，如「離」字作 （二 104）、「雇」字作 （引 64）；二作「隹」形，如「雅」字作 （奏 218）、「雇」字作 （引 64）。上述整理小組隸定為「顧」的字形，其左下角之構形確實亦存有二種類型，分別作 、，和張家山漢簡的「隹」形相合。據以上兩點考量，整理小組隸定為「顧」的字形，左下所從實為「隹」形而非「厓」形，應隸定作「顔」為是。

西周金文「顔」字從面、彥聲[51]作 （周中.九年衛鼎《新金》），新蔡葛陵楚簡加「彡」為飾筆作 [52]（甲三 203），滕王生先生摹作 （《楚》），睡虎地秦簡加「二」為飾筆作 （答 74）。《說文》有「顔」字，《說文·頁部》：「顔，眉目之間也。從頁，彥聲。顔，籀文。」（卷九上·頁 291）漢初《馬王堆帛書》「顔」字作 （陽乙 005《馬》）、（五 190《馬》）。張家山漢簡「顔」字作 （二 129）、（二 135）、（脈 25）、（引 83），實為特殊寫法。檢視張家山漢簡「顧」字作 、（奏 200）、（脈 27）、（蓋 41），筆者認為「顔」字左下角之「厓」或「彥」形可能受到「顧」字的影響，類化成「隹」形。此類化現象，如林澐先生所言「只要在局部形體上有某方面雷同，往往便在字形演變上相互影響而採取類似的方式變化字形。」[53]若再細而分之，此為劉釗先生所言「受同一系統

---

51 《金文形義通解》：「金文『顔』字從面、彥聲。義符面，作 ，在 （人首形）前作 形，即表人之面，如在 （人目形）上作 形，以表人之眉也。小篆『面』字作 ， 即金文 形之迴曲延長。聲符『彥』見於金文『彥』、『彥』、『彥』諸字。劉釗謂『顔』『面』同源，『顔』乃『面』追加聲符『彥』而成。」見張世超、孫凌安、金國泰、馬如森：《金文形義通解》（京都：中文出版社，1996 年 3 月），頁 2203-2204。

52 此形引自河南省文物考古研究所：《新蔡葛陵楚墓》（鄭州：大象出版社，2003 年 10 月），圖版九九。

53 林澐：〈釋古璽中從束的兩個字〉，《古文字研究（第 19 輯）》（北京：中華書局，1992 年

內其他文字影響而發生的類化。」[54]

九 釋 〔㲅〕(二 258)

此形，整理小組隸定為「㲅」，張守中先生摹作（頁 346），凡 1 見，見於《二年律令‧市律》簡 258：

> 販賣繒布幅不盈二尺二寸者，没入之。能捕告者，以畀之。絺綌、縞
> 繙、繢緣、朱纊、㲅（罽）、繻〔二五八〕布、毇（穀）、荃葦，不用
> 此律。〔二五九〕（頁 44）

此形首見於張家山漢簡，未見於先秦出土文獻和歷代字書。上述二簡是記載販賣相關布料的規定，通讀文意，「㲅」確實為毛織品之類的布料。整理小組注云：「罽，毳布。」（頁 44）《說文》有「罽」字，釋義為魚網，和整理小組注文不同，可商。《說文‧网部》：「，魚网也。从网，剧聲。剧，籀文銳。」（卷七下‧頁 250）筆者發現《爾雅》所載之「罽」字另有一義，為毛類織品。《爾雅‧釋言》：「氂，罽也。」郭璞注：「毛氂所以為罽。」邢

---

8 月），頁 468。

54 劉釗先生將「類化」現象區分為「文字形體自身的類化」和「受同一系統內其他文字影響而發生的類化」。云：「所謂文字形體自身的『類化』，是指在一個文字形體中，改變一部分構形以『趨同』於另一部分構形的現象。……受同一系統內其他文字影響發生的類化，是指同一系統文字中相近形體之間的『趨同』現象。這種『趨同』經常帶有一定的規律性。」參劉釗：《古文字構形學》（福州：福建人民出版社，2006 年 1 月），頁 95-100。

昺疏：「罽者，織毛為之，若今之毛氍毹。」[55]曾榮汾先生謂「罽」亦可為「氈類織物」。[56]

據《說文》所載，「罽」為魚網，「縼」和「罽」應是不同的兩個字，並非一字之異體。據《爾雅》，「縼」和「罽」有可能是異體關係，趙久湘認為「縼」很可能是「罽」字的俗寫異體，先將聲符「剡」去掉「厂」旁，再將「刀」旁換成「糸」旁，並將「糸」旁移到「炎」旁左邊。[57]筆者考量若「縼」為「罽」之異體，構形發生了省略聲符、偏旁替換及方為移動三種變異，似乎過於繁複；且「刀」旁和「糸」旁意義並不相近，筆者認為此種可能性較低。

由於《說文》另有「繡」字，《說文·糸部》：「繡，西胡毳布也。从糸，罽聲。」（卷一三上·頁 439）段注：「亦叚罽為之。从糸、罽聲。」[58]如段玉裁所言，筆者認為《爾雅》說解之「罽」和傳世文獻如《漢書·卷六五·東方朔傳》：「木土衣綺繡、狗馬被繢罽；宮人簪瑇瑁、垂珠璣。」[59]之「罽」很可能是「繡」之借字。《說文》釋「繡」字為毳布，和上述簡文文意相合，筆者認為張家山漢簡「縼」字為「繡」字之異體的可能性較高，「縼」應為「繡」字將聲符「罽」省略偏旁而來，由於「繡」字的聲符「罽」本身也是形聲字，因而發生省略。「繡」字古音屬（見／月）、「炎」古音屬（匣／談），「見」、「匣」二紐發音部位同屬牙音，旁紐雙聲；「月」、「談」二部主要元

---

[55] 〔晉〕郭璞注、〔宋〕邢昺疏：《十三經注疏·爾雅》(臺北：藝文印書館，1997 年，《重栞宋本爾雅》)，卷 3，頁 9 上

[56] 見《教育部異體字字典》，http://dict.variants.moe.edu.tw/yitib/frb/frb03528.htm（2017 年 7 月 26 日）。

[57] 詳參趙久湘：《張家山漢簡異體字研究》（重慶：西南大學碩士學位論文，2008 年 5 月），頁 45-46。

[58] 〔清〕段玉裁：《說文解字注》，卷 13 上，頁 662。

[59] 〔唐〕顏師古注：「繢，五綵也。罽，織毛也，即氍毹之屬。」（卷六五·頁 13 上）。

音相同，通轉疊韻。據筆者檢視，雖未見「月」、「談」二部通假之例，但可見「月」、「元」二部通假的現象，亦見「見」、「匣」二紐通假之例。[60]可見「燅」字保留了一級聲符「炎」，仍具有表音作用。

十 釋 〔筹〕（二52）

此形，《二年律令與奏讞書—張家山二四七號漢墓出土法律文獻釋讀》一書運用紅外線成像技術，圖版作 （頁8），張守中先生摹作 （頁128）。整理小組隸定為「筹」，認為是「符」字之訛，凡1見，見於《二年律令·賊律》簡52：

> 亡書，筹〈符〉券，入門衛〈衛〉木久，寨（塞）門、城門之蘥（鑰），罰金各二兩。（頁15）

劉樂賢先生從包山楚簡出現作為司法文書用的「等」字認為此形可能不是「符」字之誤，應是「等」字的異體，是指司法文書，與簡文中的「書」性質相類；並指出簡文中的「等」、「券」二字應該分開斷讀，簡文中的律文規定遺失後將罰金各二兩的東西是「書」、「等」、「券」、「久」、「鑰」。[61]

筆者據以下三點理由，認為此形仍應釋為「符」字較為妥適。第一點考

---

[60] 枚乘《七發》：「朝則鸝黃鴇鸝鳴焉。」鴇鸝，即鶺旦，「鴇」通「鶺」。「鴇」，見母、元部；「鶺」，匣母、月部。「見、匣」旁紐雙聲，「元、月」陽入對轉疊韻，屬音近通假。參張桁、許孟麟：《通假大字典》（哈爾濱：黑龍江人民出版社，1993年4月），頁888。

[61] 詳參劉樂賢：〈讀包山楚簡札記〉，《第四屆國際中國古文字學研討會論文集》（香港：香港中文大學中國語言及文學系，2003年10月），頁212。

量：就其他出土材料的文例而言，有秦簡和居延漢簡作為印證。《睡虎地秦簡・法律答問》簡 146：「亡久書、符券、公璽、衡羸（纍），已坐以論，後自得所亡，論當除不當？不當。」[62]簡文中的「符券」之「符」作 ，[63]構形從竹、付聲。《居延漢簡》簡 65：「始元七年閏月甲辰，居延與金關為出入六寸符券，齒百，從第一至千。」[64]亦可見「符券」一詞。第二點考量：雖劉樂賢先生認為此形應為「等」字之異體，指司法文書，但劉先生亦曾言「書」和「等」的區別，尚待進一步確認，[65]如此一來，筆者認為通讀簡文恐有疑慮；若此形為釋為「符」字，符信之意，和簡文一開頭的「書」字相較，整理小組注：「書，文書。」二者有明顯區別，分別為不同類之遺失物，可通讀文意。第三點考量：張家山漢簡已見「符」、「等」二字，據郝慧芳統計，張家山漢簡「符」字共出現 14 次，分別作為「符節」和「人名」；「等」字則出現 46 次，分別作為「相同」、「等級」、「人名」、「助詞（表示列舉未盡）」之用。[66]可知張家山漢簡的「符」字確實有作為符信之用，但「等」字則未見司法文書之用例。

據上述三點考量，筆者認為此形釋為「符」字應較釋為「等」字合理。若此說不誤，「筹」應看作「符」之訛誤字或是異體字呢？《說文・竹部》：「符，信也。漢制以竹，長六寸，分而相合。從竹，付聲。」（卷五上・頁 142）由於「符」字古音屬（並／侯）、「待」古音屬（禪／之），雖然韻部相

---

[62] 睡虎地秦墓竹簡整理小組：《睡虎地秦墓竹簡》，釋文頁 127。
[63] 睡虎地秦墓竹簡整理小組：《睡虎地秦墓竹簡》，圖版頁 61。
[64] 謝桂華、李均明、朱國炤：《居延漢簡釋文合校》（北京：文物出版社，1987 年 1 月），頁 113。
[65] 劉樂賢：〈讀包山楚簡札記〉，《第四屆國際中國古文字學研討會論文集》，頁 213。
[66] 「符」、「等」二字分別見於郝慧芳：《張家山漢簡語詞通釋》（上海：華東師範大學博士論文，2008 年 4 月），頁 151、頁 113。

近，但聲紐並不相近，故排除書手有意識將「符」的聲符「付」替換為「待」的可能性。若就繁化現象考量，雖然古文字習見繁加無義的「土」形之例，如「臧」字作 ![臧](包2.225《楚》)、亦作 ![臧](包2.177《楚》)，但秦簡及張家山漢簡均未見繁加無義的「土」旁，[67]且「符」字僅見於張家山漢簡，未見於《說文》和歷代字書，屬於個別現象，不具規律性和習慣性。基於上述種種考量，筆者認為「符」字很有可能是書寫者無意間一時的筆誤；不過，由於缺乏其他例證，故不能完全排除「符」字是書手有意識繁加無義「土」形的可能性。

十一 釋 （二 298）、　（算 88）、　（算 90）〔釋〕

此三形，張守中先生分別摹作 、 、 （頁 197），整理小組隸定為「釋」。《二年律令與奏讞書—張家山二四七號漢墓出土法律文獻釋讀》一書運用紅外線成像技術，《二年律令》簡 298 圖版作 （頁 32）。「釋」此字凡 3 見，見於《二年律令‧賜律》簡 298：

　　二千石吏食釋（釋）、粲、稬（糯）各一盛，醯、醬各二升，介（芥）
　　一升。（頁 50）

---

[67] 秦文字增繁無異義的偏旁有「女」形、「腳趾」形、「攵」形、「𡕣」形、「木」形、「口」形等，未見繁加無義的「土」形。詳參李蘇和：《秦文字構形研究》（上海：復旦大學博士論文，2014 年 5 月），頁 110。

亦見於《算數書》簡88:「禾黍一石為粟十六斗泰（大）半斗，舂之為糲米一石，糲米一石為毇米九斗，毇米【九】斗為毇（毇）米八斗。（頁144）《算數書》簡90:「麥、菽、荅、麻十五斗一石，稟毇（毇）𥻈〈𥻈〉者，以十斗為一石。」（頁144）《說文》有「毇」無「𥻈」，《說文‧毇部》:「𪎭，糲米一斛舂為九斗曰毇也。从毇、𦬸聲。」（卷七上‧頁234）通讀上述三簡，簡文中的「𥻈」字意指舂過的精米，同《說文》「毇」字。《正字通‧米部》:「𥻈，俗毇字。」（未集上‧頁56下）趙久湘認為「𥻈」當是「毇」的訛寫異體，左上角的「臼」訛作「齒」可能是由於形近造成的;[68]黃文杰進而指出「𥻈」可看作「毇」改換示音構件「臼」為「齒」的異構字。[69]考「毇」字古音屬（從／鐸）、「齒」古音屬（昌／之），「昌」、「從」二紐同屬舌齒音，鄰紐雙聲;「鐸」、「之」二部旁對轉。據筆者檢視，雖未見「昌」、「從」二紐通假之例，但可見同屬舌齒音通假的現象，[70]亦見「鐸」、「之」二部通假之例，[71]因此筆者認為「臼」寫作「齒」，除了可能是單純的形近寫訛，亦不能完全排除「齒」為「𥻈（毇）」字聲符的可能性;換言之，即無法忽略由於字形訛混造成聲符改換的現象，[72]將「𥻈（毇）」字的聲符「臼」

---

68 趙久湘:《張家山漢簡異體字研究》，頁32。

69 黃文杰:〈張家山漢簡（247號墓）中的異構字〉，《信陽師範學院學報（哲學社會科學版）》第31卷第3期（2011年5月），頁88。

70 《周禮‧秋官‧赤發氏》:「赤發氏，下士一人，徒二人。」注:「赤發猶言拣撥也。」「赤」，昌母、鐸部;「拣」，清母、鐸部。「昌、清」鄰紐雙聲，「鐸」部疊韻，屬音近通假。參張桁、許孟麟:《通假大字典》，頁750。

71 《釋名‧釋衣服》:「不借，言賤易有，宜各自蓄之，不假借人也。齊人云搏臘;搏臘猶把鮓，粗貌。」畢沅注:「搏臘，猶言不借，聲少異耳。」「搏」，幫母、鐸部;「不」，幫母、之部。幫母雙聲，「鐸、之」旁對轉疊韻，屬音近通假。參張桁、許孟麟:《通假大字典》，頁392。

72 劉釗先生指出改換聲符的原因有可能僅是出於字形訛混的因素，改換聲符時，常常用一個形體與原有聲符形體相近的字來取代舊有的聲符。詳參劉釗:《古文字構形學》，頁87。

改換成與其形體接近並可代表讀音的「齒」。由於張家山漢簡「齾」字，馬王堆帛書有一字形 齾（明419《馬》）與之相近，但後世之文字材料未見，歷代字書也未見；筆者認為「齾」字應是漢初出現的俗寫異體，未能廣泛通行於後世。

十二　釋 𢛳 〔㘴〕（二 31）

此形，張守中先生摹作 𢛳（頁 391），整理小組隸定為「㘴」。此形僅見於《二年律令・賊律》簡 31：「㘴（懷）子而敢與人爭鬥，人雖毆變之，罰為人變者金四兩。」（頁 13）整理小組注云：「變，流產，參看《睡虎地秦墓竹簡・封診式》之《出子》條。」（頁 13）《說文》有「懷」無「㘴」，《說文・心部》：「懷，念思也。从心，褱聲。」（卷一〇下・頁 351）通讀簡文，「㘴」為懷孕之意。

《二年律令與奏讞書──張家山二四七號漢墓出土法律文獻釋讀》一書指出水間大輔先生云：「古人堤漢簡『懷子而……』，當指本條『㘴子而』以下的部分。」（頁 103）可知「懷子」一詞有湖南張家界古人堤遺址出土的東漢簡文可與之對照；至於傳世文獻，亦見「懷子」一詞作為懷孕之意，如《史記・扁鵲倉公列傳・扁鵲》：「菑川王美人懷子而不乳，來召臣意。」[73] 郝慧芳《張家山漢簡語詞通釋》指出《漢語大辭典》（7-786）「懷子」此一詞條的例證《論衡・奇怪》：「毋之懷子，猶土之育物也。」時代稍晚，張家

---

[73] 〔西漢〕司馬遷撰：《史記》（臺北：臺灣商務印書館，2010 年，《百衲本二十四史》影印《南宋黃善夫刻本》），卷 105，頁 17 上。

山漢簡「孃子」一詞的例證可作一補充。[74]

　　先秦出土文獻和歷代字書未見「孃」字，張家山漢簡「懷子」之「懷」作「孃」，趙久湘認為「孃」當是「懷」的俗寫異體，書寫者可能認為懷孕與生子有關，故將意符更換為「子」旁；[75]黃文杰則認為「孃」不從心而從子，是因為受下文「子」字的影響而形成類化的，「孃」乃「懷」改換表義構件的異體字。[76]筆者考量「心」旁和「子」旁形義並不相近，非屬於偏旁的義近替代和形近訛混的現象，雖出土文獻屢見意義並不相關的偏旁發生替代；但由於出土文獻未見「心」旁和「子」旁替換之例，且張家山漢簡此簡「孃子」一詞連文，因此筆者認為此簡「懷」作「孃」，確實很有可能是「懷」字受下文「子」字的影響而將「心」旁更換為「子」旁，是一種「隨文類化」或稱之為「受上下文影響的類化」現象，黃文杰先生的說法可從；但上述趙久湘先生的意見仍有其合理性，可備一說。關於因「隨文類化」而更換偏旁的例子，例如曾侯乙墓出土之《𤃡戈》銘文作：「𤃡乍𢍏戈。」黃錫全先生指出「𢍏」當是「拱」字異體。[77]黃文杰先生同意黃說，並提出「拱」寫作「𢍏」，下從戈，是因為受上文「戈」字的影響而類化。[78]

十三　釋 █𦩻█ （二 288）、█𦩻█ （二 288）〔殔〕

　　此二形，張守中先生分別摹作 𦩻、𦩻 （頁 107），整理小組隸定為

---

74 參郝慧芳：《張家山漢簡語詞通釋》，頁 627。

75 趙久湘：《張家山漢簡異體字研究》，頁 44。

76 黃文杰：〈張家山漢簡（247 號墓）中的異構字〉，頁 87。

77 黃錫全：《湖北出土商周文字輯證》（武昌：武漢大學出版社，1992 年 10 月），頁 98。

78 黃文杰：〈戰國文字中的類化現象〉，頁 452。

「𣨛」。《二年律令與奏讞書—張家山二四七號漢墓出土法律文獻釋讀》一書運用紅外線成像技術作████、████（頁31），據張家山漢簡「死」字作████（二21），所从之「歹」確實和此二形左旁有相合之處。此字凡2見，見於《二年律令‧賜律》簡288：

一室二𣨛在堂，縣官給一棺；三𣨛在當（堂），給二棺。（頁48）

整理小組注：「𣨛，陳尸，見《儀禮‧士喪禮》疏。」（頁48）《說文》未收「𣨛」字，但見於先秦兩漢傳世文獻，指「埋棺之坎、埋棺處」，如《儀禮‧士喪禮》：「掘𣨛見衽。」鄭玄注：「𣨛，埋棺之坎者也。」[79]或表示把棺暫埋地中，待日後安葬，如《呂氏春秋‧先識覽‧先識》：「威公薨，𣨛，九月不得葬，周乃分為二。」[80]「𣨛」字亦見於傳世字書，如《釋名‧釋喪制》：「假葬於道側曰𣨛，𣨛，翳也。」[81]《大廣益會玉篇‧歹部》：「𣨛，思利切。埋棺坎下也。瘞也。亦假葬於道側曰𣨛。」（篇中‧頁11上）

《說文》未收「𣨛」字，但有「𣨛」字。《說文‧歹部》：「𣨛，瘞也。从歹，隶聲。」（卷四下‧頁127）段注：「土部曰：『瘞，幽薶也。』《士喪禮》：『掘𣨛』注曰：『𣨛，埋棺之坎也。』棺在𣨛中斂屍焉，所謂殯也。𣨛者所以殯，故其字次於殯。」[82]「𣨛」字亦見於傳世字書，如《大廣益會玉篇‧歹部》：「𣨛，羊至切。《說文》：『瘞也。』」（篇中‧頁11上）《類篇‧

79　〔東漢〕鄭元注、〔唐〕賈公彥疏：《十三經注疏‧儀禮》（臺北：藝文印書館，1997年，《重栞宋本儀禮》），卷37，頁2上。

80　〔東漢〕高誘注：《呂氏春秋》（上海：上海書店，1989年，《四部叢刊初編》影印《上海涵芬樓藏明刊本》），卷16，頁3上。

81　〔東漢〕劉熙：《釋名》，卷8，頁7上。

82　〔清〕段玉裁：《說文解字注》，卷4下，頁11下。

歺部》:「夛、𣨤，羊至切。《說文》:『瘗也。』或作𣨤。夛又息例切，埋棺坎。」（卷四中·頁29下）

承上，筆者根據四點理由推測「夛」、「𣨤」可能本為一字，《說文》「𣨤」字的篆文可能是「夛」字的訛形。其一：雖然《儀禮·士喪禮》「夛」字為「埋棺之坎」，《說文》釋「𣨤」為埋葬，二字詞性不同亦非完全同義；但考量許慎撰寫《說文》之動機為正本清源，正篆之下只列許慎認為之造字本義，通常不羅列其他引申義等相關義項。其二：檢視《說文》「𣨤」字篆文的構形，先秦出土文獻未見，「夛」字則始見於漢初張家山漢簡，且先秦傳世典籍，如上述的《儀禮》和《呂氏春秋》皆出現「夛」字，但未見《說文》的「𣨤」字。其三：張家山漢簡「聿」、「隶」二旁不相混，如「筆」字作 、「律」字作 、、「隸」字作 、、，張家山漢簡此二形的右旁確實從「聿」不從「隶」。其四：亦不可忽略張家山漢簡處於篆隸轉變的古隸階段，古隸往往保留著比小篆更為原始的古文字字形。[83]綜上所述，筆者疑《說文》「𣨤」字的篆文可能是「夛」字的訛形；不過，此可能非《說文》原書之訛，而是歷經後人輾轉傳抄所造成的訛形。為求謹慎，由於目前未有漢初以前的字形可供比對，筆者認為仍有待出土「夛」、「𣨤」相關的古文字資料才得以作出更為準確客觀的判斷。

---

83 詳參趙平安:〈从失字的釋讀談到商代的佚侯〉，《新出簡帛與古文字古文獻研究》（北京：商務印書館，2009年12月），頁58-59。

十四 釋 （二 145）、（二 204）〔免〕

據郝慧芳《張家山漢簡語詞通釋》統計，張家山漢簡「免」字共出現 33 次，[84]作為「罷免、免職」義，如《二年律令·捕律》簡 145：「一歲中盜賊發而令、丞、尉所（？）不覺智（知）三發以上，皆為不勝任，免之。」（頁 28）作為「免除、去除」義，如《二年律令·錢律》簡 204：「捕一人，免除死罪一人。」（頁 36）「免」為「冕」的本字，象人頭上戴帽子或冠冕之形。[85]古「免」字从大（人）、上象帽子或冠冕之形作 （合 33069《新甲》）、（商.免瓶《新金》）、（商.周免爵《新金》）、（周中.免簋《新金》）、（周中.周免旁尊《新金》）、（周晚.史免匜《新金》）。楚文字作 （郭.性 25《楚》），秦文字作 （睡.效 18《秦》）、（睡.封 38《秦》）。

商周甲金文「免」字作人名、姓氏，戰國文字或通假為「勉」，如《郭店楚簡·性自命出》簡 25、簡 26：「（觀）卲（詔）（夏），則免（勉）女（如）也〔二五〕斯僉（儉）。」[86]或作「罷免、免職」義，如《睡虎地秦簡·效律》簡 18：「縣令免，新嗇夫自效殹（也），故嗇夫及丞皆不得除。』」[87]「縣令免」為縣令免職；或作「免除、解除」義，如《睡虎地秦簡·封診式》簡 38：「訊丙，辭曰：『甲臣，誠悍，不聽甲。甲未賞（嘗）身免丙。』」[88]「免丙」為解除丙的奴隸身分。

---

[84] 郝慧芳：《張家山漢簡語詞通釋》，頁 302。

[85] 《新金文編》「冕」字形下云：「象人著冕之形，即免字，从冃者乃其後起繁化字。」昂董蓮池編著：《新金文編》（北京：作家出版社，2011 年 10 月），頁 1048。

[86] 荊門市博物館：《郭店楚墓竹簡》（北京：文物出版社，1998 年），頁 180。

[87] 睡虎地秦墓竹簡整理小組：《睡虎地秦墓竹簡》，釋文頁 72。

[88] 睡虎地秦墓竹簡整理小組：《睡虎地秦墓竹簡》，釋文頁 154。

《說文》未收「免」字，但有「冕」字。《說文‧冃部》：「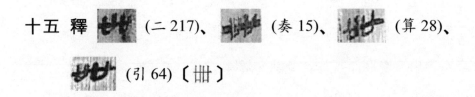，大夫以上冠也，邍延垂塗紞纊。从冃，免聲。古者黃帝初作冕。絻，冕或从糸。」（卷七下‧頁 249）段玉裁增「免」字於「兔」部，不確。[89]「免」、「冕」二字均見於《玉篇》、《類篇》、《集韻》、《字彙》、《正字通》、《康熙字典》等歷代字書，如《大廣益會玉篇‧儿部》：「免，靡蹇切。去也、止也、脫也。」（篇上‧頁30上）又「冃」部：「冕，靡璉切。冠冕也。」（篇中‧頁48上）《正字通‧儿部》：「免，彌演切，音勉。《增韻》：『事不相及也』又脫也、釋也。」（子集下‧頁8下）又「冂」部：「冕，彌演切，音免。《說文》：『大夫以上冠也。』」（子集下‧頁25上）

綜上，「免」的本形本義為人頭上戴帽子之形，後假借「免」字作為「罷免、免職」、「免除、去除」和「避免」之用，於是加注義符「冃」分化出「冕」字，用來表示「人著冠冕」或「冠冕」之本義；當分化字「冕」字出現後，初文「免」只用來表示「免職」、「免除」等假借義，不再表示本義。

十五 釋 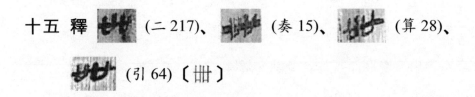（二 217）、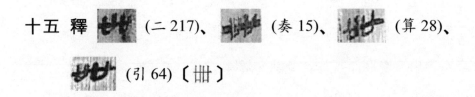（奏 15）、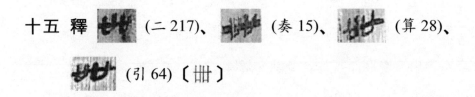（算 28）、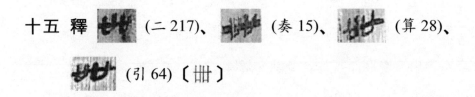（引 64）〔卌〕

據郝慧芳《張家山漢簡語詞通釋》統計，張家山漢簡「卌」字共出現 39 次，作為數詞「四十」。[90]分別見於《二年律令》、《奏讞書》、《算數書》和《引書》，如《二年律令‧置吏律》簡 217：「吏及宦皇帝者、中從騎，歲

---

[89] 詳參季師旭昇先生：《說文新證（下冊）》（臺北：藝文印書館，2004 年 11 月），頁 9-10。
[90] 郝慧芳：《張家山漢簡語詞通釋》，頁461。

予告六十日；它內官，卅日。」（頁38）《奏讞書》簡15：「年卌歲，得皆審。」（頁92）《算數書》簡28：「餘金二朱（銖）六十三分朱（銖）卌四。」（頁135）《引書》簡64：「虎雇（顧）卌，復炎（淡）臥如前，卅而休。」（頁180）

　　吳振武先生指出古文字中的合文往往可以不加合文符號「＝」，其中甲骨文不用合文符號，可知當時並未發明合文符號。[91]筆者檢視甲骨文的數字「二十」作 （合21249《新甲》）、 （合34122《新甲》），「三十」作 （合321《新甲》）、 （合30681《新甲》），「四十」作 （花東113《新甲》）、 （屯636《新甲》），確實未見合文符號。

　　關於「二十」、「三十」和「四十」的合文，湯餘惠先生認為春秋末期以前的合文並不用「＝」來表示，晚周合文則是加不加合文符號「＝」間作，到了秦漢之際始轉化為一音的單字。[92]按：此說可從。檢視戰國楚系的數字「二十」作 （九56.4《楚》），或加合文符號作 （戰晚.曾姬無卹壺《新金》）、 （信2.012《楚》）；秦文字作 （秦陶493《秦》）、 （龍簡98《秦簡》），未見加合文符號。戰國楚系的數字「三十」作 （郭.唐虞26《戰》），或加合文符號作 （包2.117《楚》）；晉系文字亦見加合文符號作 （戰.晉.籌鼎《戰》）；秦文字則未見加合文符號，作 （秦陶500《秦》）、 （睡.律143《秦簡》）。戰國楚系的數字「四十」加合文符號作 （包牘1《楚》）、 （信2.06《楚》）；晉系文字作 （兆域圖《中

91　吳振武：〈古文字中的借筆字〉，《古文字研究》第20輯（北京：中華書局，2000年3月），頁315。

92　湯餘惠：〈略論戰國文字形體研究中的幾個問題〉，《古文字研究》第15輯（北京：中華書局，1986年6月），頁25。

山》[93]）、（圓足布.貨系 2405《貨幣》），或加合文符號作（圓壺《中山》）；秦文字作（秦陶 515《秦》）、（睡.律 94《秦簡》），則未見加合文符號。張家山漢簡的數字「二十」作（算 30）、「三十」作（引 8）和「四十」作（二 217），均未見加合文符號。晚於張家山漢簡的居延新簡「卌」字作（E.P.T58《居新》[94]），亦作（E.P.T53《居新》）、（E.P.T51：82A《居新》），橫畫可見明顯波磔。

《說文》有收錄表示二十的「廿」字、三十的「卅」字，但未見表示四十的「卌（冊）」字。《說文・十部》：「，二十并也。古文省。」（卷三上・頁 68）《說文・卅部》：「，三十并也。古文省。」（卷三上・頁 68）至於歷代字書可見表示四十的「卌（冊）」字，如《大廣益會玉篇・卅部》：「冊，先入切。四十也。」（篇下・頁 74 上）《集韻・入聲・緝韻》：「冊，四十也。」[95]《類篇・卉部》：「冊，息入切。四十也。」（卷三上・頁 5 下）

綜上，《說文》將「廿」、「卅」視為單字收錄，照理應不會將「卌」當作合文而未收；又「卌」字見於屢見於先秦出土文獻和歷代字書，張家山漢簡亦出現 39 次，可見「卌」為常用字，卻未見於《說文》，應實屬失收。

---

93 為行文方便，本文將張守中：《中山王𰋀器文字編》（北京：中華書局，1981 年）簡稱為《中山》。

94 為行文方便，本文將白海燕：《居延新簡文字編》（長春：吉林大學博士論文，2014 年 6 月）簡稱為《居新》。

95 〔宋〕丁度：《集韻》（臺北：中華書局：1980 年，《四部備要本》），卷 9，頁 21 下。

第二節　《張家山漢簡·二年律令》所見《說文》未收字反映之文字現象

本文上節以先秦出土文獻、秦文字、歷代字書以及傳世文獻為基礎，將《張家山漢墓·二年律令》所見，但《說文》正篆和重文未收之字進行釋例，從中梳理出以下的文字現象：

(一) 和《說文》所收錄字為「異體（異構）」關係

1 張家山漢簡省簡聲符的偏旁

例如「濮陽」之「濮」省簡聲符作「渼」，他例如「靡」字作「䎛」、「纚」字作「䍦」。

2 《說文》簡省聲符的偏旁

例如《說文》有「犨」，未收「犫」；但張家山漢簡見「犫」，未見「犨」。筆者檢視目前出土文獻所見最早的「犫」字為秦金文作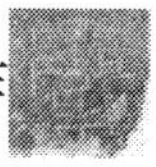，此形雖模糊，但仍可判斷「牛」上所从為「讎」非「雔」。《說文》「犨」字簡省聲符「讎」的「言」旁。

3 張家山漢簡改換聲符

例如「齧」字作「齧」，將「齧（齧）」字的聲符「凿」改換成與其形體接近並可代表讀音的「齒」，是由於字形訛混所造成的改換聲符的現象。

4 張家山漢簡增添義符

例如「釖」字在「刃」字上加注義符「金」，使字義更加清楚明確。

5 張家山漢簡更換義符

例如張家山漢簡《二年律令・賊律》簡 31「懷子」一詞連文，此簡的「懷」作「㝅」，很有可能是「懷」字受下文「子」字的影響而將「心」旁更換為「子」旁，是一種「隨文類化」或稱之為「受上下文影響的類化」現象。

(二) 和《說文》所收錄字為「分化」關係

例如「免—冕」，《說文》未收「免」字，但有「冕」字；張家山漢簡「免」字共出現 33 次，作為「罷免、免職」義。「免」字本為人著帽之形，後假借作為「罷免、免職」、「免除、去除」和「避免」之用，於是加注義符「冃」分化出「冕」字，當分化字「冕」字出現後，母字和分化字各司其職，母字「免」只用來承擔假借義，不再表示本義；分化字「冕」則表示本義。

(三) 類化現象

1 受上下文影響的類化（隨文類化）

例如《二年律令・秩律》簡 448：「慎、䣄、藍田、新野、宜成」其中的「藍」字受到下文「田」字的影響增添了「田」旁，遂作 形（詳參釋〔藍〕）。

2 受同一系統內其他文字影響而發生的類化

例如《說文》「顏」字，張家山漢簡可能可能受到「顧」字的影響，

類化成「顬」形作 （二 129）、（引 83）。

(四) 訛誤現象

張湧泉《敦煌俗字研究》一書云：

> 「誤」字與「俗」字的界限，在於前者是偶然筆誤，後者則是習慣
> 性的寫法。但如果某一誤字在古籍中出現的次數頗為頻繁，或者帶
> 有某種規律性。那這一誤字就可以被看作是俗字。[96]

趙久湘《張家山漢簡異體字研究》一書指出：

> 異體字往往是書寫者有意識地訛寫造成的，而訛誤字往往是書寫者
> 無意中寫錯的；異體字往往不是個人現象，也就是說，不只一個人
> 這樣寫，甚至有的已被社會認可，公開流行，而訛誤字往往具有個
> 人性，不為他人所接受，不具有社會性。[97]

上述兩位學者分別指出「訛誤字」和「俗字」、「異體字」的主要區別在
於「訛誤字」具偶然性和單一的個別性。劉玉環《秦漢簡帛訛字研究》亦曾
明確指出「訛字」的出現導致行文和字形的不可釋性，具偶然性和臨時性，
主要依賴上下文文意來確定與之相對應的正字。[98]綜上所述，本文所謂的「訛

---

[96] 張湧泉：《敦煌俗字研究》（上海：上海教育出版社，2015 年 12 月），頁 347。
[97] 趙久湘：《張家山漢簡異體字研究》，頁 64。
[98] 詳參劉玉環：《秦漢簡帛訛字研究》（北京：中國書籍出版社，2013 年 8 月），頁 128–
130。

誤」現象，是指書寫者無意間寫訛，是書手個人一時的筆誤所造成，不具規律性和習慣性，屬於個別的臨時現象，未能見於他處，往往需倚賴上下文來確定其正字。

例如張家山漢簡通讀為「繁陽」之「繁」作 ![字形]（詳參釋〔繁〕），![字形]形下半部所從為「示」非「糸」，「藥」形未見於其他出土文獻和歷代字書，屬個別的現象。秦簡牘和張家山漢簡，雖未見將「糸」形寫作「示」形之例，但觀察楚系文字「糸」旁常見筆勢簡化作 ![字形]，如「緷」字作 ![字形]（包 2.268《楚》），和「示」旁作 ![字形]，如「社」字作 ![字形]（包 2.138 反《楚》），二者有形近之處，加上張家山漢簡出土於楚之故地，「繁」寫成「藥」，很可能是形近訛誤所致。

又例如《說文》「符」字，張家山漢簡作「等」，由於秦簡及張家山漢簡均未見繁加無義的「土」旁，且「等」字僅見於張家山漢簡，未見於《說文》和歷代字書，具個別性和偶然性，不具規律性；因此筆者推測「等」字很有可能是書手無意間一時將「符」字誤寫所致。不過，由於缺乏其他例證，故不能完全排除「等」字是書手有意識繁加「土」形的可能性。

(五) 存疑待考

例如筆者疑《說文》「殔」字的篆文可能是「殔」字的訛形；不過，為求謹慎，由於目前未有漢初以前的字形可供比對，筆者認為仍有待出土「殔」、「殔」相關的古文字資料才得以作出更為準確客觀的判斷。

第三節 結語

　　本章立基於先秦出土文獻、秦文字、歷代字書以及傳世文獻的基礎上，進行《張家山漢簡‧二年律令》所見《說文》未收字之釋例，從中梳理出異構、分化、類化、訛誤等文字現象；筆者亦將進而剖析《說文》未收錄的可能原因，並探究《張家山漢簡‧二年律令》所見《說文》未收字之價值，總結如下：

(一) 《張家山漢簡‧二年律令》所見《說文》未收字與其他文獻材料參照，可分為以下幾種類型：

1 亦見於漢初出土文獻者，但未見於歷代字書

　　例如「爨」字，張家山漢簡作 ▨〔爨〕（算 90），馬王堆帛書作 ▨（明 419《馬》）與之相近。

2 並見於先秦和漢初出土文獻者，但未見於歷代字書

　　例如張家山漢簡「麠」字作「麕」，檢視歷代字書，「麠」字異體有作 麖、麚、麤、麤、麤，未見作「麕」。戰國璽印和漢初《馬王堆帛書》可見「麠」字作 ▨（晉.璽彙 3373《戰》）、▨（縱橫家書 318），和張家山漢簡相較，「鹿」形亦省。

3 並見於先秦出土文獻和歷代字書

　　例如「釰」字在張家山漢簡作為刀子（刀刃）之用，在戰國上博楚簡中作為動詞，磨利兵器之意；「釰」字亦見於其他字書，最早見於〔遼〕釋

行均《龍龕手鑒》。又例如「𠕥（冊）」字，見於甲金文、戰國文字和秦文字，亦見於《玉篇》、《集韻》、《類篇》、《四聲篇海》等字書。他例如「免」字。

4 並見於漢初出土文獻和歷代字書

例如張家山漢簡見「犨」，未見「犫」，《馬王堆漢墓》亦見「犨」作 （五 317《馬》），未見「犫」；「犨」亦見於其他字書，最早見於《龍龕手鑒》：「犨，或作犫。」

5 出土文獻首見於張家山漢簡，亦見於歷代字書

例如「羍」字，張家山漢簡作 、，此字亦見於《儀禮》、《呂氏春秋》、《釋名》、《大廣益會玉篇》等。

6 出土文獻首見於張家山漢簡，但未見於歷代字書

(1) 後世之文字材料亦見

例如張家山漢簡將「濮陽」之「濮」作「濮」，歷代字書、先秦出土和傳世文獻未見，僅見於晉〈辟雍頌陽〉和東魏〈李憲墓誌〉。

(2) 後世之文字材料未見

例如：「繁」作「緐」、「藍」作「藍」、 〔妖〕字、「顏」字作「顧」、「緄」字作「緅」、「符」字作「簿」、「懷」作「瓌」。

(二) 《張家山漢簡·二年律令》所見，《說文》未收，可能有以下原因：

1 罕見、使用頻率低，為某段時間之俗寫異體，未能廣泛通行於後世之字形

例如「濮」字作「濮」，「濮」未見於歷代字書、先秦出土和傳世文獻。他例如「刃」字作「釰」、「麤」字作「颿」、「繝」字作「叕」、「繫」字作「繫」、「懷」作「瓌」。

2 考量形聲字聲符的表音作用

例如家山漢簡將「麤」字作「颿」，「麤」字以「弭」為聲符，「弭」和「麤」聲韻俱同，可有效明確地標音；但若以「耳」為聲符，聲音相隔較遠。

3 張家山漢簡所見《說文》之未收字可能是訛誤字

例如《說文》「符」字，張家山漢簡作「筹」、「繫」字作「繫」。

4 張家山漢簡所見為人名，具特殊性

例如《二年律令》簡 81：「鄭 ▨ 書。」▨ 為書手之名。

5 實屬失收

例如「卌」字屢見於先秦出土文獻和歷代字書，張家山漢簡亦出現 39 次，可見「卌」為常用字，卻未見於《說文》，應實屬失收。他例如「轚」字屢見於漢初出土文獻和歷代字書，卻未見於《說文》。

(三) 《張家山漢簡・二年律令》所見《說文》未收字之價值：

1 可佐證《說文》篆文之訛形現象

張家山漢簡所見《說文》未收字可能保留古形，而《說文》所收之字可能是訛形。例如《說文》「殔」字可能是張家山漢簡所見「殔」字的訛

形。

2 可商榷歷代字書之說解

例如《正字通》以从言之「譬」為「辟」之俗體，據本文所舉目前出土文獻所見最早的「譬」字从言，張家山漢簡亦見「譬」，未見「辟」，可商兌《正字通》之說解。

3 可補充《漢語大辭典》之書證

例如張家山漢簡《二年律令・賊律》簡 31「褱子」一詞連文為懷孕之意，郝慧芳提出《漢語大辭典》（7-786）「懷子」此一詞條的例證《論衡》時代稍晚，張家山漢簡「褱子」一詞的例證可作一補充。

4 反映張家山漢簡特有之構形

例如：「藍」字作「」、「顏」字作「」。

5 保留未能廣泛通行於後世之異體字形其真實面貌

例如「濮陽」之「濮」作「渼」，歷代字書、先秦出土和傳世文獻未見，僅見於晉〈辟雍頌陽〉和東魏〈李憲墓誌〉。又例如「釰」是「刃」字添加義符的後起字，雖同時並見於戰國楚簡和漢簡，但始終未能廣泛通行於後世。他例如「麢」字作「䴡」。

6 留存未能流通使用的人名用字

例如《二年律令》簡 81 寫出書手姓名「鄭（妳）」，「妳」未見於出土文獻和歷代字典辭書。

第七章 結論

本書以湖北江陵張家山〔二四七號墓〕出土的一千二百三十六枚漢初竹簡的構形為研究軸心,並兼論其中簡文〈二年律令〉所見《說文》未收字。具體的研究成果有以下四大項:

一 從共時的角度探究張家山漢簡內部之構形

(一) 結構上發生異構的字例雖不多見,但形式多元

本書進行張家山漢簡內部字形結構上的共時比較,發現張家山漢簡發生筆畫的簡省、增繁或偏旁或部件的簡省、增繁、替換、方位移動、類化等結構上異構現象之字例並不常見,據筆者統計,約佔 1,882 個總字頭數的百分之六;雖然張家山漢簡內部字形發生結構上異構的數量不多,但形式卻是多元的,可見簡省、增繁、替換、訛混、移位、類化等構形變異的現象。

(二) 簡省的方式多樣,但增繁的類型僅見「增繁筆畫」

透過內部字形的比較,歸納出張家山漢簡存有「濃縮形體」、「省略構字偏旁的部分形體」、「簡省聲旁」、「簡省筆畫」、「共用筆畫」及「連筆草化」等六種不同的構形簡省方式。至於張家山漢簡「內部」構形的增繁現象,據筆者檢視,僅見「增繁筆畫」此一類型,共 7 個字例,實屬罕見。張家山漢簡構形的增繁較簡省的現象少見,亦顯示構形的增繁與提高書寫效率的要求扞格,勢必無法成為漢字發展的主要趨勢。

(三) 書寫筆畫的變異引發構字偏旁的形體多變

筆者檢視張家山漢簡的構字偏旁，發現「言」旁、「羊」旁、「甫」旁、「亲」旁、「辛」旁、「革」旁、「皿」旁、「手」旁、「网」旁、「又」旁、「止」旁、「而」旁、「𦣞」旁、「攴」旁、「食」旁這十五個偏旁因書寫時筆畫的變異造成形體上產生差異的現象最為顯著，其中除未見獨立成字的「甫」旁、「亲」旁、「皿」旁、「网」旁、「又」旁、「𦣞」旁及「攴」旁之外，其餘偏旁在構字環境中較此偏旁獨立成字時的異寫類型顯著而多樣。

(四) 透過本書字形表的歸納與統計，能為張家山漢簡內部文字異形的程度提供具體佐證

本書將張家山漢簡的字形圖版掃描、剪輯、編碼、歸檔，繼而進行全面的歸納。某字若出現兩個以上的字形，但僅有筆畫曲直或長短的不同，則歸為屬於同類型的構形；某字若出現兩個以上的字形，並存有筆畫增減、分離、黏合、省併，或偏旁發生替換、移位、訛變等現象，則歸為屬於不同類型的構形。在此標準之下，筆者製作字形表；某字若歸納出僅有一種類型，於表中則僅列出一個字形；若歸納出有兩種類型，於表中則列出兩個字形，以此類推。據筆者統計，字形表中出現二種以上不同類型的字例，總計 636 例，約佔單字總數的 34%，其中出現三種類型以上的字例，總計 195 例，約佔單字總數的 10%。就單一字例的文字異形來看，「為」字有 11 種類型，文最為多元；其他如「道」字、「隸」字、「盡」字有七種類型，「走」字、「盈」字則有五種類型。

雖然文字的異形會受到書寫工具和書手等因素的影響，但以上數據可以作為張家山漢簡處於古今文字的過渡期，此階段是隸書孕育萌芽的關鍵

期，文字形體呈現變動、不穩定的狀態提供具體佐證。

二　從歷時的角度探究張家山漢簡之構形

(一) 關於保有篆意之構形

本書梳理出四十五個尚未解散篆體結構，並仍保有篆書圓轉線條的單字或偏旁；此構形現象的意義在於顯示篆書對於處於古今文字之變的西漢早期隸書仍有其影響力。

(二) 關於保有古意之構形

透過本書所探討和《說文》小篆相較，更接近於古文字原形的字例，其意義在於這些字例可以為《說文》篆文之訛形提供佐證，某種程度亦可填補漢字古今演變的環節。

(三) 通過和秦簡牘字形的比較進行多元探討

本書第二章考量同屬「古隸」階段的秦簡牘和西漢早期張家山漢簡的字形無可避免存在高度的符合性和穩定性；因此，以秦簡牘發生「繁化」、「簡化」及「異化」現象的字例為考察中心，和張家山漢簡進行比勘。針對構形具相同性的字例進行「同中求異」之探究，例如為習見字形或偶見字形的差異；針對構形具差異性的字例則進行原因之探究。此外，本書第二章亦考量出土地域的問題，發現秦簡牘和張家山漢簡構形相同或相異的字例和出土地域是湖北或湖南沒有必然性的關係；二者構形相同的字例除了出土於湖

北，亦可見出土於湖南的里耶秦簡。

本書第五章曾探討第二章範圍以外，張家山漢簡其他和秦簡牘構形明顯有異的字形，亦一併將馬王堆和銀雀山漢簡進行比對。從這節的探討中可見張家山漢簡和秦簡牘、馬王堆和銀雀山漢簡的構形均有異的字形，例如「殺」字、「脩」字和「疑」字，為值得注意之現象。

(四) 不能忽略楚系文字地域性的影響因素

張家山漢簡出土於湖北省，屬戰國楚之故地，偶見某些構形雖然和秦簡牘相同，亦和楚文字相合，例如「瓜」字濃縮的寫法，不能將楚系文字地域性的影響因素完全排除，而單純認定是承襲自秦隸；此外，偶見和秦簡牘不相同卻和楚文字構形較為相合的字形，例如「舍」字，亦顯示進行歷時的構形研究，地域性的因素亦須一併考量。

三 兼具共時與歷時的角度探究張家山漢簡之構形

本書對於《張家山漢簡》偏旁或部件形體混同和形近易混單字的探究，是兼具「共時性的歸納、辨析」與「歷時性考源」。歸納出「十」字和「七」、「白」和「日」、「大」和「六」、「手」和「牛」、「夫」和「失」、「史」和「夬」等單字的常見的典型寫法和相對較為少見的非典型寫法，亦歸納出「白」和「日」、「目」和「日」、「爪」和「日」、「火」和「小」、「鼎」和「目」、「貝」和「目」、「爪」和「目」、「人」和「刀」、「匕」和「刀」、「卩」和「皀」、「羊」和「辛」、「手」和「木」、「刀」和「力」、「艸」和「竹」等偏旁的形近訛混現象；並同時進行歷時性的探求本源，追溯《張家山漢簡》的形混現是否已見於張家山漢簡以前的出土材料，得以更清楚、更全面的呈現並釐清

形混現象。

四　關於《說文》未收字的探究

　　本書立基於先秦出土文獻、秦文字、歷代字書以及傳世文獻的基礎上，進行《張家山漢簡・二年律令》所見《說文》未收字當中十五個字例之釋例，同時關照其中的文字現象、是否見於其他文字材料、《說文》未收錄的可能原因及《說文》未收字的價值四個面向，從中梳理出一些成果，可作為《說文》未收字研究的參考。

參考書目

一 古籍

〔周〕左丘明傳、〔晉〕杜預注、〔唐〕孔穎達疏：《十三經注疏・左傳》（臺北：藝文印書館，1997 年，《重栞宋本左傳》）

〔西漢〕司馬遷撰：《史記》（臺北：臺灣商務印書館，2010 年，《百衲本二十四史》影印《南宋黃善夫刻本》）

〔東漢〕班固撰、〔唐〕顏師古注：《漢書》（臺北：臺灣商務印書館，2010 年，《百衲本二十四史》影印《北宋景祐刊本》）

〔東漢〕許慎記、〔南唐〕徐鉉等校定：《說文解字》（北京：中華書局，1985 年，《叢書集成初編》影印《平津館叢書本》）

〔東漢〕鄭元（玄）注、〔唐〕賈公彥疏：《十三經注疏・儀禮》（臺北：藝文印書館，1997 年，《重栞宋本儀禮》），卷 37，頁 2 上。

〔東漢〕高誘注：《呂氏春秋》（上海：上海書店，1989 年，《四部叢刊初編》影印《上海涵芬樓藏明刊本》）

〔東漢〕劉熙：《釋名》（臺北：臺灣商務印書館，1983 年，《四庫全書本》）

〔晉〕郭璞注、〔宋〕邢昺疏：《十三經注疏・爾雅》（臺北：藝文印書館，1997 年，《重栞宋本爾雅》）

〔梁〕顧野王著、〔宋〕陳彭年重修：《大廣益會玉篇》（北京：中華書局，1987 年，《古代字書輯刊》影印《張氏澤存堂本》）

〔遼〕釋行均：《龍龕手鑒》（臺北：藝文印書館，1965 年，《百部叢書集成》影印《宋刻本》）

〔宋〕司馬光：《類篇》（北京：中華書局，1984 年，《古代字書輯刊》影印《姚刊三韻本》）

〔宋〕丁度：《集韻》（臺北：中華書局，1980 年，《四部備要本》）

〔明〕張自烈：《正字通》（上海：上海古籍出版社，1995 年，《續修四庫全書》經部第 234 冊）

〔明〕梅膺祚：《字彙》（上海：上海古籍出版社，1995 年，《續修

四庫全書》經部第 232 冊）

〔清〕吳任臣：《字彙補》（上海：上海古籍出版社，1995 年，《續修四庫全書》經部第 233 冊）

〔清〕段玉裁：《說文解字注》（臺北：漢京文化事業有限公司，1983 年，《經韵樓藏版》）

二 近人論著

(一) 專書

于省吾：《甲骨文字釋林》(臺北：大通書局，1981 年 10 月)

于省吾：《甲骨文字詁林》(北京：中華書局，1996 年 5 月)

中國文物研究所、湖北省文物考古研究所：《龍崗秦簡》（北京：中華書局 2001 年 8 月）中國社會科學院考古研究所編：《殷周金文集成釋文（第六卷）》（香港：香港中文大學中國文化研究所，2001 年 10 月）

王平：《說文重文研究》（上海：華東師範大學出版社，2008 年 12 月）

王彥輝：《張家山漢簡《二年律令》與漢代社會研究》（北京：中華書局，2010 年 8 月）

方勇：《秦簡牘文字編》（福州：福建人民出版社，2012 年 12 月）

朱歧祥：《殷墟甲骨文字通釋稿》（臺北：文史哲出版社，1989 年 12 月）

何琳儀：《戰國古文字典—戰國文字聲系》（北京：中華書局，1998 年 9 月）

何琳儀：《戰國文字通論(訂補)》（南京：江蘇教育出版社，2003 年 1 月）

杜忠誥：《說文篆文訛形釋例》（臺北：文史哲出版社，2009 年 2 月初版修訂）

林澐：《古文字研究簡論》（長春：吉林大學出版社，1986 年 9 月）

季旭昇：《說文新證(上冊)》(臺北：藝文印書館，2002 年 10 月)

季旭昇：《說文新證（下冊）》（臺北：藝文印書館，2004 年 11 月）

河南省文物考古研究所：《新蔡葛陵楚墓》(鄭州：大象出版社，2003 年 10 月)

邵鴻：《張家山漢簡《蓋盧》研究》(北京：文物出版社，2007 年 11 月)

姚孝遂：《殷墟甲骨刻辭類纂》(《吉林大學古籍研究所叢刊之六》(北京：中

華書局，1989年1月）

容庚編著、張振林、馬國權摹補：《金文編》(北京：中華書局，1985年7月)

徐中舒：《甲骨文字典》(成都：四川辭書出版社，1989年5月)

高鴻縉：《中國字例》(臺北：三民書局，1992年10月第九版)

唐蘭著、唐復年整理：《甲骨文自然分類簡編》(太原：山西教育出版社，1999年3月)

高大倫：《張家山漢簡《引書》研究》

馬承源：《上海博物館藏戰國楚竹書(一)》(上海：上海古籍出版社，2001年11月)

馬承源：《上海博物館藏戰國楚竹書(二)》(上海：上海古籍出版社，2002年12月)

馬承源主編：《上海博物館藏戰國楚竹書（三）》（上海：上海古籍出版社，2003年12月）

馬承源：《上海博物館藏戰國楚竹書(五)》(上海：上海古籍出版社，2006年2月)

馬承源：《上海博物館藏戰國楚竹書(七)》(上海：上海古籍出版社，2008年12月)

馬承源：《上海博物館藏戰國楚竹書(八)》(上海：上海古籍出版社，2011年5月)

馬承源：《上海博物館藏戰國楚竹書(九)》(上海：上海古籍出版社，2012年12月)

張家山二四七號墓漢墓竹簡整理小組：《張家山漢墓竹簡〔二四七號墓〕》（北京：文物出版社，2001年11月）

張家山二四七號漢墓竹簡整理小組：《張家山漢墓竹簡〔二四七號墓〕(釋文修訂本)》（北京：文物出版社，2006年5月）

張守中：《張家山漢簡文字編》（北京：文物出版社，2012年11月）

郭錫良：《漢字古音手冊》（北京：北京大學出版社，1986年11月）

陳松長：《馬王堆簡帛文字編》（北京：文物出版社，2001年6月）

張顯成、王玉蛟：《秦漢簡帛異體字研究》（北京：人民出版社，2016年6月）

彭浩：《張家山漢簡《算數書》註釋》(北京：科學出版社，2001年7月)

彭浩、陳偉、〔日〕工藤元男：《二年律令與奏讞書—張家山二四七號漢墓出土法律文獻釋讀》（上海：上海古籍出版社，2007 年 8 月）

湯餘惠：《戰國文字編》（福州：福建人民出版社，2001 年 12 月）

黃文杰：《秦至漢初簡帛文字研究》（北京：商務印書館，2008 年 2 月）

湖北省荊州市周梁玉橋遺址博物館：《關沮秦漢墓簡讀》（北京：中華書局，2001 年 8 月）

裘錫圭：《文字學概要》（臺北：萬卷樓圖書，2001 年 2 月再版）

董蓮池：《新金文編》（北京：作家出版社，2011 年 10 月）

睡虎地秦墓竹簡整理小組：《睡虎地秦墓竹簡》（北京：文物出版社，1990 年 9 月）

葛小沖：《漢隸與小篆的構形比較》（北京：北京大學出版社，2014 年 6 月）

趙平安：《隸變研究》（保定：河北大學出版社，1993 年 6 月）

趙學清：《戰國東方五國文字構形系統研究》（上海：上海教育出版社，2005 年 10 月）

蔣善國：《漢字形體學》（北京：文字改革出版社，1959 年 9 月）

劉翔、陳抗、陳初生、董琨編著：《商周古文字讀本》(北京：語文出版社，1989 年 9 月)

蔡信發：《說文商兌》（臺北：萬卷樓圖書有限公司，1999 年 9 月）

蔡萬進：《張家山漢簡《奏讞書》研究》（桂林：廣西師範大學出版社，2006 年 5 月）

劉鳳山《隸變研究》（上海：首都師範大學博士學位論文，2006 年 5 月）

劉釗：《古文字構形學》（福州：福建人民出版社，2006 年 1 月）

劉釗：《新甲骨文編（增訂本）》（福州：福建人民出版社，2014 年 12 月）

滕王生：《楚系簡帛文字編（增訂本）》（武漢：湖北教育出版社，2008 年 10 月）

駢宇騫：《銀雀山漢簡文字編》（北京：文物出版社，2001 年 7 月）

羅竹風：《漢語大詞典 2》(上海：漢語大詞典出版社，1988 年 3 月)

(二) 單篇論文

丁義娟：〈張家山漢簡《二年律令》第 90、91 簡解〉，《學術探索》10 期(2012 年 10 月)

丁玫月：〈張家山漢墓文字與北京大學藏西漢竹簡文字比較分析〉，《三峽大學學報(人文社會科學版)》第 37 卷增刊(2015 年 12 月)

大川俊隆：〈張家山漢簡《算數書》「飲漆」考〉，《文物》第 4 期(2007 年 4 月)

王貴元：〈張家山漢簡字詞釋讀考辨〉，《鹽城師范學院學報(人文社會科學版)》第 23 卷第 4 期(2003 年 11 月)

王彥輝：〈從張家山漢簡看西漢時期私奴婢的社會地位〉，《東北師大學報(哲學社會科學版)》第 2 期(2003 年 3 月)

王貴元：〈張家山漢簡與《說文解字》合證——《說文解字校箋》補遺〉，《古漢語研究》第 2 期(2004 年 6 月)

王丹：〈《古文四聲韻》重文間的關係試析〉，《漢字研究（第一輯）》（北京：學苑出版社，2005 年 6 月）

尹在碩：〈評彭浩、陳偉、工藤元男主編《二年律令與奏讞書》〉，《簡帛研究二〇〇八》(桂林：廣西師範大學出版社) (2010 年 9 月)

王丹：〈張家山漢簡《二年律令》釋文補正〉，《魯東大學學報(哲學社會科學版)》第 33 卷第 3 期(2016 年 5 月)

田旭東：張家山漢簡《蓋盧》中的兵陰陽家〉，《歷史研究》第 6 期(2002 年 12 月)

史德新：〈《張家山漢墓竹簡》介詞研究〉，《黃河科技大學學報》第 14 卷第 4 期(2012 年 7 月)

朱紅林：〈張家山漢簡《賊律》集釋〉，《古籍整理研究學刊》第 2 期(2005 年 3 月)

朱紅林：〈張家山漢簡釋叢〉，《考古》第 6 期(2006 年 6 月)

朱德貴：〈張家山漢簡與漢代戶賦制度新探〉，《學術論壇》第 6 期(2006 年 6 月)

朱紅林：〈張家山漢簡《盜律》集釋〉，《江漢考古》第 2 期(2007 年 6 月)

李學勤：〈《奏讞書》解說(上)〉，《文物》第 8 期(1993 年 8 月)

李學勤：〈《奏讞書》解說(下)〉,《文物》第 3 期(1995 年 3 月)

吳振武：〈古文字中的借筆字〉,《古文字研究（第 20 輯）》（北京：中華書局，2000 年 3 月）

李憲忠：〈從張家山出土《算數書》談中國初等數學體系的形成〉,《中原文物》第 2 期(1999 年 4 月)

李均明：〈張家山漢簡所反映的二十等爵制〉,《中國史研究》第 2 期(2002 年 5 月)

李學勤：〈張家山漢簡研究的幾個問題〉,《鄭州大學學報(哲學社會科學版)》第 35 卷第 3 期(2002 年 6 月)

何琳儀：《戰國文字通論(訂補)》(南京：江蘇教育出版社，2003 年 1 月)

李發：〈讀張家山漢簡《引書》札記〉,《四川理工學院學報(社會科學版)》第 20 卷第 1 期(2005 年 3 月)

宋艷萍、趙根華：〈從張家山漢簡看漢初的老年政策〉,《簡帛研究二○○二、二○○三》(桂林：廣西師範大學出版社) (2005 年 6 月)

李靜：〈《張家山漢簡·蓋廬》虛詞研究〉,《和田師範專科學校學報(漢文綜合版)》第 25 卷第 4 期(2005 年 8 月)

李力：〈關於《二年律令》題名之再研究〉,《簡帛研究二○○四》(桂林：廣西師範大學出版社) (2006 年 10 月)

何有祖：〈張家山漢簡《脈書》、《算數書》札記〉,《江漢考古》第 1 期(2007 年 6 月)

李孝林：〈張家山漢簡《算數書》經濟史料價值探索〉,《淮陰師范學院學報(哲學社會科學版)》第 29 卷第 5 期(2007 年 9 月)

吳朝陽：〈張家山漢簡《算數書》校證三題〉,《自然科學史研究》第 1 期(2013 年 3 月)

李綉玲：〈張家山漢簡所見《說文》重文舉隅探析〉,《首屆古文字與出土文獻語言研究國際學術研討會論文集》(廣州：華南師範大學出土文獻語言研究中心，2016 年 12 月)

李綉玲：〈秦簡牘和張家山漢簡文字構形比較探賾〉,《第二十八屆中國文字學國際學術研討會論文集》(臺北：臺灣大學，2017 年 5 月)

林澐：〈釋古璽中从束的兩個字〉,《古文字研究（第 19 輯）》（北京：中華書局，1992 年 8 月）

邵鴻：〈張家山漢墓古竹書《蓋廬》與《伍子胥兵法》〉,《南昌大學學報(人

文社會科學版)》第 33 卷第 2 期(2002 年 4 月)

孟蓬生：〈張家山漢簡字義札記〉，《古籍整理研究學刊》第 5 期(2004 年 9 月)

孟琳：〈《張家山漢簡·算術書》副詞研究〉，《和田師範專科學校學報(漢文綜合版)》第 25 卷第 4 期(2005 年 8 月)

武曉麗：〈《張家山漢簡·二年律令》中的量詞〉，《江西廣播電視大學學報》第 3 期(2005 年 9 月)

周波：〈讀張家山漢簡《二年律令》札記〉，《古籍整理研究學刊》第 2 期(2007 年 3 月)

周文娟：〈《張家山漢簡·二年律令》副詞研究〉，《三峽大學學報(人文社會科學版)》第 29 卷(2007 年 6 月)

孟琳：〈《張家山漢簡·算術書》連詞、介詞研究〉，《濟寧學院學報》第 29 卷第 4 期(2008 年 8 月)

胡憶濤：〈張家山漢墓竹簡《二年律令·賊律》構詞法分析〉，《和田師範專科學校學報(漢文綜合版)》第 25 卷第 3 期(2005 年 6 月)

唐蘭：〈陝西省岐山縣董家村新出西周重要銅器銘辭的譯文和注釋〉，《文物》（1976 年第 5 期）

高敏：〈從張家山漢簡《二年律令》看西漢前期的土地制度——讀《張家山漢墓竹簡》札記之三〉，《中國經濟史研究》第 3 期(2003 年 9 月)

郝慧芳：〈張家山漢簡用字與《說文解字》義證〉，《北方論叢》第 4 期(2007 年 7 月)

夏增民：〈從張家山漢簡《二年律令》推論漢初女性社會地位〉，《浙江學刊》1 期(2010 年 1 月)

袁延勝：〈《奏讞書》所見西漢初年的戶籍問題〉，《古代文明》第 10 卷第 3 期(2016 年 7 月)

曹錦炎：〈論張家山漢簡《蓋廬》〉，《東南文化》第 9 期(2002 年 9 月)

陳斯鵬〈張家山漢簡《引書》補釋〉，《江漢考古》第 1 期(2004 年 2 月)

許學仁：〈張家山 M247 漢簡〈蓋廬〉篇釋文訂補〉，《新出土文獻與古代文明研究》(上海：上海大學出版社) (2004 年 4 月)

許道勝：〈張家山漢簡《二年律令·賊律》補釋〉，《江漢考古》第 4 期(2004 年 11 月)

連劭名：〈張家山漢簡《蓋廬》考述〉，《中國歷史文物》第 2 期(2005 年 3 月)

陳淑梅：《東漢碑隸構形系統研究》（上海：上海教育出版社，2005 年 4 月）

張家山漢簡研讀班：〈張家山漢簡《二年律令》校讀記〉〉，《簡帛研究二〇〇二、二〇〇三》(桂林：廣西師範大學出版社) (2005 年 6 月)

張鶴泉：〈《二年律令》所見二十等爵對西漢初年國家統治秩序的影響〉，《吉林師範大學學報(人文社會科學版)》第 3 期(2005 年 6 月)

張顯成：〈馬王堆漢墓簡帛中《說文》未收之秦漢字〉，《說文學研究（第二輯）》（武漢：崇文書局，2006 年 6 月）

陳偉：〈張家山漢簡《津關令》「越塞闌關」諸令考釋〉，《簡帛研究二〇〇六》(桂林：廣西師範大學出版社) (2008 年 11 月)

陳治國：〈對張家山漢簡《二年律令·秩律》一條律文的理解〉，《中國國家博物館館刊》第 6 期(2011 年 6 月)

陳魏俊：〈張家山漢簡《脈書》考釋四則〉，《中山大學學報(社會科學版)》第 1 期(2013 年 1 月)

陳麗霞：〈從張家山漢簡《二年律令·賊律》看漢代的立法特點〉，《黃河科技大學學報》第 16 卷第 3 期(2014 年 5 月)

郭麗華：〈《張家山漢墓竹簡(釋文修訂本)》補正〉，《古籍整理研究學刊》第 5 期(2015 年 9 月)

彭浩：〈談《奏讞書》中的西漢案例〉，《文物》第 8 期(1993 年 8 月)

彭浩：〈中國最早的數學著作《算數書》〉，《文物》第 9 期(2000 年 9 月)

黃瀟瀟：〈以《張家山漢墓竹簡》印證《說文》說解〉，《南陽師范學院學報》第 10 卷第 4 期(2011 年 4 月)

黃一農：〈張家山漢墓竹簡《奏讞書》紀日干支小考〉，《考古》第 10 期(2005 年 10 月)

黃文杰：〈戰國文字中的類化現象〉，《古文字研究（第 26 輯）》（北京：中華書局，2006 年 11 月）

黃文杰：〈張家山漢簡(247 號墓)中的異構字〉，《信陽師范學院學報(哲學社會科學版)》第 31 卷第 3 期(2011 年 5 月)

楊劍虹：〈漢簡《奏讞書》所反映的三個問題〉，《江漢考古》第 4 期(1994 年 12 月)

萬榮：〈淺析張家山漢簡《二年律令·賊律》所見刑名的刑等〉，《江漢考古》第 3 期(2006 年 8 月)

鄔文玲：〈張家山漢簡《二年律令》釋文商榷〉，《首都師范大學學報(社會

科學版)》第 6 期(2015 年 12 月)

廖伯源,〈漢初縣吏之秩級及其任命—張家山漢簡研究之一〉,《社會科學戰線》第 3 期（2003 年 3 月）

趙平安:〈从失字的釋讀談到商代的佚侯〉,《新出簡帛與古文字古文獻研究》（北京:商務印書館,2009 年 12 月）

趙久湘:〈張家山漢簡《奏讞書》人名研究〉,《樂山師范學院學報》第 25 卷第 4 期(2010 年 4 月)

劉樂賢:〈讀包山楚簡札記〉,《第四屆國際中國古文字學研討會論文集》（香港:香港中文大學中國語言及文學系,2003 年 10 月）

劉釗:〈《張家山漢墓竹簡》釋文注釋商榷(一)〉,《古籍整理研究學刊》第 3 期(2003 年 5 月)

劉向明:〈張家山漢簡《奏讞書》所見漢初對官吏犯罪的懲處〉,《嘉應學院學報(哲學社會科學)》第 22 卷第 4 期(2004 年 8 月)

劉金華:〈張家山《算數書》「乘」簡試析〉,《江漢考古》第 3 期(2004 年 8 月)

劉向明:〈從張家山漢簡《奏讞書》看漢初吏治的特點〉,《安慶師范學院學報(社會科學版)》第 24 卷第 3 期(2005 年 5 月)

蔡萬進:〈張家山漢簡《奏讞書》釋文補正舉隅〉,《古籍整理研究學刊》第 2 期(2006 年 3 月)

蔡萬進:〈張家山漢簡《奏讞書》法律地位探析〉,《南都學壇》第 27 卷第 2 期(2007 年 3 月)

劉歡:〈從《二年律令》看漢初職官行政職守和行為準則〉,《西北大學學報(哲學社會科學版)》第 37 卷第 4 期(2007 年 7 月)

劉云峰:〈張家山漢簡《算數書》研究綜述〉,《魯東大學學報(哲學社會科學版)》第 28 卷第 4 期(2011 年 7 月)

謝桂華:〈張家山漢墓竹簡〔二四七號墓〕校讀舉例〉,《簡帛研究二○○二、二○○三》(桂林:廣西師範大學出版社) (2005 年 6 月)。

薛洪波:〈評《張家山漢簡〈二年律令〉與漢代社會研究》〉,《社會科學戰線》第 11 期(2011 年 11 月)

饒宗頤:〈秦簡中的五行說與納音說〉,《古文字研究（第十四輯)》（北京:中華書局,1986 年 6 月）

(三) 學位論文

白海燕：《居延新簡文字編》（長春：吉林大學博士論文，2014 年）

申月：《張家山漢簡用字研究》(青島：青島大學碩士學位論文，2016 年 6 月)

成蒂：《〈張家山漢墓竹簡·二年律令〉》通假字研究》（臺南：成功大學中文研究所碩士論文，2006 年）

李蘇和：《秦文字構形研究》（上海：復旦大學博士學位論文，2014 年）

李　瑤：《〈居延舊簡〉文字編》（長春：吉林大學博士論文，2014 年）

林清源：《楚國文字構形演變研究》（臺中：東海大學中文所博士論文，1987 年）

周美華：《張家山漢簡《二年律令》法律制度研究》（高雄：中山大學中文研究所博士論文，2009 年）

徐富昌：《漢簡文字研究》(臺北：國立政治大學中國文學研究所碩士學位論文，1984 年 6 月)

高二渙：《張家山漢簡六種與《說文》對比研究》(重慶：西南大學碩士學位論文，2008 年 5 月)

孫合肥：《戰國文字形體研究》（上海：安徽大學博士學位論文，2014 年 10 月）

郝慧芳：《張家山漢簡語詞通釋》（上海：華東師範大學博士論文，2008 年）

陳怡安：《張家山漢簡──〈算數書〉、〈引書〉、〈蓋廬〉、〈遣策〉》文字編》（彰化：國立彰化師範大學碩士學位論文，2013 年）11

連巧：《張家山漢簡筆形變化研究》(石家莊：河北師範大學碩士學位論文，2015 年 7 月)

趙久湘：《張家山漢簡異體字研究》（重慶：西南大學碩士論文，2008 年）

蔣偉男《里耶秦簡（壹）文字編》（合肥：安徽大學碩士學位論文，2015 年）

劉孝霞：《秦文字整理與研究（下篇）秦文字編》（上海：華東師範大學博士學位論文，2013 年）

鄭惠美：《漢簡文字的書法研究》(臺北：國立故宮博物院，1984 年 12 月)

鄭介弦：《《張家山漢簡·二年律令》文字編》（彰化：國立彰化師範大學碩士學位論文，2012 年）

蘇建洲：《戰國燕系文字研究》(臺北：國立臺灣師範大學碩士學位論文，2001 年 6 月)

蘇建洲：《上海博物館藏戰國楚竹書（二）校釋》（臺北：國立臺灣師範大學國文研究所博士論文，2004 年）

(四) 數位資料

《教育部重編國語辭典修訂本》，http://dict.revised.moe.edu.tw/cgi-bin/cbdic/gsweb.cgi?ccd=kZyskX&o=e0&sec=sec1&op=v&view=1-1

《教育部異體字字典》，http://dict.variants.moe.edu.tw/yitib/frb/frb03528.htm

郝慧芳：〈張家山漢簡用字證《說文》釋義例〉，武漢大學簡帛研究中心，2007/03/20，http://www.bsm.org.cn/show_article.php?id=537。

郭永秉：〈張家山漢簡《二年律令》釋文校讀記〉，復旦大學出土文獻與古文字研究中心，2008/04/04，http://www.gwz.fudan.edu.cn/Web/Show/390。

蘇建洲：〈西周金文「干」字再議〉，復旦大學出土文獻與古文字研究中心，2017/02/12，http://www.gwz.fudan.edu.cn/Test/Web/Show/2981。

參考書目簡稱

（依筆畫為序，與「參考書目」不重出）

上博　李守奎、曲冰、孫偉龍：《上海博物館藏戰國楚竹書(一～五)文字編》
　　　（北京：作家出版社，2007 年 12 月）

甲　　中國社會科學院考古研究所：《甲骨文編》(北京：中華書局，1965
　　　年 9 月)

里　　蔣偉男：《里耶秦簡(壹)文字編》（合肥：安徽大學碩士學位論文，2015
　　　年 5 月）

秦　　劉孝霞：《秦文字整理與研究(下編）秦文字編》（上海：華東師範大
　　　學博士論文，2013 年 3 月）

秦簡　方勇：《秦簡牘文字編》（福州：福建人民出版社，2012 年 12 月）

馬　　陳松長：《馬王堆簡帛文字編》(北京：文物出版社，2001 年 6 月)

清　　李學勤：《清華大學藏戰國竹簡【壹─叁】文字編》（上海：中西
　　　書局，2014 年 5 月）

貨幣　吳良寶編纂：《先秦貨幣文字編》（福州：福建人民出版社，2006 年
　　　3 月）

新甲　劉釗：《新甲骨文編(增訂本)》（福州：福建人民出版社，2014 年 12
　　　月）

新金　董蓮池：《新金文編》（北京：作家出版社，2011 年 10 月）

楚　　滕壬生：《楚系簡帛文字編(增訂本)》（武漢：湖北教育出版社，2008
　　　年 10 月）

齊　　孫剛：《齊文字編》（福州：福建人民出版社，2010 年 1 月）

銀　　駢宇騫：《銀雀山漢簡文字編》(北京：文物出版社，2001 年 7 月)

戰　　湯餘惠：《戰國文字編》(福州：福建人民出版社，2001 年 12 月)

嶽　　韓文丹：《嶽麓書院藏秦簡(三)文字初探與文字編》（長沙：湖南大學
　　　碩士學位論文，2014 年 4 月）

關　　潘飛：《《關沮秦簡》文字編》(合肥：安徽大學碩士論文，2010 年 4
　　　月)

《張家山漢墓竹簡〔二四七號墓〕》字形表

【說明】

(一) 徵引簡文字形，首列出原圖版，遇較為模糊難辨的字形，則於圖版之後以括號( )的方式援引張守中先生《張家山漢簡文字編》一書的摹寫字形以供參考。字形後面則標示簡文篇名的簡稱及簡號。

(二) 字形的選錄標準

1 某字若出現兩個以上的字形，但僅有筆畫曲直或長短的不同，則歸為屬於同類型的構形。

2 考量筆畫的增減、分離、黏合或省併等，對於字形結構會產生不同程度的影響，因而造成外部構形上的差異。因此，某字若出現兩個以上的字形，並存有筆畫增減、分離、黏合、省併，或偏旁發生替換、移位、訛變等現象，則歸為屬於不同類型的構形。

3 某字無論有幾個字形，筆者依上述兩個標準進行歸納。若歸納出僅有一種類型，於表中則僅列出一個字形；若歸納出有兩種類型，於表中則列出兩個字形，以此類推。

4 某字若有兩個以上屬於相同類型的字形，則選取較為清晰者。

卷一

編號	隸定字形	張家山漢簡字形
0001	一	脈 59
0002	元	奏 99
0003	天	奏 82
0004	吏	二 506　奏 77　奏 143　二 332
0005	上	二 256　脈 29
0006	帝	二 217
0007	旁	二 117　（　）奏 221　奏 187
0008	下	算 27　引 26　二 122　奏 176
0009	示	蓋 37
0010	福	蓋 3
0011	祇	奏 216
0012	禮	奏 177　奏 227
0013	祭	二 457
0014	祠	奏 190

0015	祀	（字形） 二 462		
0016	租	（字形） 引 1		
0017	祝	（字形） 二 461	（字形） 二 479	
0018	社	（字形）（示土）蓋 4	（字形） 二 458	
0019	禁	（字形） 二 254		
0020	祿	（字形） 奏 10	（字形） 奏 11	
0021	三	（字形） 算 129		
0022	王	（字形） 二 221		
0023	皇	（字形） 二 9		
0024	玉	（字形） 脈 53		
0025	璧	（字形）（璧）遣 17		
0026	環	（字形） 奏 216	（字形） 二 482	
0027	瑕	（字形）（瑕）二 498		
0028	理	（字形） 引 99		
0029	靈	（字形） 二 463		

0030	气	气 二 115	
0031	士	士 二 157	
0032	壯	壯 奏 89	
0033	中	中 二 268	
0034	屯	屯 二 454	屯 奏 1
0035	毒	毒 二 20	
0036	每	每 奏 210	
0037	薑	薑 （薑）遣 23	
0038	苦	苦 蓋 31	
0039	莞	莞 奏 167	
0040	蒲	蒲 二 448	
0041	茈	茈 遣 12	
0042	荅	荅 算 90	
0043	蔓	蔓 （蔓）二 259	
0044	蕭	蕭 二 305	

0045	荷	奏 81	
0046	蔓	（夢）二 458	
0047	荊	奏 157	
0048	葉	（葉）二 457	
0049	芮	蓋 29	
0050	蔽	脈 2	
0051	茬	（茬）二 460	
0052	蒼	奏 81	
0053	落	引 99	奏 212
0054	苛	蓋 51	
0055	藉	（藉）二 507	
0056	薄	奏 207	
0057	苑	二 458	
0058	若	二 91	二 275
0059	茵	二 436	二 451

0060	荃	（荃）二 259		
0061	菹	（菹）二 453		
0062	蓋	奏 126	蓋 15	
0063	薪	二 82	二 254	二 100
0064	蒜	（蒜）遣 22		
0065	萊	奏 83		
0066	蔡	奏 163		
0067	芻	二 255		
0068	草	二 246		
0069	葆	（葆）蓋 2		
0070	范	（范）蓋 2		
0071	春	二 249	脈 53	
0072	折	二 197	脈 18	
0073	蔬	（蔬）奏 171		
0074	莆	（莆）遣 16		

0075	虇	二455				
0076	蘿	（蘿）遣24				
0077	薜	奏28				
0078	蓞	奏19				
0079	蕃	（蕃）遣24				
0080	薑	（薑）奏56				
0081	苔	（苔）奏49				
0082	蘁	二448				
0083	莫	蓋33	奏212			
0084	葬	（葬）二377	（葬）奏183	（葬）奏186		

卷二

編號	隸定字形	張家山漢簡字形
0085	小	二 10
0086	少	二 400　 算 105
0087	八	算 162
0088	分	算 42　 算 35
0089	尚	二 36　 引 34
0090	詹	（詹）二 440　 二 463　 二 463
0091	介	（介）二 298
0092	公	奏 75
0093	必	（必）二 74
0094	余	引 29
0095	審	二 41
0096	釋	（釋）二 229
0097	半	算 5　 二 293
0098	牛	奏 101　 二 411

0099	牢	(牢) 二 437
0100	牝	奏 102
0101	牡	脈 12
0102	牟	(牟) 二 460
0103	牽	(牽) 奏 102　　(牽) 奏 116
0104	牪	(牪) 二 421
0105	犢	(犢) 二 422
0106	犓	(犓) 二 421
0107	物	二 256　　(物) 奏 205
0108	犯	(犯) 奏 100　　奏 100　　奏 113
0109	犨	(犨) 二 457
0110	犛	(犛) 二 448
0111	告	二 139
0112	口	引 34
0113	噲	(噲) 奏 216

0114	喉	（喉）算 57	
0115	咽	（咽）引 54	
0116	嗌	（嗌）脈 41	
0117	吸	引 104	
0118	名	二 166	
0119	吾	蓋 46	
0120	台	（台）蓋 36	
0121	君	奏 172	
0122	命	二 153	
0123	召	（召）二 183　　（召）二 183 奏 139	
0124	唯	（唯）二 106　　（唯）奏 134	
0125	嘑	（嘑）蓋 36　　（嘑）引 74	
0126	問	二 502	
0127	和	二 461	

0128	吉	蓋 46		
0129	咸	二 447	奏 227	
0130	周	二 452		
0131	各	二 472		
0132	哀	（哀） 奏 187		
0133	唐	脈 35		
0134	嚴	（嚴） 二 459		
0135	哭	（哭） 奏 183	脈 56	
0136	喪	（喪） 奏 186		
0137	走	蓋 44　 （走） 二 461 （走） 引 32　 （走） 脈 25 （走） 二 460		
0138	趣	（趣） 奏 82		
0139	起	（起） 引 105　 （起） 蓋 37 （起） 脈 7　 （起） 蓋 4		

0140	越	（）二 523	（）二 182		
0141	趯	（）蓋 37			
0142	蹇	（）二 65			
0143	趙	（）奏 24	（）奏 24		
0144	趍	（）奏 83			
0145	止	引 2			
0146	前	引 101	（）奏 83	（）脈 10	
0147	歸	（）二 160	（）二 19		
		（）二 456	（）蓋 39		
		（）奏 19			
0148	步	（）蓋 13	算 95		
		二 246	二 314		
0149	歲	（）二 279	二 157	（）二 157	
		蓋 3	（）奏 13		
0150	此	奏 95	蓋 22		

0151	正	![正] 蓋5			
0152	乏	![乏] 二405			
0153	是	![是] 引104	![是]![是] 脈27	![是] 奏163	
0154	迹	![迹]（迹）二183	![迹]（迹）二494		
0155	徙	![徙]（徙）奏174	![徙] 二472	![徙] 二350	
0156	述	![述]（述）蓋19	![述] 算148	![述]（述）算146	
0157	隨	![隨]（隨）奏172	![隨]（隨）奏211		
0158	適	![適] 蓋38	![適]（適）蓋43	![適]（適）二361	
0159	過	![過]（過）二234	![過]（過）二273		
		![過]（過）奏164	![過]（過）脈64		
0160	進	![進] 二249	![進] 蓋15	![進]（進）引10	
0161	造	![造] 二314	![造]（造）二85		
		![造]（造）奏158			
0162	遷	![遷]（遷）二350	![遷]（遷）奏156		
0163	逆	![逆]（逆）蓋18	![逆] 蓋3		

		遂（遂）蓋10		進（進）引2		
0164	迎	彽（彽）蓋41				
0165	遇	遇（遇）二142		遇（遇）奏157		
0166	逢	逢蓋19	逢（逢）奏200		逢（逢）奏200	
0167	遞	遞（遞）二465				
0168	運	運（運）脈18				
0169	遷	遷（遷）二232				
0170	通	通（通）二63		通（通）二206		
0171	送	送二275	送（送）奏24		送奏20	
0172	遣	遣（遣）二232		遣（遣）二347		
		遣（遣）奏2				
0173	逮	逮（逮）二232				
0174	逗	逗（逗）二142				
0175	徙	徙（徙）奏18		從（從）二328		
0176	避	避（避）二15		避（避）二15		

0177	逋	（逋）二 157	（逋）二 398
0178	遺	（遺）二 376	（遺）二 398
0179	遂	（遂）二 107	（遂）奏 158
0180	追	（追）二 140　　　　（追）奏 39 （追）蓋 43	
0181	逐	（逐）二 494	蓋 40
0182	近	（近）二 117	（近）二 266
0183	遠	（遠）算 126　　　　（遠）奏 156 蓋 31　　　蓋 33	
0184	遼	（遼）蓋 31	
0185	道	二 104　　　二 102　　　（道）奏 115 蓋 49　　　（道）算 126 （道）蓋 28　　　蓋 15	
0186	邊	（邊）二 19	（邊）二 74
0187	遯	（遯）奏 61	

0188	道	[印] 奏 82	[印] 奏 82	[印]（遹）奏 87
0189	迺	[印] 9		
0190	德	[印] 蓋 16	[印] 蓋 3	
0191	徑	[印] 155		
0192	復	[印] 504	[印]（復）二 279	
		[印]（復）奏 5	[印]（復）奏 102	
		[印]（復）引 101		
0193	往	[印]（往）奏 130		
0194	彼	[印]（很）奏 118		
0195	循	[印] 引 99		
0196	徧	[印]（徧）奏 206		
0197	退	[印] 引 10		
0198	後	[印] 二 391	[印] 二 35	[印] 引 15
0199	微	[印]（微）二 275		
0200	徐	[印]（徐）算 185	[印]（徐）引 73	

0201	得	二 205	9	得 （得）奏 19
0202	律	二 439	律 （律）奏 95	律 （律）奏 180
		185	律 （律）奏 93	
0203	微	微 （微）奏 227	微 （微）奏 211	
0204	御	御 （御）二 385	御 二 486	
0205	廷	二 381	奏 7	
0206	建	奏 67	奏 151	奏 74
0207	延	二 4		
0208	行	二 463	行 （行）奏 103	
0209	術	術 算 153	術 算 30	
0210	衙	二 448		
0211	衞	衝 （衝）脈 17		
0212	衞	衛 （衛）奏 168		
0213	衞	二 464		
0214	齒	齒 （齒）脈 3	齒 奏 202	

0215	齔	（齣） 奏 199		
0216	齼	（齼） 脈 3		
0217	齦	（齦） 脈 51		
0218	齧	18		
0219	齹	（齹） 引 98		
0220	足	二 255	二 481	
0221	踝	脈 12	（踝） 脈 22	
0222	踐	引 72	二 486	
0223	距	引 72		
0224	蹢	（蹢） 引 102		
0225	蹶	（蹶） 引 41	脈 46	（蹶） 引 59
0226	跂	（跂） 奏 170		
0227	跌	引 102		
0228	跗	引 12		
0229	跰	（跰） 引 7		

0230	躥	（躛）引82　 （躥）引37　 （躥）引99
0231	踱	![字形] （踱）引36　![字形] 引36
0232	疎	![字形] （跊）遣12
0233	梟	![字形] 蓋43
0234	扁	![字形] 二361

卷三

編號	隸定字形	張家山漢簡字形
0235	器	二 267　　奏 215
0236	舌	脈 39
0237	干	算 164
0238	商	（商）二 451　　（商）蓋 47
0239	句	引 45
0240	拘	（拘）引 32
0241	笱	奏 117
0242	鉤	引 16
0243	十	二 174
0244	丈	二 418　　二 246
0245	千	二 232　　奏 174
0246	博	（博）二 186
0247	廿	二 485
0248	卅	算 28

0249	丗	二 141			
0250	言	二 121	二 118	奏 64	（言）奏 85
0251	談	引 74			
0252	謂	（謂）算 34	奏 134		
		二 18	（謂）奏 80		
0253	諒	（諒）奏 120			
0254	請	奏 145	二 219		
0255	謁	二 463	（謁）奏 7	（謁）二 504	
0256	許	二 344	二 262		
0257	讎	（讎）二 333	（讎）引 2		
0258	諸	（諸）算 14	奏 20		
		二 107	二 72		
0259	誦	（誦）二 475			
0260	謀	（謀）蓋 4	奏 115	奏 23	
0261	論	（論）二 163	奏 68		

		論 二 104
0262	議	（議）奏 33　（議）二 509 （議）奏 189　（議）奏 184
0263	詳	（詳）奏 17
0264	識	（議）二 431　（議）奏 134 （議）奏 110
0265	訊	（訊）二 111　奏 71
0266	謹	（謹）奏 86　二 18
0267	信	二 463　奏 80　算 34 奏 88　引 11
0268	誠	（誠）奏 28　（誠）奏 41
0269	詔	二 18　（詔）二 461　（詔）奏 147
0270	課	二 475　（課）二 475
0271	試	二 474　（試）二 475

0272	計	算 64　計（計）二 484
0273	說	奏 162　（說）奏 83
0274	調	調（調）二 484
0275	謙	（謙）奏 228　（謙）奏 78
0276	詣	二 474　二 160　詣 奏 1
0277	譸	引 34　（譸）奏 199
0278	設	（設）二 267
0279	諍	（諍）脈 53
0280	講	（講）奏 105　（講）奏 99
0281	詑	（詑）奏 178
0282	譠	（譠）二 12　（譠）奏 219
0283	訛	奏 54　二 261
0284	誣	（誣）二 121　誣 奏 118
0285	誤	算 68　（誤）算 93 （誤）算 93

0286	譥	蓋 52			
0287	訾	（訾）二 411			
0288	訢	（訢）奏 226		（訢）奏 210	
0289	調	（詔）蓋 3			
0290	詐	（詐）二 510		（詐）奏 56	
0291	訟	二 135			
0292	詰	奏 217	（詰）奏 218	（詰）奏 85	
0293	詘	（詘）引 63		引 8	
0294	詗	（詗）奏 226		二 262	
0295	謑	（謑）奏 214		（謑）奏 205	
0296	誰	（誰）奏 200		（誰）二 235	
0297	診	（診）奏 171	（診）奏 88		
		（診）奏 45	（診）二 508		
0298	證	（證）二 110		（證）二 110	
0299	誅	二 142			

0300	調	二 262
0301	譯	（譯）二 111
0302	詢	二 42
0303	誘	（誘）蓋 39　誘 誘 蓋 38　誘 奏 153
0304	訛	（訛）二 510
0305	訣	蓋 4
0306	讋	（讋）奏 119
0307	善	蓋 39　善 脈 40
0308	競	（競）算 83
0309	音	脈 56
0310	章	二 501　（章）奏 156
0311	竟	（竟）二 456
0312	童	（童）二 474　（童）算 144
0313	妾	二 124　（妾）奏 182
0314	業	（業）奏 221

0315	叢	（叢）脈 36		
0316	對	（對）奏 213		
0317	僕	二 267	奏 219	奏 216
0318	奉	引 51	（奉）引 21	
0319	丞	二 104		
0320	戒	脈 5		
0321	兵	二 216	蓋 4	
0322	具	二 208	遣 17	
0323	共	二 411	奏 80	
0324	異	二 343	二 378	（異）奏 174
0325	畚	二 6		
0326	與	二 132		
0327	興	蓋 21	二 414	
0328	要	二 88	引 67	蓋 18
0329	農	脈 15	引 67	（農）脈 62

0330	革	二 433
0331	鞠	引 52　（鞠）奏 22　（鞠）奏 32 （鞠）奏 90
0332	鞮	二 455
0333	鞞	奏 215
0334	鞫	（鞫）二 114　（鞫）二 115 （鞫）奏 105　（鞫）奏 120 （鞫）奏 45
0335	鬲	（鬲）脈 6〔字殘〕
0336	為	（爲）奏 20　（爲）引 48 （爲）奏 122　（爲）奏 121 （爲）奏 20 二　 二 55　 算 129　 脈 22 算 169　 二 68
0337	執	蓋 12

0338	埶	二20			
0339	鬭	奏42			
0340	又	（六）算144 〔字殘〕			
0341	右	引92			
0342	父	二38			
0343	共	引109			
0344	及	二39	二174		
0345	反	二448			
0346	叔	（尗）算90			
0347	取	二278			
0348	叚	脈8	二286		
0349	度	二241	脈55		
0350	卑	引14			
0351	史	二219	二215		
0352	事	二157	二411	二183	

0353	支	引 100		
0354	筆	（筆）遣 39		
0355	書	（書）奏 123	二 335	奏 60
0356	畫	（畫）遣 35		
0357	畫	（畫）蓋 16		
0358	隸	（隸）奏 29	（隸）奏 206	
		（隸）奏 175	（隸）奏 66	
		二 249	（隸）二 16	
		（隸）二 190		
0359	堅	二 1		
0360	豎	（豎）奏 205		
0361	臣	二 123		
0362	臧	二 95	（臧）二 72	
		（臧）奏 51	（臧）脈 50	
0363	殿	（殿）二 476 〔字殘〕		

0364	毆	二 157 脈 62		
0365	轂	二 90 奏 136 奏 61 奏 96		
0366	毆	二 32 二 39		
0367	毆	脈 12		
0368	殺	二 20 脈 50 二 91		
0369	鳧	（鳥）引 81		
0370	寸	二 258		
0371	寺	二 4		
0372	將	二 141		
0373	尋	（尋）引 67		
0374	皮	蓋 39		
0375	徹	（徹）二 314		
0376	啟	算 159 算 159 算 159		
0377	故	二 88 二 182 奏 89		
0378	效	（效）二 353		

0379	改	（政）奏100　（改）奏220
0380	攸	奏151　奏143
0381	敗	二433　（敗）奏134
0382	斂	（斂）二501　（斂）蓋50 （斂）遣30
0383	救	蓋49　（救）奏222 （救）奏154
0384	敦	（敦）奏228　（敦）引82
0385	數	二403　（數）奏12　（數）算17 （數）二179　（數）二150 （數）奏28　（數）奏211
0386	更	（更）奏111　算122　二315
0387	寇	（寇）奏二
0388	變	（變）二31　（變）二233
0389	牧	二433　二38　二422

0390	收	二 501	二 38	引 1
0391	攻	蓋 19	蓋 52	蓋 52
0392	攷	（敳）蓋 1		
0393	教	奏 191	（敎）奏 133	
0394	學	（學）二 279		
0395	卜	二 481		
0396	占	二 390		
0397	用	二 255		
0398	庸	二 255		

卷四

編號	隸定字形	張家山漢簡字形
0399	目	目 引 90
0400	睅	睅（睅）二 485
0401	睘	睘（睘）算 153
0402	鴟	鴟（鴟）奏 126
0403	瞻	瞻（瞻）奏 213　瞻（瞻）奏 223
0404	相	相 算 30　相 二 71
0405	盱	盱（夕）二 27
0406	眽	眽（眽）脈 40
0407	盾	盾 引 56
0408	自	自 二 152
0409	眉	眉（眉）算 80　眉 算 82
0410	皆	皆 二 474
0411	魯	魯（魯）奏 176
0412	者	者 二 106

0413	智	（智）脈55				
0414	百	百 二91	百 二292	百 算11		
0415	鼻	鼻 引27				
0416	鼽	（鼽）引84	（塡）引37			
0417	羽	羽 算131	羽 算131			
0418	翁	（翁）引9				
0419	翟	（翟）二451				
0420	翠	（翠）奏82				
0421	雅	（雅）二113	（雅）奏218			
0422	離	離 二104	（離）奏156			
0423	雕	（雕）二459	（雕）脈51			
0424	雍	（雍）奏123	（雍）奏105	（雍）奏121		
0425	雛	雛 二451	（雛）奏88			
0426	雞	（雞）二268				
0427	雇	雇 引13	雇 引64			

0428	雉	（雉）二 457		
0429	隼	二 457		
0430	奪	（奪）二 260　（奪）蓋 7 （奪）蓋 51		
0431	羊	二 253		
0432	羪	（羪）奏 61		
0433	群	（群）二 140　（群）蓋 7　二 153		
0434	美	二 459　（美）算 141		
0435	鳥	（鳥）蓋 17		
0436	鳳	（鳳）蓋 4		
0437	難	（難）奏 227		
0438	鳴	（鳴）脈 8		
0439	於	二 60　二 215　脈 27		
0440	焉	（焉）引 103　（焉）算 39 （焉）算 29		

0441	畢	（畢）脈 60		
0442	棄	（棄）奏 186	二 88	二 44
0443	再	引 105	算 40	二 234
0444	幾	脈 43	算 34	
0445	玄	二 82		
0446	茲	蓋 37		
0447	予	二 303	蓋 40	二 431
0448	放	（放）二 308		
0449	敖	（敖）蓋 48		
0450	爰	（爰）奏 75	（爰）引 78	
0451	受	（受）二 355　（受）奏 10 （受）引 2		
0452	爭	蓋 32		
0453	敢	二 197　（敢）奏 28　（敢）二 31 （敢）蓋 33		

0454	殊	（殊）二 197		
0455	殔	（殔）二 288	（殔）二 288	
0456	死	二 433	蓋 26	
0457	別	（別）二 176	奏 142	
0458	𣃔	（𣃔）奏 216		
0459	骨	（骨）脈 54	脈 55	
0460	骭	脈 64	脈 25	
0461	體	（體）二 27	（體）脈 53	
0462	肉	二 297	遣 29	
0463	脣	（脣）脈 3	脈 51	
0464	腜	引 18		
0465	臚	脈 8		
0466	腎	脈 39		
0467	肺	（肺）脈 6		
0468	脾	脈 9		

0469	胃	引 27	
0470	腸	脈 8	
0471	膏	脈 20	
0472	背	引 101	
0473	脇	脈 20	
0474	㿗	（㿗）引 28	
0475	肩	脈 27	
0476	肱	蓋 38	
0477	臂	（臂）引 27	
0478	臑	脈 46	（臑）二 142
0479	肘	脈 29	
0480	腹	脈 25	
0481	胅	二 27	
0482	股	（股）脈 21	引 43
0483	肖	脈 13	

0484	胻	脈 12
0485	腨	脈 19
0486	臞	（罪）蓋 33
0487	脫	脈 18
0488	胗	脈 8
0489	骨	（骨）蓋 35　　（骨）蓋 9
0490	胅	引 27
0491	隋	（隋）脈 8　　（隋）二 457
0492	胡	奏 28
0493	脩	奏 153　　奏 135
0494	胸	（胸）二 451
0495	脯	二 20　　（肺）遣 33
0496	肌	脈 25
0497	膫	脈 12
0498	胹	奏 164

0499	膊	奏 164		
0500	腐	脈 56		
0501	脂	算 79		
0502	膜	（膜） 引 62		
0503	肥	奏 164	脈 55	
0504	脊	脈 25		
0505	胃	脈 7		
0506	胎	（胗） 脈 17		
0507	胸	脈 18		
0508	豚	奏 61	二 287	
0509	胕	引 48		
0510	體	（軆） 二 65		
0511	膑	引 100		
0512	腦	引 99		
0513	肥	引 13		

0514	胭	引100			
0515	膕	脈17			
0516	脈	脈47	引99	引90	
0517	膞	（脾）脈3			
0518	膌	（膹）脈23			
0519	牘	引51			
520	筋	脈54	引43		
521	刀	奏199			
522	利	引99			
523	削	引40			
524	初	奏177			
525	則	引14			
526	刻	（刻）奏17	奏64		
527	副	奏136			
528	列	二260	蓋6		

529	剛	![] （ ![] ）蓋 6
530	刊	![] 二 494
531	辦	![] （ ![] ）二 216
532	切	![] 奏 164
533	制	![] 二 11
534	罰	![] （ ![] ）二 51　![] 奏 176
535	刑	![] 二 114　![] 二 163
536	券	![] 二 335　![] 奏 202
537	劇	![] （ ![] ）引 108
538	刺	![] 奏 223　![] （ ![] ）奏 224
539	劊	![] 二 268
540	薊	![] （ ![] ）奏 221
541	劓	![] 二 268
542	刃	![] 二 32
543	劍	![] 奏 42

544	耤	（耤）　算151
545	角	脈17
545	解	奏12
547	觸	蓋40

卷五

編號	隸定字形	張家山漢簡字形
0548	竹	算 129
0549	節	二 19　　二 242　　脈 15　　奏 178
0550	籍	二 157　　奏 140
0551	篇	（篇）二 475 〔字殘〕
0552	范	蓋 12
0553	籓	（篇）引 111
0554	簡	算 70
0555	等	二 132　　二 95
0556	符	二 132
0557	箸	引 72
0558	笄	奏 199
0559	箪	（箪）脈 63 〔字殘〕
0560	箭	（箭）遣 15
0561	笪	算 29

0562	笥	奏 141		
0563	笞	二 120		
0564	箇	算 129		
0565	管	脈 6		
0566	籊	（籊）奏 198	（籊）奏 222	
0567	箄	二 124	算 73	
0568	落	遣 25		
0569	簒	脈 9		
0570	篲	（篲）二 52		
0571	篋	（篋）二 331		
0572	籤	（籤）遣 14		
0573	簿	（簿）奏 124	（簿）奏 56	
0574	簪	二 357	（簪）奏 82	
0575	箕	二 124	算 73	
0576	丌	二 115	奏 34	

0577	典	![字形]（典）二 201　　![字形]二 329
0578	畁	![字形]二 324　　![字形]二 135
0579	奠	![字形]（奠）二 492
0580	左	![字形]脈 8　　![字形]蓋 12
0581	工	![字形]二 278
0582	巧	![字形]奏 153
0583	巨	![字形]引 105
0584	式	![字形]蓋 48
0585	巫	![字形]二 448
0586	甚	![字形]脈 24
0587	曰	![字形]二 275
0588	曹	![字形]（曹）奏 7
0589	乃	![字形]二 114
0590	寧	![字形]（寧）奏 181　　![字形]（寧）奏 185
0591	可	![字形]二 266

0592	奇	奏 213			
0593	于	二 74			
0594	平	二 186	奏 102	二 452	
0595	嘗	奏 216			
0596	喜	蓋 52			
0597	憙	（憙）奏 28			
0598	彭	引 1			
0599	嘉	奏 1			
0600	鼓	二 437			
0601	豐	（豐）二 443 〔字殘〕			
0602	虖	（虖）奏 177	引 97		
0603	虞	蓋 40			
0604	虎	引 64	引 64		
0605	盛	二 299	（盛）遣 13		
0606	盂	（盂）遣 20			

0607	盇	（盇）遣 27		
0608	盈	二 115　　　（盈）二 94　　（盈）二 56		
		脈 53　　　算 165		
0609	益	（益）二 320　　脈 29　　（益）算 96		
0610	醯	（醯）二 299		
0611	盡	二 419　　　二 91　　（盡）脈 13		
		（盡）奏 164　　（盡）算 164		
		二 122　　　二 91		
0612	盧	算 129　　奏 165		
0613	去	引 109　　蓋 40　　奏 5		
0614	血	脈 41　　（血）奏 114		
0615	主	二 488　　二 122		
0616	丹	二 438		
0617	青	蓋 17		
0618	靜	（靜）蓋 37　　（靜）脈 63		

0619	井	二 267					
0620	穽	二 251					
0621	即	算 187	即 二 57	算 29			
0622	既	（既）算 132 〔字殘〕					
0623	爵	（爵）奏 72	（爵）二 289	（爵）二 364			
0624	食	二 234	奏 207	脈 9	二 63		
0625	養	（養）二 343	（養）奏 162	脈 15			
0626	飯	（飯）二 292	（飯）奏 169	（飯）引 53			
0627	飽	（飽）蓋 3	（飽）引 6				
0628	餘	二 241	（餘）奏 83	（餘）算 29			
0629	館	（館）二 459	（館）脈 27				
0630	飢	（飢）蓋 36					

0631	饒	（饒）二 452
0632	饐	脈 41
0633	餽	（餽）二 63
0634	饑	蓋 54
0635	飾	（飾）二 493 〔字殘〕
0636	饗	（饗）引 97
0637	合	二 331
0638	僉	（僉）引 9
0639	今	奏 162　奏 18
0640	侖	引 111
0641	舍	蓋 31　（舍）奏 83　二 167　奏 67
0642	會	二 256
0643	倉	二 449
0644	入	二 61

0645	內	二85	二471	脈39
0646	全	算184		
0647	䚻	（䍃） 引9		
0648	缺	（䀣） 二478		
0649	䂂	二429		
0650	矢	二18	算131	
0651	射	二18		
0652	矰	算166		
0653	矦	二1		
0654	短	蓋1		
0655	矣	脈53	奏134	
0656	高	二455	算141	
0657	亭	（亳） 二266	（亭） 奏75	
0658	市	二44		
0659	央	蓋19	二449	

0660	就	脈12	蓋29
0661	享	二289	
0662	饗	（饗）二354	
0663	厚	算143	
0664	良	二221	
0665	稟	二354	二419
0666	亶	（亶）二482	
0667	嗇	二329	（嗇）奏121
0668	來	奏177	二1
0669	麥	（麥）算99	算89
0670	麵	算89	
0671	致	（致）二219	
0672	憂	奏2	奏4
0673	愛	（愛）引106	
0674	夏	（夏）引105	

0675	舞	（ ） 二 460		
0676	韋	算 153		
0677	弟	二 115		
0678	久	脈 58		
0679	磔	（ ） 二 88		
0680	乘	算 168	算 81	二 291
0681	乖	蓋 32		

卷六

編號	隸定字形	張　家　山　漢　簡　字　形
0682	木	脈 24　　蓋 21
0683	李	二 472
0684	杜	二 486
0685	梓	（梓）二 447
0686	枸	（枸）二 445
0687	槐	（槐）二 443
0688	枳	二 27
0689	權	引 46
0690	楊	奏 88　　（楊）算 111
0691	梧	（梧）奏 154
0692	柳	（柳）奏 177
0693	櫟	（櫟）二 433
0694	榮	二 472
0695	机	（机）遣 36

0696	柏	（柏）二 458
0697	朱	算 30
0698	樹	（樹）二 245
0699	本	脈 39
0700	某	二 275
0701	招	（招）蓋 17
0702	柱	二 60
0703	末	蓋 2
0704	枚	奏 172
0705	橈	奏 143
0706	材	二 249
0707	格	二 494
0708	榑	（榑）脈 51
0709	極	引 67　（極）引 32
0710	柱	脈 54

0711	枡	奏 101
0712	橦	蓋 28
0713	枕	引 49
0714	杷	引 88
0715	櫝	（櫝） 二 501
0716	栢	脈 7
0717	案	奏 188
0718	枓	（棧） 遣 26
0719	椑	（椑） 遣 19
0720	機	二 251
0721	椎	二 27
0722	栝	引 2
0723	樂	引 463
0724	柎	（柎） 引 100
0725	橋	引 414

0726	枹	奏 164	
0727	析	二 457	
0728	梁	（梁）遣 32	
0729	校	奏 195	
0730	采	二 438	引 4
0731	休	引 36	
0732	楬	二 451	
0733	槥	（槥）二 501	
0734	棺	二 284	
0735	梟	引 16	
0736	樹	（樹）蓋 53 〔字殘〕	
0737	杯	（桮）遣 37	
0738	梟	算 91	
0739	板	引 67	
0740	柔	脈 8	

0741	檓	引 14		
0742	東	二 460		奏 60
0743	林	二 249		
0744	無	二 215		脈 20
0745	楚	奏 9		
0746	桑	（茶）奏 165		
0747	之	二 15	（业）奏 185	
		（业）奏 159	二 176	
0748	師	二 365		
0749	出	二 255	（业）脈 2	
0750	南	二 447	奏 144	
0751	生	奏 191	（生）引 106	
0752	產	二 378	脈 38	
0753	隆	二 459		
0754	乇	引 85		

0755	華	二 448			
0756	枀	（枀）算 59			
0757	𦟀	算 66	（𦟀）遣 5	（𦟀）遣 14	
0758	束	脈 54			
0759	橐	（橐）二 437	脈 52	引 111	
0760	囊	（囊）遣 1	（囊）遣 2	（囊）遣 4	
0761	橐	（橐）脈 11			
0762	回	蓋 29			
0763	圜	（圜）脈 51	二 448		
0764	國	二 219			
0765	困	算 148			
0766	園	二 429	二 518		
0767	囚	奏 95			
0768	圖	（圖）遣 8			
0769	困	（困）奏 211			

0770	因	算 27			
0771	固	二 448			
0772	囻	（囻） 算 115			
0773	圉	（圉） 二 456			
0774	員	二 230			
0775	贊	（贊） 二 449			
0776	資	奏 186			
0777	賢	奏 62			
0778	財	二 14	二 186		
0779	貸	（貸） 二 184	（貸） 算 64		
0780	賞	二 14			
0781	賜	二 150	奏 153		
0782	負	算 126			
0783	贅	（贅） 二 387	奏 85	奏 81	奏 92
0784	齎	（齎） 二 289	（齎） 算 38		

0785	贏	（贏）算 32
0786	質	二 429　（質）奏 110
0787	貿	二 261
0788	贖	二 89
0789	費	二 410
0790	責	（責）二 230　（責）二 187　脈 39　二 72
0791	賈	二 260　二 428
0792	販	二 260
0793	買	二 261　算 61　奏 218　奏 8
0794	賤	引 108
0795	貲	（貲）奏 123
0796	貪	蓋 50
0797	賦	二 429　奏 2
0798	購	二 71　二 71

0799	貧	 奏 220  二 254
0800	賕	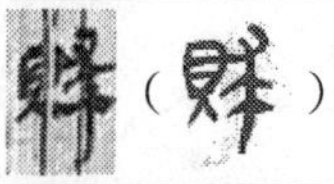 奏 52 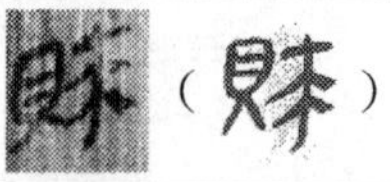 二 60
0801	賣	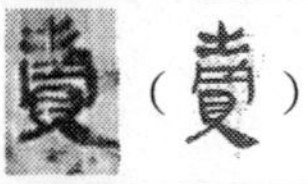 二 260  奏 11
0802	貴	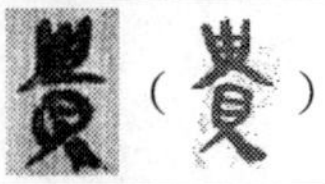 二 242
0803	賓	 蓋 4
0804	賨	 奏 5
0805	邑	 奏 101  奏 222
0806	郡	 二 218  二 213
0807	都	 二 416  奏 1 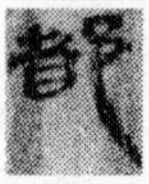 二 452
0808	郵	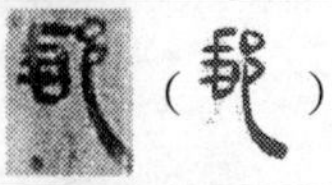 二 266  奏 60
0809	鄰	 蓋 48
0810	鄭	 二 449
0811	郁	 二 451
0812	酆	 二 451〔字殘〕
0813	鄭	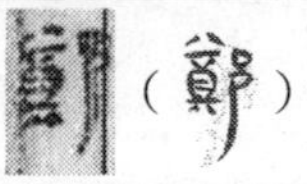 二 448  二 81

0814	部	（部）奏80　（鄙）遣23　二329　二76　二468
0815	邽	二449
0816	邰	（邰）二443
0817	鄘	（鄘）二451 〔字殘〕
0818	岐	二456
0819	邯	奏24
0820	鄲	奏24
0821	鄨	（鄨）奏80　（鄨）奏89　（鄨）奏92
0822	邳	（邳）二451
0823	邾	（邦）二458
0824	鄧	二457
0825	郻	（郻）二506
0826	那	（那）二451

0827	郯	（釆） 引 18　　　　釆 引 17
		釆 引 17　　　釆 脈 26
0828	郎	（郎） 二 504　　　郎 二 513
0829	邛	（邛） 二 447
0830	酈	（酈） 奏 74
0831	鄉	（鄉） 二 247　　　（鄉） 二 465
		（鄉） 奏 70　　　（鄉） 蓋 20
		（鄉） 蓋 20
0832	巷	奏 198　　　二 463

卷七

編號	隸定字形	張 家 山 漢 簡 字 形
0833	日	二 157
0834	時	二 242　　奏 114　　脈 15
0835	昧	（昧）奏 210
0836	旱	奏 82
0837	昏	引 2　　（昏）引 7
0838	昭	奏 119
0839	昫	引 33　　引 112
0840	晉	（晉）二 492 〔字殘〕
0841	晦	（晦）奏 101
0842	昌	奏 49　　奏 89
0843	昔	引 17　　引 14
0844	暑	蓋 31　　引 112
0845	旦	二 4　　二 25
0846	暨	（暨）蓋 44

0847	朝	引41		
0848	旗	奏212	（獇）奏221	
0849	旋	引15	引101	
0850	施	蓋12		
0851	游	（㳺）引2		
0852	族	（㑨）奏18		
0853	簴	（攥）二448		
0854	星	蓋6		
0855	參	引21	算39	
0856	晨	（晨）奏210	（晨）脈21	
0857	月	奏68		
0858	朔	奏121	奏227	奏17
0859	朏	（朏）脈32		
0860	期	二269		
0861	朗	（朗）二457		

0862	有	有 二 403	
0863	明	明 二 479	
0864	夕	夕 蓋 30	
0865	夜	夜 引 42	夜 （夜） 奏 183
0866	夢	夢 （夢） 二 518	
0867	外	外 二 61	
0868	多	多 二 71	
0869	函	函 二 492	函 二 492
0870	甬	甬 引 51	
0871	栗	栗 引 16	栗 引 100
0872	齊	齊 奏 18	
0873	棗	棗 （棗） 脈 12	
0874	版	版 （版） 引 72	
0875	牖	牖 脈 24	
0876	牒	牒 二 256	牒 （牒） 奏 228

0877	禾	算 109	
0878	稼	（稼）二 216	
0879	穡	（穡）二 253	
0880	穜	脈 24	
0881	稷	（稷）蓋 4	
0882	稠	（穗）奏 119	（穗）奏 110
0883	私	二 405	
0884	種	奏 64	奏 63
0885	秫	（秫）遣 4	
0886	稻	算 110	（稻）算 89
0887	秏	算 86	
0888	稗	（稗）二 470	
0889	移	二 328	
0890	稟	二 241	
0891	穎	二 458	

0892	穰	（偄）二447〔字殘〕		
0893	積	算151	算61	
0894	秩	二446		
0895	年	二115	二486	奏11
0896	租	二429	算34	
0897	稅	算38		
0898	稍	（稍）奏139		
0899	秋	二246		
0900	稱	（稱）脈59	（稱）二223	
0901	秅	引100		
0902	稷	（稷）二420		
0903	程	（程）二352	算83	
0904	秭	脈41		
0905	穉	（穉）蓋47		
0906	穤	（穤）二298		

0907	兼	二 140		
0908	黍	算 88		
0909	米	二 7		
0910	粲	二 48	（ ）二 134	
0911	粱	二 456		
0912	糒	奏 135		
0913	精	算 119		
0914	粺	算 111		
0915	糧	蓋 31		
0916	氣	引 108		
0917	粟	奏 176	算 89	算 48
0918	糳	引 108	算 90	
0919	糳	二 18		
0920	粟	蓋 32		
0921	糳	（ ）算 111		

0922	舂	[字形] 二121 [字形] 二100 [字形] 二90 [字形] 二63 [字形] 二55 [字形] 二100		
0923	臽	[字形] 蓋28		
0924	凶	[字形] 蓋29		
0925	麻	[字形] 算90		
0926	鼓	[字形] 遣18		
0927	瓜	[字形] 遣27		
0928	家	[字形] 二462	[字形] 奏190	
0929	宅	[字形] 二315		
0930	室	[字形] 奏166	[字形] 二338	
0931	安	[字形] 二454		
0932	定	[字形] 算142	[字形] 二460	[字形] 二322
0933	宣	[字形] （宣）二85		
0934	宛	[字形] 二447		
0935	察	[字形] 脈61	[字形] （寴）二305	

0936	完	奏 174		
0937	宦	二 466		
0938	富	蓋 46		
0939	實	算 31	算 24	
0940	守	二 102		
0941	宵	奏 178		
0942	宿	（宿） 引 16		
0943	寫	（寫） 二 10	（寫） 二 137	
0944	宜	二 448		
0945	客	蓋 48		
0946	寡	（寡） 二 379	（寡） 二 342	
		（寡） 奏 171		
0947	寬	（寬） 引 105		
0948	宰	（宰） 二 462		
0949	寒	脈 57　（寒） 引 112	（寒） 蓋 31	

0950	害	![圖]蓋 3　![圖]二 251
0951	索	![圖]（索）二 76
0951	宕	![圖]（宕）二 453
0953	宄	![圖]二 479　![圖]二 479
0954	宬	![圖]（宬）二 4　![圖]（宬）奏 153
0955	宮	![圖]（宮）二 96
0956	營	![圖]蓋 19
0957	呂	![圖]（呂）二 85
0958	穴	![圖]（穴）二 437
0959	窔	![圖]引 109
0960	空	![圖]二 462
0961	穿	![圖]二 413
0962	窯	![圖]奏 2　![圖]（窯）奏 4
0963	窬	![圖]算 151
0964	寶	![圖]（寶）二 518

0965	窬	（窬）奏 58		
0966	竈	（竈）奏 129		
0967	窮	（窮）二 152	（窮）奏 211	
0968	突	脈 15		
0969	竅	引 111		
0970	病	脈 2	二 20	脈 19
0971	疾	蓋 38	（疾）二 433	
0972	疕	脈 2	脈 2	（疕）脈 15
0973	疵	（疵）二 498 〔字殘〕		
0974	瘻	（瘻）脈 4 〔字殘〕		
0975	痛	（痛）脈 5	（痛）奏 118	引 33
0976	癰	（癰）脈 12		
0977	瘻	（瘻）脈 4 〔字殘〕		
0978	疢	奏 197		
0979	癥	（癥）引 63 〔字殘〕		

0980	瘅	（瘅）脈13		
0981	瘕	（瘕）奏118	（瘕）奏119	
0982	痍	（痍）二142	（痍）二408	
		（痍）二409		
0983	瘧	脈15	（瘧）脈19	（瘧）脈21
0984	痹	引83		
0985	痿	引37		
0986	疢	（疢）二28		
0987	痏	二28		
0988	瘳	（瘳）二409〔字殘〕		
0989	瘜	（瘜）奏211		
0990	癃	（癃）二363		
0991	痛	脈12		
0992	癉	（癉）引36〔字殘〕		
0993	瘖	（瘖）脈10		

0994	瘂	脈38			
0995	瘦	脈20			
0996	癉	（瘅）引37			
0997	摩	（擘）引90			
0998	癹	引92			
0999	冠	（冠）奏17		（穽）奏177	
1000	同	二20		（司）奏67	
1001	兩	二5		引91	
1002	罪	奏43		（罔）二60	
		（宦）奏179		二15	
1003	署	二275		奏177	二404
1004	罷	（罷）奏137		二482	
		（罷）蓋52			
1005	置	（寘）二222		置（置）二251	
		置（置）蓋50		寘（寘）二221	

1006	罬	（罬）二 42　（罬）二 46 二 38
1007	覆	二 113　（覆）二 116 （覆）二 116　（覆）二 117 （覆）奏 99
1008	巾	遣 28
1009	幅	算 61　（幅）算 61
1010	帶	奏 213　（帶）遣 3
1011	帬	（帬）遣 2
1012	常	二 284　（常）奏 122
1013	幕	奏 166
1014	帷	奏 166
1015	席	二 267　（席）奏 167
1016	布	二 439
1017	希	蓋 37　（希）蓋 39

1018	嬻	（嬻）遣 32
1019	帛	（帛）二 285
1020	錦	（錦）遣 2
1021	白	二 48　　二 100
1022	敝	（敝）二 435　　（敝）奏 167 （敝）奏 167

卷八

編號	隸定字形	張家山漢簡字形
1023	人	二 118　脈 51
1024	仁	蓋 50
1025	佩	奏 220
1026	佰	蓋 44
1027	儋	（儋）奏 146　（儋）奏 158　奏 158
1028	何	二 430　（何）奏 12
1029	備	二 154　奏 75
1030	倫	（倫）蓋 47
1031	付	（付）二 276
1032	偕	二 58　奏 145　算 36
1033	俱	（俱）脈 66　引 97
1034	傅	二 364　二 362　（傅）奏 216　引 38
1035	倚	引 38
1036	什	二 278

1037	佰	二 246	二 246	
1038	侸	二 474	（侸）二 480	
1039	侍	脈 53	蓋 39	
1040	伍	二 260		
1041	作	二 97	奏 220	
1042	便	（便）二 267	（便）遣 29	
1043	侵	（侵）二 245	（侵）奏 194	
1044	假	（假）二 19		
1045	俟	二 446	（俟）奏 132	
1046	償	二 433		
1047	代	二 382	（代）奏 226	
1048	任	二 145	二 484	
1049	使	二 418	（使）奏 168	奏 189
1050	傳	二 233		
1051	倍	蓋 12	算 39	

1052	偏	二 68　奏 211
1053	偽	（偽）二 10　（偽）奏 60
1054	倡	奏 175　（倡）奏 179
1055	伏	（伏）引 72　蓋 38
1056	係	（係）引 41
1057	但	奏 198
1058	伐	奏 115
1059	債	脈 15　（債）奏 198
1060	偃	引 67
1061	傷	二 28　引 5
1062	咎	（咎）蓋 24
1063	佩	奏 218
1064	佐	二 482　奏 176
1065	備	（備）奏 171
1066	伎	二 355

1067	彼	![彼](）（狼）二 65
1068	佛	引 16　　（佛）引 21
1069	傁	（傁）蓋 47
1070	傒	（復）奏 215
1071	傋	（備）引 51
1072	免	二 356　　曆 10
1073	匕	遣 15
1074	真	二 105
1075	化	脈 8
1076	卬	引 100
1077	艮	脈 13
1078	頃	二 240　　二 268
1079	從	二 365　　二 233　　奏 25　　蓋 40
1080	并	二 328　　（并）引 9
1081	比	二 291

1082	北	二 142	奏 110
1083	丘	（北）二 142	
1084	虛	脈 52	
1085	眾	（眾）蓋 29	（眾）奏 64
1086	徵	（徵）脈 51	（徵）蓋 51
1087	重	二 215	蓋 50
1088	臥	脈 41	
1089	監	二 103	二 103
1090	臨	奏 18	奏 19
1091	身	脈 14	
1092	衣	二 284	脈 25 （衣）奏 215
1093	袍	（袍）二 419	
1094	表	（表）二 418	
1095	裛	（裛）算 61	
1096	裏	二 418	

1097	複	（複）遣 10		
1098	襲	（襲）奏 17	（襲）引 10	
1099	被	（被）引 82		
1100	襌	二 419		
1101	襍	（襍）二 179		
1102	補	（補）二 419	（補）奏 228	
1103	褒	（褒）奏 167		
1104	裂	脈 18		
1105	衾	（衾）二 282		
1106	襄	（襄）二 452	（襄）二 282	
1107	卒	二 157		
1108	襦	（襦）二 283	（襦）遣 4	
1109	衰	脈 17	（衰）引 67	
1110	衰	（衰）蓋 53		
1111	裹	（裹）二 356		

1112	斃	斃（斃）奏 168		
1113	裘〔求〕	裘（裘）二 420	求 奏 75	羊 算 111
1114	老	老（老）蓋 32		
1115	孝	孝 二 38	孝（孝）奏 181	
1116	毛	毛 奏 100		
1117	尸	尸 二 486		
1118	居	居 二 520		
1119	尼	尼 引 100		
1120	尻	尻 脈 19		
1121	屋	屋（屋）二 4		
1122	屄	屄（屄）脈 7		
1123	尺	尺 二 418		
1124	屬	屬（屬）二 106	屬 二 486	屬（屬）奏 74
1125	屈	屈（屈）引 18	屈（屈）引 111	
1126	履	履（履）遣 13	履（履）遣 14	

1127	屦	（安）脈 43			
1128	船	二 6	二 7		
1129	舳	（舳）二 7			
1130	艫	（艫）二 7			
1131	服	（服）引 37			
1132	方	二 459	引 36	蓋 1	
1133	兄	二 41	蓋 46		
1134	先	二 378	脈 51		
1135	禿	脈 2			
1136	積	（積）脈 11	（積）引 70		
1137	韓	（韓）脈 2			
1138	見	二 405	奏 101		
1139	視	二 104	奏 42		
1140	觀	（觀）蓋 18			
1141	覺	（覺）二 144	（覺）二 404		

1142	親	（親）蓋 52　（親）蓋 48　（視）二 159
1143	覶	（寶）脈 17
1144	欲	二 115　奏 83
1145	吹	脈 24　（咲）脈 35
1146	歌	（歌）脈 25
1147	歘	（歘）脈 56
1148	歐	二 38
1149	次	二 405　算 41
1150	欺	（欺）奏 193
1151	欿	（訳）引 77　（訳）脈 41
1152	欨	（斜）引 86
1153	歉	（歉）二 456
1154	歠	（歠）引 54
1155	歙	（歙）二 115　（歙）算 66
1156	羨	算 24

| 1157 | 盜 | 二 208 | （登）奏 132 | （登）蓋 4 |

卷九

編號	隸定字形	張家山漢簡字形
1158	頭	（頭）脈 18　　（頭）脈 57
1159	頰	（頰）二 30　　（頰）二 135
1160	頗	（頗）引 81
1161	頸	引 95
1162	頌	奏 76
1163	顒	（顒）奏 169
1164	領	脈 25
1165	項	脈 19
1166	順	奏 51　　蓋 13
1167	顝	（顝）二 208
1168	顙	（顙）脈 5 〔字殘〕
1169	煩	（順）脈 34
1170	顧	（顧）蓋 41

1171	顫	（顫）引81　　（顫）引90　　（顫）引97
1172	顉	（顉）二129　　脈25
1173	頤	（頤）脈4
1174	頻	（頻）二443
1175	面	（面）脈4　　（面）算154
1176	首	奏130　　引99　　（首）奏150　　（首）奏139
1177	縣	二104　　（縣）二19
1178	須	（須）二376　　（須）奏142　　（須）奏145
1179	弱	（弱）脈5
1180	文	（文）二197
1181	髟	（髟）二471
1182	髮	（髮）奏172　　（髮）引2

1183	醫	（）脈 2		
1184	司	二 449		
1185	后	（）遣 2		
1186	令	二 103	二 234	（）奏 61
1187	卷	二 456	引 36	
1188	卻	蓋 33	（）引 82	
1189	印	二 137		
1190	色	（）二 498	（）脈 40	
1191	卿	二 289	（）二 291	
1192	辟	（）二 93　（）二 246 （）引 81		
1193	旬	二 24		
1194	勻	（）二 9 〔字殘〕		
1195	冢	（）二 66		
1196	包	脈 4		

1197	敬	二 414	（莰）奏 137	
1198	鬼	二 254		
1199	畏	二 143	二 266	（畏）奏 132
1200	禺	蓋 37		
1201	山	奏 144	（山）奏 131	
1202	密	（宓）二 458		
1203	府	二 88	（府）二 157	
1204	廉	（廉）脈 29		
1205	庫	（庫）二 461		
1206	廁	引 99		
1207	廣	（廣）奏 89		
1208	廄	（廄）二 46	二 449	
1209	廬	（廬）脈 13	（廬）蓋 15	
1210	廥	（廥）奏 15		
1211	廢	（廢）蓋 2		

1212	庫	庫 二 103	
1213	序	庠（序）二 211	庫（序）蓋 41
1214	庶	庶 二 153	庶（庶）奏 88
1215	庱	庱（庱）奏 138	庱（庱）奏 139
1216	庯	庯（庯）脈 12	
1217	廁	廁（弓）二 502 〔字殘〕	
1218	廄	廄（廄）二 430	
1219	庮	庮（庮）脈 10	
1220	廣	廣 脈 15	
1221	廐	廐（廐）引 101	廐（廐）引 66
1222	厨	厨（厨）二 465	
1223	危	危 引 64	
1224	石	石 二 21	
1225	研	研（研）遣 40	
1226	破	破 算 75	

1227	磬	磬（磬）奏 165	磬（磬）奏 165	
1228	磨	磨（磨）二 267		
1229	砑	砑（砑）脈 58	砑（砑）脈 58	
1230	長	長 二 105	長（長）奏 76	
1231	髳	髳（髳）奏 142		
1232	勿	勿 二 64	勿 奏 225	
1233	易	易 奏 115		
1234	而	而 二 1	而 脈 2	而 二 64
1235	耐	耐 二 123	耐（耐）二 55	
1236	獴	獴（獴）二 459		
1237	狠	狠（狠）二 243		
1238	獰	獰（獰）二 253		
1239	磊	磊（磊）二 253		
1240	貍	貍 算 34		
1241	貙	貙 脈 52		

| 1242 | 豫 | （隊）脈 56 |

卷一〇

編號	隸定字形	張家山漢簡字形
1243	馬	二 251　　蓋 31　　遣 18
1244	馴	二 516
1245	驪	（驪）脈 37
1246	騷	（騷）脈 15
1247	驁	（驁）奏 36
1248	驚	（驚）奏 133　　（驚）脈 24
1249	駕	二 95
1250	騎	（騎）二 217
1251	騰	（騰）奏 113
1252	驀	（驀）奏 83
1253	灄	二 180　　奏 52　　（灄）奏 18 （灄）蓋 48
1254	鹿	（鹿）引 25

1255	麇	（麇）脈 15		
1256	麗	（麗）奏 168		
1257	麒	（麒）二 249		
1258	犬	奏 58		
1259	猲	二 65	（猲）奏 220	
1260	狀	奏 17	（狀）奏 108	脈 8
		（狀）引 22		
1261	犯	（犯）二 492		
1262	狂	奏 52	（狂）蓋 48	
1263	獻	（獻）二 306		
1264	獨	（獨）奏 113	奏 106	奏 150
1265	猶	奏 163	（猶）奏 173	
		（猶）引 111		
1266	狄	（狄）脈 24		
1267	狼	（狼）蓋 51	（狼）引 28	

1268	狐	算 34	算 34	
1269	類	奏 25	（類）奏 77	
1270	獄	二 102	二 102	奏 17
1271	臩	（臩）二 18		
1272	能	二 63	二 251	
1273	熊	引 50		
1274	火	脈 5	（火）蓋 25	
1275	烝	（烝）脈 6		
1276	燔	二 20		
1277	然	脈 24	（然）引 33	
1278	炭	算 126		
1279	灰	（灰）二 249		
1280	煎	（煎）遣 29		
1281	尉	二 145	奏 190	
1282	炊	（炊）引 106	（炊）引 66	

1283	煇	脈 29		
1284	焞	脈 29		
1285	焦	（集）奏 166		
1286	光	二 446		
1287	熱	脈 15	（爇）引 91	
1288	燥	（燥）引 112		
1289	煖	脈 57		
1290	煮	（煮）二 436		
1291	炮	（炮）脈 40		
1292	炎	引 64		
1293	黑	奏 102	（黑）奏 213	
1294	黔	奏 143	奏 222	
1295	黥	（黥）二 27	二 115	
		（黥）二 394	（黥）二 63	
1296	黜	（黜）二 458		

1297	點	奏 9						
1298	黨	（黨）奏 201						
1299	黯	（黯）脈 40						
1300	熒	（熒）二 456						
1301	炙	奏 162						
1302	赤	脈 13						
1303	赦	（赦）脈 2						
1304	大	引 2	二 246	二 35	奏 26			
1305	夾	二 523	引 51					
1306	夸	（夸）引 53						
1307	夷	二 456						
1308	亦	奏 195	二 75					
1309	夛	二 41						
1310	吳	算 96						
1311	奔	（奔）二 399						

1312	交	算 17		
1313	壺	（ ）二 454		
1314	壹	二 217	引 105	
1315	幸	二 430	奏 144	
1316	執	（ ）二 504		
1317	報	二 93	（ ）奏 50	
1318	奏	二 332	二 502	
1319	皋	（ ）二 456		
1320	奘	二 143	算 96	
1321	夫	二 32	二 174	二 387
1322	立	引 50		
1323	端	奏 228		
1324	竝	（ ）蓋 19		
1325	思	（ ）奏 225		
1326	慮	（ ）二 459	蓋 41	蓋 52

1327	心	脈 24		
1328	志	二 216	蓋 37	
1329	忠	（忠）奏 63		
1330	悥	（悥）奏 206		
1331	應	（應）奏 213	（應）引 103	
1332	息	二 265	算 65	算 64
1333	意	蓋 37	引 35	
1334	慎	（慎）二 448	蓋 29	
1335	恢	奏 71		
1336	急	二 265	奏 220	
1337	恃	（恃）奏 86〔字殘〕		
1338	慶	（慶）奏 100	（慶）蓋 19	
1339	忘	（忘）奏 134		
1340	悒	脈 39		
1341	悍	奏 187		

1342	怒	引 107	
1343	怪	（ 怪 ）二 502	
1344	惑	（ 惑 ）蓋 18	
1345	悲	奏 187	蓋 37
1346	惡	（ 惡 ）奏 144	
1347	悔	（ 悔 ）引 53	
1348	恐	蓋 36	
1349	恚	奏 43	
1350	忍	（ 忍 ）二 518	
1351	患	（ 患 ）蓋 52	
1352	惕	（ 惕 ）脈 24	
1353	悉	（ 悉 ）奏 222	
1354	惛	（ 惛 ）奏 57	
1355	愨	（ 愨 ）奏 228	

卷一一

編號	隸定字形	張家山漢簡字形
1356	水	算80　　二249　　蓋12
1357	河	二455
1358	潼	二447
1359	涪	二447　　（涪）二453
1360	江	二449
1361	池	二429
1362	溫	脈15　　（溫）脈22　　（溫）二447
1363	沫	（沫）脈15
1364	沮	二456
1365	涂	奏166
1366	汧	二451　　（汧）奏121
1367	漢	（漢）二440　　（漢）二436
1368	溮	（溮）二465

1369	灊	（灊）脈 19	
1370	漆	二 452	
1371	洛	（洛）二 452	
1372	蕩	（蕩）二 455	
1373	汾	（汾）二 451	（汾）二 447
1374	潞	脈 12	
1375	灌	（灌）二 454 〔字殘〕	
1376	深	算 151	
1377	淮	（淮）奏 77	
1378	泄	脈 8	
1379	潁	（潁）二 460 〔字殘〕	
1380	沂	二 448	
1381	濁	（濁）蓋 30	
1382	濕	（濕）二 516	
1383	治	脈 47	

1384	濟	（濟）二 436		
1385	濡	（濡）脈 54		
1386	沛	（沛）二 443		
1387	沽	（沽）脈 52		
1388	衍	（衍）二 451		
1389	清	蓋 30	（清）引 100	
1390	浧	（浧）二 455		
1391	波	（波）二 413 〔字殘〕		
1392	浮	脈 55		
1393	湍	（湍）引 48		
1394	滑	（滑）脈 63 〔字殘〕		
1395	澤	（澤）二 454		
1396	淫	脈 12	（淫）脈 56	
1397	沙	（沙）二 456		
1398	淺	（淺）脈 61		

1399	涅	二 455
1400	洫	（洫）脈 53
1401	溝	（溝）二 413
1402	瀆	脈 54
1403	渠	（渠）二 413
1404	津	二 509　 （津）二 504　 （津）二 505
1405	沒	（沒）二 97　 （沒）二 258　 （沒）二 260
1406	渡	（渡）二 6
1407	泛	（泛）脈 60 〔字殘〕
1408	沈	（沈）脈 56
1409	漬	引 33
1410	決	二 115　 （決）二 178
1411	涊	脈 54

1412	渴	脈 9			
1413	汙	奏 114			
1414	湯	（湯）二 519			
1415	浚	（浚）脈 9			
1416	澆	（澆）脈 3 〔字殘〕			
1417	汁	脈 12			
1418	洒	（洒）引 2			
1419	淬	奏 167			
1420	沐	引 4			
1421	浴	引 4			
1422	澡	引 4			
1423	汲	二 455			
1424	泣	脈 2			
1425	汗	脈 14			
1426	泰	（泰）脈 33		（泰）算 88	

		（秦）算89	
1427	瀶	（𩰰）奏54	（𩰰）二102
1428	漕	（漕）二523	
1429	潄	（潄）引4	
1430	滅	（滅）蓋46 〔字殘〕	
1431	減	二434	二14
1432	澨	（澨）脈63 〔字殘〕	
1433	潋	（潋）脈60	
1434	泃	引2	
1435	沃	（沫）引64	（沃）引64
1436	涿	（涿）引98	
1437	溮	（溮）脈2	（溮）引33
1438	滔	（滔）脈53	
1439	暴	脈10	（暴）蓋52
1440	濴	（濴）二267	

1441	漢	（漢）二 450
1442	澅	（澅）奏 183
1443	潛	（潛）奏 166
1444	冰	奏 54
1445	流	脈 55
1446	涉	二 454
1447	州	二 449 　　（州）二 463
1448	泉	二 458
1449	原	二 448
1450	永	（永）二 463
1451	谷	（谷）二 245
1452	谿	二 523
1453	冬	二 419
1454	冭	奏 1
1455	雨	奏 82 　　蓋 31

1456	露	（露）引 103	
1457	霑	（霑）引 2	
1458	雲	（雲）二 448	蓋 30
1459	魚	脈 33	
1460	燕	（燕）二 460	
1461	龍	（龍）蓋 17	
1462	非	二 104　（非）二 95	
1463	靡	（靡）引 11	

卷一二

編號	隸定字形	張家山漢簡字形
1464	孔	奏212　 奏216
1465	乳	（乳）脈1
1466	不	（𣎵）奏181　（𣎵）奏7 奏141
1467	至	（𦤳）蓋35
1468	到	（𦤳刂）二565　（𦤳刂）二55 （𦤳刂）奏174
1469	臺	（臺）蓋53
1470	西	（㢴）二266
1471	鹵	蓋41
1472	鹽	（鹽）二233　（鹽）二461 （鹽）奏181
1473	戶	二174
1474	扇	奏172

1475	房	（房）二454
1476	門	（門）二52
1477	閒	脈16
1478	開	（開）二305　（閔）二308
1479	閉	（閉）二308
1480	閑	（閑）二460
1481	闕	（闕）算144〔字殘〕
1482	闌	脈50
1483	關	（關）二74
1484	閱	（閱）二498
1485	闓	引103
1486	闕	（闕）奏216　（闕）奏210
1487	耳	脈27
1488	聽	（聽）二216　（聽）奏42　（聽）奏190　（聽）奏191

1489	聊	（ 𦕅 ）二 460	
1490	聾	脈 19	
1491	職	（ 䐼 ）二 498	（ 䐼 ）二 509
1492	聖	（ 𦕈 ）脈 56	
1493	聞	（ 聞 ）奏 143	
1494	聲	奏 200	
1495	聶	（ 聶 ）二 407 〔字殘〕	
1496	手	（ 𠂔 ）脈 27	（ 手 ）引 88
1497	指	（ 恉 ）二 2	（ 拍 ）脈 22
1498	掌	（ 掌 ）引 97	
1499	拇	（ 𠬪 ）引 86	
1500	𢫦	（ 𢫦 ）引 102	
1501	拳	脈 10	
1502	揎	（ 揎 ）引 88	
1503	㩋	（ 㩋 ）二 150	（ 㩋 ）二 393

1504	操	（操）奏 200		
1505	摯	（摯）奏 124 〔字殘〕		
1506	提	（提）算 188		
1507	挾	二 18		
1508	據	（據）引 46	（據）引 57	（據）引 81
1509	把	（把）引 36	（把）引 41	
1510	擘	（擘）脈 17	（擘）引 86	
1511	摩	（鐵）二 27		
1512	招	引 27		
1513	揗	引 51		
1514	掾	（掾）奏 75		
1515	擇	（擇）奏 147		
1516	撫	（撫）奏 147		
1517	投	（投）二 118		

1518	据	（据）奏83		
1519	抱	（拘）引60		
1520	搖	（摚）引10		
1521	舉	奏203　（舉）奏216 （舉）奏227　（舉）引100		
1522	撟	（撟）引15		
1523	擅	（擅）二272　（擅）二410		
1524	援	（援）蓋32		
1525	失	二4		
1526	揮	（揮）引15		
1527	擊	（擊）奏43　（擊）奏42 （擊）蓋6　（擊）蓋21		
1528	捕	（捕）奏81　（捕）二61 （捕）奏40		
1529	挈	（挈）算79		

1530	挌	挌 奏146			
1531	扜	扜（扜）二506			
1532	拯	拯（拯）二431			
1533	擾	擾（擾）奏115			
1534	扼	扼（扼）奏83			
1535	搤	搤（搤）引73			
1536	捆	捆（捆）脈52			
1537	脊	脊（脊）脈7		脊（脊）脈17	
1538	女	女 二88	女 奏183	女 奏218	
1539	妻	妻（妻）二44		妻（妻）奏122	
1540	嫁	嫁 奏191			
1541	姬	姬（姬）二221			
1542	婦	婦（婦）二40		婦（婦）脈37	
1543	母	母 二2			
1544	姊	姊（姊）二41			

1545	威	（威）二 133	
1546	婢	（婢）二 30	
1547	奴	奏 40	
1548	始	（始）蓋 6	（始）蓋 35
1549	委	（委）二 412	
1550	好	（好）二 443	（好）奏 137
1551	媚	（媚）奏 10	（媚）奏 12
1552	如	二 63	脈 8
1553	嬰	（嬰）二 243	
1554	嬈	（嬈）奏 138	
1555	婁	（婁）引 112	（婁）遣 23
		（婁）遣 40	
1556	奸	（奸）奏 193	
1557	嬐	奏 61	
1558	姦	（姦）奏 78	

1559	欻	![字形]（扴）二 81
1560	毋	![字形]（毋）二 15
1561	民	![字形]二 86　![字形]奏 82
1562	弗	![字形]（弗）奏 61　![字形]（弗）二 20
1563	也	![字形]（也）二 12　![字形]（㐌）奏 12 ![字形]（也）二 95
1564	氏	![字形]（氏）二 456　![字形]（氒）奏 137
1565	氒	![字形]（氒）二 459　![字形]（氒）二 465
1566	戉	![字形]（戉）二 186　![字形]（戉）奏 53
1567	戎	![字形]（戎）二 453 〔字殘〕
1568	或	![字形]（或）二 18
1569	賊	![字形]（賊）二 22　![字形]（賊）奏 75
1570	武	![字形]奏 77　![字形]（武）奏 92 ![字形]（武）二 456　![字形]（武）奏 82
1571	戈	![字形]奏 172　![字形]（戈）算 34　![字形]（戈）蓋 4

1572	戰	（斠）奏 135	（戰）蓋 17	
1573	戲	（戲）二 21		
1574	戟	（戟）二 504		
1575	我	蓋 41	蓋 38	
1576	義	（義）蓋 37	（義）奏 15	（義）奏 139
1577	直	（直）二 55	（直）蓋 48	
1578	亡	（亡）二 6	（亡）奏 199	
1579	望	蓋 30		
1580	匃	（匃）奏 200		
1581	匿	（匿）二 19		
1582	匹	（匹）二 507		
1583	匽	（匽）引 23		
1584	匠	（匠）二 462		
1585	匱	（匱）二 331		
1586	匣	（匣）二 331		

1587	匾	（匾）遣 38	
1588	曲	（曲）引 70	
1589	甄	引 99 （甄）二 460	
1590	甌	（甌）遣 31	
1591	甌	（甌）奏 51	
1592	張	脈 8 引 3	
1593	引	（引）二 502	
1594	弘	奏 184	
1595	弩	（弩）二 414	
1596	發	（發）二 230 （發）奏 226 （發）二 332	
1597	弦	（弦）奏 128	
1598	孫	（孫）二 82	
1599	繇	（繇）二 279 （繇）奏 189	

卷一三

編號	隸定字形	張家山漢簡字形
1600	紀	（紀）蓋 6
1601	絕	蓋 12
1602	經	（經）引 33
1603	織	（織）算 40　　　（織）算 40
1604	繹	（繹）奏 150
1605	紿	二 261
1606	緒	（緒）二 258
1607	約	二 411　　　（約）脈 8
1608	級	（級）二 186
1609	細	（細）二 328
1610	縛	（縛）二 65　　　（縛）引 48
1611	繙	（繙）二 258
1612	結	脈 18

1613	縱	（縱）二 109　　（縱）奏 81 （縱）奏 104
1614	給	二 233
1615	總	（總）奏 106
1616	續	（續）二 235
1617	綈	（綈）遣 6
1618	練	（練）算 78
1619	繒	算 61
1620	縵	（縵）二 285
1621	縑	（縑）遣 13
1622	絹	（絹）奏 215
1623	縞	（縞）二 258
1624	縠	（縠）遣 25
1625	綾	蓋 30
1626	紺	奏 219

1627	綺	綺 二418
1628	紐	（紐）二7
1629	緹	（緹）遣30
1630	縷	（縷）二258
1631	緩	（緩）二456
1632	繩	（繩）二249
1633	繕	（繕）二413
1634	緣	（緣）二282
1635	纍	遣10
1636	絡	二418
1637	繪	引100
1638	纇	（纇）奏181
1639	維	（維）蓋6
1640	緘	（緘）二331
1641	紃	（紃）奏110

1642	絮	二 282		
1643	繳	奏 17		
1644	絺	（絺）二 258		
1645	纔	（纔）二 258		
1646	絜	（絜）奏 228		
1647	繆	（繆）引 111		
1648	絢	（絢）引 76		
1649	**紼**	（紼）脈 37		
1650	繘	（繘）遣 32		
1651	緭	（緭）二 258		
1652	纝	（纝）二 258		
1653	**繄**	（繄）蓋 6		
1654	綷	（綷）遣 9		
1655	素	（素）奏 184	遣 25	奏 183
1656	緩	（緩）蓋 51		

1657	絲	（絲）算 78	
1658	虫	脈 3	
1659	蛕	脈 6	
1660	蜀	奏 56	
1661	雖	二 68	奏 188
1662	強	二 65	二 193
1663	蠿	（蠿）引 17	
1664	蠻	（蠻）二 19	
1665	蚤	奏 222	
1666	蟟	脈 3	
1667	蠭	（蠭）脈 4	
1668	蠶	奏 177	
1669	蚤	奏 117	
1670	蜚	奏 172	
1671	風	蓋 33	

1672	它	奏 100	引 99	
1673	黿	（圭甶）引 8		
1674	卵	二 249		
1675	二	二 7		
1676	亟	二 140	奏 172	
1677	恆	（恆）引 99	（外夕）二 333	
1678	凡	蓋 1		
1679	土	二 250		
1680	均	（均）蓋 25		
1681	地	奏 157		
1682	在	脈 3		
1683	坐	引 99	引 69	
1684	坦	二 414		
1685	堂	蓋 19	引 4	
1686	壁	（壁）引 36		

1687	填	蓋 29		
1688	堤	蓋 19		
1689	封	二 16	二 274 2	
1690	璽	二 9		
1691	墨	脈 24		
1692	城	二 12	（城）奏 24	
1693	壘	蓋 35		
1694	埤	（塊）引 9		
1695	塹	（塹）奏 198		
1696	增	蓋 13		
1697	塞	（塞）二 495 （塞）奏 53	脈 15 引 40	
1698	垔	引 18		
1699	毀	算 90	算 102	
1700	壞	（壞）二 410		

1701	埃	蓋 30
1702	垂	引 53
1703	壇	蓋 30
1704	塊	（塊）引 9
1705	甕	奏 205
1706	坐	算 82
1707	里	二 217
1708	野	二 448
1709	田	二 305
1710	畸	（𤰜）奏 128
1711	疇	（𤲃）二 365　（𤲠）二 486
1712	畝	二 246　　算 169
1713	畔	（𤱿）二 451
1714	畛	二 246
1715	時	奏 137

1716	留	二234　 奏60		
1717	略	（略）二459		
1718	界	二104　 （ ）二141		
1719	當	奏2　 二88　 二68		
1720	畜	二49		
1721	黃	二76		
1722	男	二418　 奏1　 奏2　 奏193		
1723	力	二142		
1724	功	二62　 奏177		
1725	助	奏24		
1726	務	（ ）蓋51		
1727	勝	蓋11　 （勝）蓋38　 （勝）脈55		
1728	勉	（ ）奏105		
1729	勞	二482		

1730	劫	二 72	
1731	**勢**	（勢）奏 181	（勢）奏 187
1732	加	（加）二 373	
1733	勸	奏 228	
1734	劾	二 180	（劾）二 144
1735	募	（募）二 308	
1736	勤	脈 39	

卷十四

編號	隸定字形	張家山漢簡字形			
1737	金	二 52	二 137	二 129	奏 70
1738	銅	二 455			
1739	鐵	（鐵）二 27			
1740	鉛	（鉛）二 197			
1741	錫	（錫）二 454			
1742	銀	（銀）二 436			
1743	銷	二 437			
1744	錮	二 38	奏 66		
1745	鑄	（鑄）二 208			
1746	鑠	（鑠）二 197			
1747	鍑	（鍑）遣 31			
1748	錄	（錄）二 397			
1749	鋌	（鋌）遣 36			
1750	鋏	奏 165			

1751	鎣	（鎣）遣 26
1752	銚	奏 114
1753	鈞	引 40
1754	錯	（錯）奏 50
1755	鈌	奏 177
1756	錘	（錘）二 27
1757	銳	（銳）二 27
1758	錢	算 76　　二 150　　奏 71
1759	鉅	脈 19
1760	銖	二 438
1761	鈎	遣 11
1762	釰	二 27
1763	鈴	（鈴）脈 65
1764	鈴	引 48
1765	處	奏 211

1766	且	![] 蓋41　![] 奏189
1767	俎	![] 奏164
1768	雎	![]（雎）二443〔字殘〕
1769	斤	![] 算81　![] 二418
1770	新	![] 二455　![] 奏80　![] 奏89　![] 奏142
1771	斲	![] 脈54
1772	所	![] 二95　![] 算75　![] 算118
1773	斷	![] 二27
1774	斗	![] 二233
1775	升	![] 算38
1776	料	![]（料）二351
1777	魁	![] 奏116
1778	矛	![] 遣37
1779	車	![] 二314
1780	軺	![]（軺）遣18

1781	軹	二 477
1782	載	二 411
1783	輿	二 458
1784	輕	奏 194
1785	輒	算 14
1786	輸	奏 181
1787	輯	引 85
1788	轉	蓋 6
1789	輩	奏 140
1790	軍	二 440　二 471　蓋 12　奏 43
1791	軵	二 157　引 56
1792	輔	蓋 5
1793	斬	二 88　奏 158
1794	軒	（封）引 21
1795	輓	引 99

1796	輮	 引 51
1797	官	 二 318  二 157
1798	陵	 二 449  蓋 11
1799	阪	 () 二 247〔字殘〕
1800	陰	 二 458  脈 47
1801	陽	 二 455  脈 17
1802	降	 奏 38  奏 9
1803	陸	 二 452  () 奏 64
1804	阿	 二 460
1805	陷	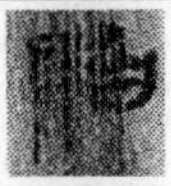 () 二 247，
1806	隫	 二 414
1807	險	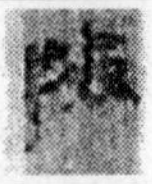 () 二 266
1808	附	 脈 54
1809	隱	 () 脈 365  奏 29
1810	陳	 蓋 18  蓋 17

1811	隄	二 249			
1812	隴	（隴）二 249			
1813	障	二 1			
1814	陜	二 455			
1815	除	二 246	算 19	二 72	二 71
1816	院	（院）二 182	（院）二 183		
1817	陛	二 455			
1818	際	脈 2			
1819	陰	引 105	引 93		
1820	隊	（隊）二 405			
1821	四	二 356	遣 17		
1822	五	二 355	曆 6		
1823	六	二 255	二 55	算 115	
1824	七	算 179	二 418		
1825	九	算 37			

1826	禽	蓋 5		
1827	萬	二 150	算 11	
1828	禹	引 101		
1829	獸	蓋 5		
1830	甲	二 216		
1831	乙	奏 97	曆 6	
1832	乾	算 87		
1833	亂	脈 50	蓋 54	蓋 30
1834	尤	二 232		
1835	丙	蓋 55		
1836	丁	曆 11	奏 183	
1837	戊	蓋 20		
1838	成	二 448	算 150	
1839	己	蓋 20		
1840	巴	奏 181		

1841	庚	曆 14		
1842	辛	蓋 55	曆 5	奏 126
1843	辜	二 39		
1844	辡	（辡）奏 71		（辡）奏 90
1845	辯	奏 42		
1846	王	蓋 55	曆 10	
1847	癸	奏 100	奏 106	蓋 20
1848	子	二 474	二 343	曆 12
1849	孿	（孿）蓋 30		
1850	字	二 475		
1851	存	二 104	奏 218	
1852	孺	（孺）二 475		
1853	毃	（毃）二 249　　　　（毃）蓋 4　　　　（毃）奏 191		
1854	季	奏 176	蓋 55	

1855	孽	（孽）二361	
1856	疑	蓋32	
1857	孃	（孃）二361	
1858	孱	二456	
1859	疏	（疏）蓋13	（疏）二256
1860	丑	奏1	
1861	寅	曆10	
1862	卯	曆6	
1863	辰	蓋20	奏68
1864	巳	曆15	曆14
1865	已	二396	
1866	以	奏19	引101
1867	午	曆12	
1868	未	二178	
1869	申	蓋11	曆1

1870	臾	引 31	
1871	酉	曆 12	
1872	酒	二 292	
1873	醴	（醴）二 361	
1874	醫	（醫）二 292	
1875	醉	（酨）脈 10	
1876	酸	（酸）二 457	
1877	醬	（醬）二 292	
1878	茜	二 486	
1879	醛	（醛）奏 121	
1880	尊	（尊）二 302	（尊）奏 187
1881	戌	曆 11	
1882	亥	蓋 20	曆 14

一 張家山漢簡和秦簡牘均明顯可見的延長筆畫

(一) 延長的「丿」、「乁」筆

單字 或 偏旁	例字	張家山漢簡		秦簡牘	
寸	寸	奏 162	算 153	龍 14《秦》	里 8-550《里》
	將	二 140	蓋 41	嶽簡 473《秦簡》	龍簡 16《秦簡》
	等	二 114	奏 213	睡.效 60《秦》	里 8-314《里》
	符	二 74	奏 29	睡.乙 106《秦》	龍簡 4《秦簡》
	簿	奏 56	奏 124	里 8-133《里》	里 8-434《里》
	傅	引 113	奏 216	睡.律 145	睡.律 53《秦簡》
	傳	二 233	奏 18	龍簡 2《秦簡》	里 8-673 背《里》
	爵	（壽）二 395 （壽）奏 88		里 8-702 背《里》	
	樹	（樹）二 245		關簡 195《秦簡》	
	時	二 305	脈 15	里 8-24《里》	
	守	二 474	奏 68	嶽郡 1《秦簡》	里 8-68 正《里》

	冠	奏 17	奏 177	里 8-1363《里》
	付	二 276		里 8-29《里》
	侍	脈 53	蓋 39	關簡 351《秦簡》
	府	二 88	二 193	里 8-175 正《里》
	耐	二 97	奏 53	里 8-805《里》 龍簡 109《秦簡》
	尉	二 145	奏 192	里 8-699 背《里》
戈	幾	算 38	算 64	睡.法 136《秦》 睡.法 152《秦》
司	司	二 312	二 365	嶽占 36 正《秦》 里 8-695 正《里》
	笥	遣 34	奏 152	里 8-906《里》 里 8-145 正《里》
丂	巧	二 279	奏 226	睡.甲 154 正《秦簡》 里 8-1423《里》
乃	乃	奏 42		里 8-758《里》
可	可	二 17	算 19	睡.答 7《秦簡》 里 8-2088《里》

	奇	奇 奏 213	里 8-1519 正《里》
	何	何 算 38　何 奏 218	里 8-1434《里》
	騎	（騎）二 446　（騎）二 522	龍簡 59《秦簡》
于	于	于 二 74　于 奏 105	里 8-170 正《里》
月	月	月 算 64	嶽.二十七質 2 正《秦簡》
蜀	屬	屬 二 147　屬 奏 90	里 8-1515 正《里》
曷	謁	謁 二 86　謁 奏 7	關簡 229《秦簡》　里 8-55《里》
	楬	（楬）二 451	關簡 211《秦簡》

(二) 延長的「丨」、「丨」、「丿」筆

單字或偏旁	例字	張家山漢簡	秦簡牘
卂	訊	訊 奏 71　（訊）奏 161	里 8-246《里》
人	信	信 奏 75	里 8-987《里》
南	南	南 二 456　南 奏 23	里 8-2178《里》

屰	朔	奏 68	奏 121	里 8-2093《里》
巾	布	奏 90	奏 80	關簡 311《秦簡》 里 J1(9)6 正《秦簡》
	常	（帝）奏 122		嶽.占 27 正《秦簡》

(三) 延長的「丶」、「乚」、「乚」、「乙」、「乚」、「乚」筆

單字或偏旁	例字	張家山漢簡		秦簡牘
兌	說	奏 163	奏 164	關簡 254《秦簡》
人	死	二 9	奏 151	嶽.占 22 正《秦簡》 里 8-1518 正《里》
儿	兄	二 41	奏 24	睡.封 93　 嶽.占 26 正《秦簡》
	先	二 335	奏 132	關簡 329《秦簡》 里 8-135 正《里》
	禿	脈 2		里 8-140 正《里》
卒	卒	二 157	奏 211	關簡 323《秦簡》　 里 8-135 正《里》
之	之	二 60	奏 68	嶽.為 63 正《秦簡》　 里 8-547《里》

完	完	二 12 奏 188	睡.律 156《秦簡》 龍簡 42《秦簡》
毛	毛	奏 108 奏 110	嶽.為 17 正《秦簡》 里 8-835《里》
見	見	奏 101 脈 40	睡.封 95《秦簡》 里 8-1067《里》
	視	奏 39 奏 42	睡牘 11 正《秦簡》 里 8-880《里》
丮	孰	二 20	里 8-1230《里》
卩	肥	奏 164 脈 55	里 8-1619《里》
	節	（節）二 514 脈 15	嶽.占 3 正《秦簡》 里 8-1221《里》
	即	算 17 算 29	龍簡 158《秦簡》 里 8-1071《里》
	卬	引 17 脈 37	里 8-735 背《里》 里 8-2254《里》
	色	（色）二 498	里 8-155 里 8-2294《里》
	印	二 137	睡.律 64《秦簡》

		（印）引 79	里 8-1823《里》	
人	鬼	（畏）二 48 （畏）奏 158	里 8-805 里 8-1515 正《里》	
弟	弟	（弟）奏 201	嶽.占 11 正《秦簡》	
只	枳	二 27 二 65	里 8-855《里》 里 8-2254《里》	
貝	負	二 8 算 73	嶽.占 9 正《秦簡》 里 8-2274《里》	
邑	邑	二 308 奏 222	關簡 55《秦簡》 里 8-753 正《里》	
	郡	（郡）二 218 （郡）二 474	嶽簡 617《秦簡》 嶽郡 5《秦簡》	
乍	作	奏 54 奏 56	里 8-1434 背《里》	
免	免	二 211 奏 65	龍牘正《秦簡》	
欠	欲	二 343 算 32	嶽.占 42 正《秦簡》 里 8-1442 背《里》	
	次	二 274 二 361	里 8-1329《里》	

頁	須	（頁）二 361 （頁）引 32	睡牘 11 號背《秦簡》 里 8-204 背《里》
衣	衣	奏 213 遣 9	睡牘 11 正《秦簡》 里 8-894《里》
	袠	算 142 算 145	里 8-135 正《里》
	初	奏 117 奏 177	里 8-1518 正《里》
心	心	脈 25 奏 43	嶽.占 6 正《秦簡》 里 8-2088《里》
	惡	（亞）脈 24	睡.放.甲 55《秦簡》
	忠	（忠）奏 69	里 8-40《里》
	息	二 265 脈 43	睡.為 16《秦簡》 里 8-290《里》
	急	（急）二 213 （急）奏 211	里 8-756《里》
	忘	（忘）奏 134	嶽.為 39 正《秦簡》
	悍	（悍）奏 187 （悍）奏 188	里 8-78 正《里》

(四) 延長的「乀」、「丶」、「丨」筆

單字或偏旁	例字	張家山漢簡		秦簡牘
食	食	奏 162	奏 163	嶽.占 42 正《秦簡》
又	宋	奏 153	奏 213	
欠	次	二 405	奏 182	里 8-1329《里》
頁	須	奏 142		睡牘 11 號背《秦簡》 里 8-204 背《里》
	順	（順）奏 225		嶽.占 2 正《秦簡》

二 張家山漢簡明顯可見的延長筆畫，秦簡牘尚未明顯突出

(一) 延長的「丿」、「乀」筆

單字或偏旁	例字	張家山漢簡		秦簡牘
句	句	（勹）引 55 引 59		睡.為 51《秦》 嶽.為 60 正《秦簡》
	拘	（拘）引 32		睡.律司 147《秦》
	笱	奏 116	奏 117	嶽.為 59 正《秦簡》 關簡 326《秦簡》

	鉤	引 16		嶽.占 26 正《秦簡》	
	詢	二 41		睡.甲 9 背《秦簡》	
寸	博	（博）二 186		嶽三十五質 11 正《秦簡》	
		（博）二 458			
	謾	二 12	奏 219	里 J1(9)981 正《秦簡》	
	尋	（尋）引 22		睡.甲 13 正《秦簡》	關簡 57《秦簡》
		（尋）引 67			
	寺	二 4	二 410	睡.律 182《秦簡》	甲 59 背《秦簡》
	奪	（奪）二 143		睡.封 32《秦簡》	睡.乙 17《秦簡》
		（奪）蓋 51			
	射	二 414	二 466	睡.雜 2《秦簡》	龍簡 156《秦簡》
戈	識	二 431	奏 110	睡.律 86《秦簡》	里 J1(9)3 正《秦簡》
成	誠	（誠）奏 196		睡.封 38《秦簡》	睡.封 51《秦簡》
肉	脂	算 79	算 80	睡.律 128《秦簡》	
				關簡 324《秦簡》	
刀	罰	奏 62	奏 176	睡.語 13《秦簡》	
				嶽.為 49 正《秦簡》	

子	游	（㳺）奏221		睡.雜5《秦簡》	里8-461 正《里》
萬	㒼	二233		睡.律180《秦簡》	
				睡.律182《秦簡》	
卂	瘁	二363	二408	睡.乙110《秦簡》	
				睡.甲55《秦簡》	
令	令	奏61	奏153	關簡313《秦簡》	里8-1047《里》
於（烏）	於（烏）	奏194	奏122	睡.語3《秦簡》	嶽.為52 正《秦簡》
犬	猶	（猷）奏163		睡.語12《秦簡》	
				睡.答115《秦簡》	

(二) 延長的「丨」、「亅」、「丿」筆

單字或偏旁	例字	張家山漢簡	秦簡牘
隹	誰	（𧨼）奏113 （誰）奏191	睡.編53《秦簡》
	雅	奏218	睡.答12《秦簡》
	難	（難）奏156	放.甲15《秦簡》 嶽.為42 正《秦簡》

革	鞠	（鞠）奏71 （鞠）奏155	龍簡正1《秦簡》 里8-2191背《里》
爪	雛	（雛）奏99 （雛）奏100	放.志2《秦簡》 睡.律4《秦簡》
牛	解	奏20 奏42	睡.封70《秦簡》 關簡241《秦簡》
今	今	奏189 算28	睡.答168《秦簡》關簡244《秦簡》
丁	亭	奏61 算149	睡.效52《秦簡》 里8-665正《里》
木	杜	奏188	（杜）睡.甲149背《秦簡》
	柳	奏176 奏177	睡.律131《秦簡》 關簡160《秦簡》
	枚	奏172 奏172	里8-892《里》
禾	積	算61	睡.效27《秦簡》 里8-665正《里》
	租	奏116 算35	嶽.占42正《秦簡》里8-135正《里》
子	孝	奏186 奏188	睡.封51《秦簡》 里8-2098《里》

(三) 延長的「乀」、「乚」、「乚」、「乁」、「乚」、「乚」筆

單字或偏旁	例字	張家山漢簡		秦簡牘	
乍	詐	奏 54	奏 60	睡.乙 23《秦簡》	里 8-1423《里》
秀	誘	奏 24	奏 153	（誘）睡.律.田 1《秦》	
丮	孰	二 20		里 8-1230《里》	
貝	則	引 92	引 112	青牘正 1《秦簡》	睡.語 6《秦簡》
	員	二 416		睡.為 26《秦簡》	里 8-1615《里》
	賢	（賢）奏 62		睡.為 5《秦簡》	里 8-133 背《里》
	賞	（賞）奏 65		睡.效 34《秦簡》	關簡 195《秦簡》
	贅	奏 81	奏 95	睡.為 21《秦簡》	里 8-1743 背《里》
	質	（質）奏 100		睡.答 148《秦簡》	龍簡 48《秦簡》
		（質）奏 110			
	賈	（賈）奏 204		睡.效 12《秦簡》	里 8-863 正《里》
	買	奏 100	奏 105	睡.律 69《秦簡》	里 8-154 正《里》
	貲	（貲）奏 123		睡.效 15《秦簡》	里 6-32《里》

	實	[字]算 31　[字]奏 107	[字]睡.乙 37《秦簡》　[字]里 6-837《里》
頁	穎	[字]二 458	[字]嶽郡 1《秦簡》　[字]嶽郡 7《秦簡》
	頃	[字]二 310　[字]算 188	[字]青牘正 1 《秦簡》 [字]睡.答 64《秦簡》
	頸	[字]（頸）引 49	[字]放.甲 34《秦簡》 [字]睡.甲 35 背《秦簡》
	項	[字]脈 17　[字]引 100	[字]睡.答 75《秦簡》 [字]嶽.占 22 正《秦簡》
	顧	[字]（顧）奏 200 [字]（顧）奏 200	[字]睡.乙 107《秦簡》 [字]嶽.為 41 正《秦簡》
	類	[字]（類）奏 204	[字]睡.封 76《秦簡》 [字]嶽.占 3 正《秦簡》
宀	宅	[字]二 322　[字]二 315	[字]睡.甲 37 背《秦簡》　[字]里 6-37《里》
只	疧	[字]（疧）二 28	[字]睡.答 88《秦簡》 [字]睡.答 89《秦簡》
止	楚	[字]奏 12　[字]奏 89	[字]睡.乙 243《秦簡》　[字]睡.日甲 65《睡》
犬	狀	[字]（狀）奏 108	[字]放.志 4《秦簡》 [字]睡.封 83《秦簡》

獨	（獦） 脈 34	睡.答 201《秦簡》 里 8-141 正《里》	
獻	（戲） 二 509	睡.律 64《秦簡》	里 8-768 正《里》
猶	（猶） 引 111	睡.語 12《秦簡》 睡.答 115《秦簡》	
狄	（狄） 脈 40	嶽.為 78 正《秦簡》	
狼	（狼） 引 28	龍簡 32《秦簡》	里 8-135 正《里》

(四) 延長的「＼」、「╲」、「｜」筆

單字 或 偏旁	例字	張家山漢簡	秦簡牘	
又	彀	（彀） 奏 159	關簡 139《秦簡》	里 8-674 正《里》
頁	寡	（寡） 奏 171	睡.乙 99《秦簡》	里 8-1236《里》

字形表〔筆畫檢索〕

【一畫】	【二畫】	【三畫】		【四畫】
一 0001	八 0087	上 0005	巳 1864	元 0002
乙 1831	十 0243	下 0008	已 1865	天 0003
	丈 0244	三 0021		王 0022
	又 0340	士 0031		气 0030
	卜 0395	小 0085		中 0033
	刀 0521	口 0112		屯 0034
	刃 0542	干 0237		少 0086
	乃 0589	千 0245		分 0088
	入 0644	寸 0370		介 0091
	人 1023	丌 0576		公 0092
	匕 1073	工 0581		牛 0098
	二 1675	于 0593		止 0145
	力 1723	久 0678		乏 0152
	七 1824	之 0747		廿 0247
	九 1825	毛 0754		卅 0249
	丁 1836	夕 0864		父 0342
		巾 1008		夬 0343
		厂 1117		及 0344
		山 1201		反 0345
		大 1304		支 0353
		女 1538		予 0447
		也 1563		切 0532
		亡 1578		曰 0587
		凡 1678		丹 0616
		土 1679		井 0619
		己 1839		今 0639
		子 1848		內 0645

【五畫】

木 0682	升 1775	示 0009	囚 0767	民 1561
日 0833	五 1822	玉 0024	旦 0845	弗 1562
月 0857	六 1823	必 0093	外 0867	氏 1565
凶 0924	尤 1834	半 0097	禾 0877	弘 1594
仁 1024	巴 1840	台 0120	瓜 0927	它 1672
什 1036	壬 1846	召 0123	宄 0953	田 1709
化 1075	丑 1860	正 0151	穴 0958	功 1724
卬 1076	午 1867	句 0239	布 1016	加 1732
比 1081		右 0341	白 1021	且 1766
毛 1116		史 0351	付 1031	矛 1778
尺 1123		皮 0374	代 1047	四 1821
方 1132		占 0396	仗 1066	甲 1830
文 1180		用 0397	北 1082	丙 1835
勾 1194		目 0399	丘 1083	戊 1837
勿 1232		玄 0445	尼 1119	卯 1862
犬 1258		刊 0530	尻 1120	以 1866
火 1274		左 0580	兄 1133	未 1868
夫 1321		巧 0582	司 1184	申 1869
心 1327		巨 0583	后 1185	
水 1356		可 0591	令 1186	
孔 1464		平 0594	包 1196	
不 1466		去 0613	石 1224	
戶 1473		主 0615	犯 1261	
手 1496		矢 0650	立 1322	
毋 1560		市 0658	汁 1417	
氐 1564		央 0659	永 1450	
匹 1582		本 0699	冬 1453	
引 1593		末 0703	失 1525	
斤 1769		出 0749	母 1543	
斗 1774		生 0751	奴 1547	

【六畫】				【七畫】
吏 0004	机 0695	而 1234	字 1850	壯 0032
牝 0100	朱 0697	灰 1279	存 1851	每 0036
牟 0102	休 0731	光 1286	戍 1881	折 0072
牞 0108	回 0762	夸 1306	亥 1882	余 0094
名 0118	因 0770	夷 1307		牢 0099
吉 0128	邝 0829	亦 1308		牡 0101
各 0131	有 0862	交 1312		告 0111
此 0150	多 0868	江 1360		吸 0117
行 0208	年 0895	池 1361		吾 0119
舌 0236	米 0909	汙 1413		君 0121
丞 0319	宅 0929	汗 1425		走 0137
共 0323	安 0931	州 1447		步 0148
臣 0361	守 0940	冹 1454		廷 0205
寺 0371	吕 0957	至 1467		足 0220
收 0390	同 1000	西 1470		冊 0248
自 0408	伍 1040	耳 1487		言 0250
百 0414	任 1048	扞 1531		戒 0320
羽 0417	伏 1055	好 1550		兵 0321
羊 0431	伐 1058	如 1552		改 0379
再 0443	艮 1077	奸 1556		攸 0380
死 0456	并 1080	戍 1566		更 0386
肉 0462	衣 1092	戎 1567		攻 0391
肌 0496	老 1114	戈 1571		別 0457
列 0528	屋 1121	匈 1580		肘 0479
刑 0535	先 1134	匠 1584		肖 0483
竹 0548	次 1149	曲 1588		胎 0506
式 0584	印 1189	虫 1658		利 0522
血 0614	色 1190	地 1681		初 0524
合 0637	旬 1193	在 1682		角 0545
全 0646	危 1223	成 1838		巫 0585

			【八畫】	
即 0621	吹 1145	卵 1674	祀 0015	肰 0481
矣 0655	砭 1229	均 1680	社 0018	股 0482
良 0664	狂 1262	坐 1683	毒 0035	肥 0503
弟 0677	狄 1266	里 1707	芮 0049	臂 0505
李 0683	炷 1291	男 1722	尚 0089	刻 0526
杜 0684	赤 1302	助 1725	牪 0104	制 0533
材 0706	夾 1305	劫 1730	物 0107	券 0536
束 0758	吳 1310	車 1779	命 0122	刺 0538
困 0769	志 1328	阪 1799	和 0127	典 0577
団 0772	忘 1339	辛 1842	周 0130	畀 0578
邑 0805	忍 1350	辰 1863	迎 0164	奇 0592
岐 0818	汧 1366	酉 1871	近 0182	虎 0604
邯 0819	汾 1373		往 0193	盂 0606
那 0826	沂 1380		彼 0194	青 0617
旱 0836	沛 1386		拘 0240	侖 0640
甬 0870	沙 1397		妾 0313	舍 0641
私 0883	沒 1405		奉 0318	享 0661
完 0936	沈 1408		具 0322	來 0668
疝 0972	決 1410		叔 0346	乖 0681
希 1017	沐 1420		取 0347	枉 0702
何 1028	汲 1423		卑 0350	枚 0704
作 1041	沃 1435		事 0352	枅 0711
但 1057	冰 1444		牧 0389	枕 0712
佐 1064	谷 1451		昒 0405	杷 0714
侟 1067	把 1509		者 0412	枓 0718
免 1072	投 1517		於 0439	析 0727
身 1091	抵 1534		放 0448	采 0730
孝 1115	妷 1559		受 0451	杯 0737
禿 1135	我 1575		爭 0452	板 0739
見 1138	匧 1586		肺 0467	東 0742

【九畫】

林 0743	戻 1122	房 1475	帝 0006	盾 0407
困 0765	屈 1125	門 1476	福 0010	皆 0410
固 0771	服 1131	拇 1499	皇 0023	乳 0420
昏 0837	卷 1187	招 1512	苦 0038	美 0434
昌 0842	府 1203	抱 1519	苟 0054	兹 0446
昔 0843	長 1230	妻 1539	苑 0057	爰 0450
明 0863	狀 1260	姊 1544	若 0058	胃 0469
夜 0865	狐 1268	始 1548	范 0070	背 0472
函 0869	炊 1282	委 1549	春 0071	胑 0476
版 0874	炎 1292	或 1568	苔 0081	胗 0488
秏 0901	炙 1301	武 1570	咽 0115	眢 0489
乩 0923	奔 1311	直 1577	咸 0129	胅 0490
定 0932	幸 1315	弩 1595	哀 0132	胡 0492
宛 0934	忠 1329	坦 1684	前 0146	胸 0494
宜 0944	怪 1343	坐 1706	是 0153	削 0523
宕 0951	河 1357	勁 1734	述 0156	則 0525
空 0960	沫 1363	金 1737	後 0198	甚 0586
兩 1001	沮 1364	所 1772	建 0206	盈 0608
帛 1019	泄 1378	官 1797	延 0205	窀 0620
佩 1025	治 1383	阿 1804	扁 0234	既 0622
徇 1026	沽 1387	附 1808	信 0267	食 0624
佰 1037	法 1390	庚 1841	計 0272	疾 0653
佀 1038	波 1391	季 1854	音 0309	亭 0657
侍 1039	泛 1407	臾 1870	要 0328	厚 0663
使 1049	泣 1424		革 0330	致 0671
咎 1062	洶 1434		為 0336	韋 0676
臥 1088	雨 1455		叚 0348	枸 0686
表 1094	非 1462		度 0349	枳 0688
卒 1107	乳 1465		故 0377	柳 0692
居 1118	到 1468		相 0404	柏 0696

【十畫】

某 0700	突 0968	流 1445	旁 0007	舜 0455
栢 0701	疢 0978	泉 1448	祗 0011	骨 0459
柱 0710	冠 0999	指 1497	祠 0014	脅 0473
栩 0724	便 1042	搯 1530	租 0016	臍 0484
枹 0726	侵 1043	拯 1532	祝 0017	脂 0501
桌 0738	係 1056	威 1545	芷 0041	胸 0507
栚 0740	**佛 1068**	姦 1558	荅 0042	胭 0514
南 0750	重 1087	匿 1583	荊 0047	脈 0516
負 0782	面 1175	紀 1600	茬 0051	剛 0529
郁 0811	首 1176	約 1607	莖 0060	劊 0539
邦 0815	卻 1188	**蚤 1669**	芻 0067	笄 0558
郤 0816	畏 1199	風 1671	草 0068	笘 0561
郅 0822	禺 1200	㽃 1676	**莆 0074**	盎 0607
郎 0828	庤 1213	恆 1677	唐 0133	益 0609
巷 0832	研 1225	封 1689	哭 0135	飢 0630
晄 0835	易 1233	城 1692	起 0139	倉 0643
昭 0838	耐 1235	聖 1698	迹 0154	䍃 0647
昫 0839	炭 1278	垂 1702	逆 0163	缺 0648
施 0850	奏 1318	界 1718	送 0171	射 0651
星 0854	奰 1320	俎 1767	追 0180	高 0656
胐 0859	思 1325	軍 1790	迺 0189	夏 0674
耗 0887	恢 1335	降 1802	徑 0191	乘 0680
秋 0899	急 1336	禹 1828	退 0197	格 0707
室 0930	恃 1337	癸 1847	徐 0200	案 0717
宣 0933	怒 1342		訊 0265	校 0729
宦 0937	洛 1371		鬲 0335	桑 0746
客 0945	衍 1388		書 0355	師 0748
賓 0959	洫 1400		效 0378	員 0774
穿 0961	津 1404		隼 0429	財 0778
帤 0963	洒 1418		殊 0454	郡 0806

【十一畫】

郟 0823	袞 1110	涉 1446	祭 0013	章 0310
時 0834	欱 1151	原 1449	理 0028	竟 0311
晉 0840	欲 1152	扇 1474	莞 0039	異 0324
朔 0858	弱 1179	拳 1501	荷 0045	埶 0337
朗 0861	卿 1191	挾 1507	菥 0077	孰 0338
栗 0871	豖 1195	捕 1528	莫 0083	晝 0357
秫 0885	鬼 1198	掔 1529	牽 0103	堅 0359
秩 0894	庫 1205	脊 1537	唯 0124	毆 0364
租 0896	破 1226	姬 1541	問 0126	殺 0368
秭 0904	馬 1243	匜 1587	徙 0155	將 0372
兼 0907	狼 1267	孫 1598	進 0160	啟 0376
氣 0916	能 1272	級 1608	造 0161	敗 0381
家 0928	烝 1275	紐 1628	逢 0166	救 0383
宵 0941	臮 1309	紻 1641	通 0170	寇 0387
宰 0948	皋 1319	紳 1649	逗 0174	教 0393
害 0950	竝 1324	素 1655	徙 0175	庸 0398
宮 0955	息 1332	埃 1701	通 0177	晥 0406
病 0970	悒 1340	歛 1712	逐 0181	眉 0409
疾 0971	悍 1341	畔 1713	得 0201	鳥 0435
痕 0986	悔 1347	畛 1714	御 0204	焉 0440
帬 1011	恐 1348	留 1716	術 0209	畢 0441
席 1015	恚 1349	畜 1720	距 0223	棄 0442
倫 1030	涂 1365	勉 1728	跂 0226	敖 0449
俱 1033	浮 1392	料 1776	商 0238	屑 0463
倚 1035	涅 1399	軒 1794	笥 0241	脫 0487
倍 1051	浞 1411	陝 1814	許 0256	脩 0493
倡 1054	浚 1415	除 1815	設 0278	脯 0495
真 1074	浴 1421	院 1816	訟 0291	豚 0508
衾 1105	泰 1426	陛 1817	訛 0304	副 0527
衰 1109	涿 1436	酒 1872	訧 0305	笵 0552

				【十二畫】
符 0556	春 0922	庶 1214	張 1592	菌 0059
筍 0562	麻 0925	厓 1215	紿 1605	葅 0061
答 0563	宿 0942	庲 1216	細 1609	萊 0065
曹 0588	宩 0954	鹿 1254	紺 1626	菑 0078
虖 0602	疪 0973	尉 1281	絢 1648	著 0079
盛 0605	痍 0982	赧 1303	強 1662	喉 0114
麥 0669	痏 0987	執 1316	釜 1665	喪 0136
梓 0685	帶 1010	患 1351	堂 1685	越 0140
梧 0691	常 1012	惕 1352	埤 1694	逮 0173
栖 0716	帷 1014	悉 1353	塊 1704	遃 0188
梟 0735	敝 1022	涪 1359	野 1708	復 0192
產 0752	偕 1032	深 1376	時 1715	循 0195
杰 0756	假 1044	淮 1377	略 1717	律 0202
國 0764	俟 1045	清 1389	務 1726	跗 0228
圉 0773	偏 1052	淫 1396	釥 1762	跰 0229
責 0790	偽 1053	淺 1398	處 1765	疏 0232
販 0792	偃 1060	淬 1419	斬 1793	梟 0233
貪 0796	佩 1063	淊 1437	陵 1798	博 0246
貧 0799	頃 1078	魚 1459	陰 1800	詔 0269
都 0807	從 1079	鹵 1471	陸 1803	詐 0290
部 0814	眾 1085	閉 1479	陷 1805	詘 0293
郵 0821	袍 1093	聊 1489	陳 1810	詞 0294
晦 0841	袤 1095	捾 1502	陰 1819	診 0297
旋 0849	被 1099	据 1518	乾 1832	詢 0302
族 0852	船 1128	捆 1536	疏 1859	善 0307
參 0855	舳 1129	婦 1542	寅 1861	童 0312
晨 0856	視 1139	婢 1546	茜 1878	詟 0325
移 0889	欲 1144	婁 1555		筆 0354
梁 0911	密 1202	望 1579		畫 0356
粟 0920	庫 1212	匧 1581		尋 0373

敦 0384	貸 0779	敷 1147	湍 1393	堤 1688
睆 0400	貿 0787	欺 1150	渠 1403	黃 1721
智 0413	費 0789	歃 1154	渡 1406	勝 1727
翁 0418	買 0793	盜 1157	渴 1412	勞 1729
雅 0421	貴 0802	項 1165	湯 1414	鈞 1753
雇 0427	郵 0808	順 1166	減 1431	鉅 1759
挑 0432	鄉 0831	須 1178	雲 1458	鈞 1761
幾 0444	暑 0844	廁 1206	閒 1477	軺 1780
敢 0453	朝 0847	廄 1208	開 1478	軹 1781
腎 0466	游 0851	廁 1217	閑 1480	軵 1791
脾 0468	期 0860	扁 1219	掌 1498	輀 1795
隋 0491	棗 0873	厥 1221	掔 1500	陽 1801
臍 0500	稅 0897	厨 1222	提 1506	隄 1811
脅 0504	稍 0898	甦 1231	揙 1513	幸 1843
筋 0520	程 0903	毚 1239	搖 1514	孱 1858
等 0555	黍 0908	猲 1259	援 1524	尊 1880
奠 0579	粟 0917	猶 1265	揮 1526	
喜 0596	富 0938	然 1277	揆 1535	
彭 0598	寒 0949	焞 1284	媚 1551	
飯 0626	痛 0975	焦 1285	戟 1574	
鈷 0649	罥 1006	煮 1290	發 1596	
短 0654	幅 1009	黑 1293	絕 1601	
就 0660	備 1029	壺 1313	結 1612	
椑 0719	傅 1034	壹 1314	給 1614	
椎 0721	傁 1069	報 1317	綺 1627	
棓 0722	傮 1070	蕙 1330	絡 1636	
棺 0734	傋 1071	惑 1344	絮 1642	
無 0744	虛 1084	悲 1345	絜 1646	
隆 0753	補 1102	惡 1346	絲 1657	
華 0755	裂 1104	湔 1368	蛣 1659	

【十三畫】

禁 0019	業 0314	亶 0666	傷 1061	經 1602
瑕 0027	農 0329	嗇 0667	備 1065	綈 1617
葉 0048	殿 0363	愛 0673	裘 1113	絹 1622
落 0053	毂 0365	楊 0690	娩 1143	絺 1644
葆 0069	鳧 0369	極 0709	羨 1156	緩 1656
葬 0084	斂 0382	梁 0728	頌 1162	蜀 1660
詹 0090	敫 0392	楬 0732	煩 1169	填 1687
嗌 0116	睘 0401	楬 0741	辟 1192	塞 1697
趑 0144	雍 0424	楚 0745	敬 1197	毀 1699
歲 0149	雉 0428	園 0766	廉 1204	畸 1710
過 0159	群 0433	圖 0768	廁 1218	當 1719
遇 0165	賤 0458	資 0776	狼 1237	勞 1731
運 0168	骭 0460	賈 0791	煎 1280	募 1735
遂 0179	腜 0464	貲 0795	輝 1283	鉛 1740
道 0185	腸 0470	郳 0825	煖 1289	鉥 1755
徧 0196	腹 0480	齊 0872	意 1333	睢 1768
微 0203	腨 0485	牒 0876	慎 1334	新 1770
徛 0210	朕 0511	稠 0882	愐 1354	載 1782
鉤 0242	腦 0512	稗 0888	溫 1362	禽 1826
詳 0263	解 0546	粲 0910	滑 1394	萬 1827
誠 0268	節 0549	鼓 0926	溝 1401	亂 1833
試 0271	筩 0560	察 0935	滅 1430	毂 1853
詣 0276	筭 0567	索 0951	滔 1438	酘 1879
詑 0281	鼓 0600	痹 0984	聖 1492	
詿 0286	虞 0603	痿 0985	搙 1503	
訾 0287	飽 0627	痡 0991	搖 1520	
訏 0288	飾 0635	罪 1002	嫁 1540	
詰 0292	僉 0638	署 1003	嬈 1554	
誅 0299	會 0642	置 1005	賊 1569	
詗 0300	稟 0665	傳 1050	義 1576	

【十四畫】				【十五畫】
蒲 0040	膜 0502	寡 0946	蜚 1670	褖 0020
蒼 0052	罰 0534	窬 0965	塹 1695	蔓 0043
蓋 0062	耤 0544	瘧 0983	勤 1736	蔓 0046
蒜 0064	箸 0557	瘞 0995	銅 1738	蔽 0050
嘼 0125	箇 0564	幕 1013	銀 1742	蔡 0066
趙 0143	管 0565	債 1059	銚 1752	蔬 0073
逕 0162	筓 0570	監 1089	銖 1760	審 0095
遞 0167	箕 0575	裏 1096	魁 1777	慘 0106
遣 0172	寧 0590	歌 1146	輕 1784	趣 0138
遠 0183	嘗 0595	領 1164	輒 1785	適 0158
跌 0227	嘉 0599	頗 1167	輔 1792	遷 0169
誦 0259	盡 0611	貍 1240	輓 1796	德 0190
說 0273	舞 0675	獄 1270	障 1813	衛 0212
誟 0283	槐 0687	熊 1273	際 1818	齒 0214
誣 0284	榮 0694	熒 1300	辡 1844	踝 0221
誤 0285	橈 0705	端 1323	疑 1856	踐 0222
誘 0303	榑 0708	漢 1367	酸 1876	談 0251
對 0316	榭 0736	漆 1370		諒 0253
僕 0317	賕 0800	漬 1409		請 0254
與 0326	賓 0803	漕 1428		諸 0258
臧 0362	鄀 0827	漱 1429		論 0261
徹 0375	暨 0846	臺 1469		課 0270
鼻 0415	旗 0848	聞 1493		調 0274
翟 0419	夢 0866	匵 1585		諍 0279
雒 0425	種 0884	甄 1589		誰 0296
奪 0430	稱 0900	緒 1606		豎 0360
鳳 0436	稷 0902	緃 1625		毆 0366
鳴 0438	精 0913	繪 1637		殿 0367
膏 0471	粹 0914	維 1639		數 0385
膌 0498	實 0939	緈 1654		魯 0411

			【十六畫】	
膊 0499	寬 0947	漿 1440	薑 0080	圜 0763
膕 0515	窯 0962	漢 1441	噲 0113	穊 0881
賣 0519	窮 0967	閲 1484	隨 0157	穎 0891
劇 0537	癥 0979	摯 1505	遺 0178	積 0893
劍 0543	瘢 0981	撫 1516	遼 0184	瘦 0977
篇 0551	瘱 0989	撟 1522	邀 0187	瘳 0988
落 0568	罷 1004	練 1618	徼 0199	瘩 0993
篋 0571	儋 1027	緹 1629	蹊 0231	錦 1020
養 0625	徵 1086	緌 1631	器 0235	禪 1100
餘 0628	複 1097	緣 1634	調 0252	裛 1111
憂 0672	褒 1103	緘 1640	謁 0255	親 1142
樂 0723	履 1126	墨 1691	謀 0260	頭 1158
樿 0733	歐 1148	增 1696	謞 0289	額 1159
賢 0777	欵 1153	壇 1703	興 0327	頰 1160
賞 0780	歙 1155	銷 1743	學 0394	頸 1161
賜 0781	肈 1181	鋌 1749	鴟 0402	頤 1173
質 0786	髮 1182	鋏 1750	鼽 0416	頻 1174
賤 0794	廣 1207	銳 1757	雕 0423	縣 1177
賦 0797	廢 1211	鋊 1763	膫 0497	廥 1210
賣 0801	廜 1220	鍒 1764	劓 0541	磨 1228
賓 0804	馴 1244	輩 1789	簨 0569	豫 1242
鄰 0809	駕 1249	隤 1806	憙 0597	獨 1264
鄭 0813	熱 1287	醉 1875	盧 0612	燔 1276
鄲 0820	慮 1326		靜 0618	黔 1294
鄧 0824	慶 1338		館 0629	蕩 1372
膔 0875	憨 1355		樹 0698	潞 1374
稼 0878	潼 1358		橦 0712	濁 1381
稻 0886	穎 1379		機 0720	澤 1395
稾 0890	澆 1416		橋 0725	澡 1422
寫 0943	暴 1439		槖 0759	潄 1433

	【十七畫】			【十八畫】
燕 1460	環 0026	襞 1112	雖 1661	禮 0012
龍 1461	薄 0056	屨 1127	鍑 1747	璧 0025
操 1504	薪 0063	韓 1137	鍪 1751	藉 0055
據 1508	蹇 0142	獩 1236	錘 1756	歸 0147
擇 1515	避 0176	獮 1238	輿 1783	衞 0211
擅 1523	衛 0213	麋 1255	隱 1809	氄 0216
嬋 1557	亂 0215	鮨 1257	孺 1852	蹢 0224
戰 1572	謙 0275	燥 1288		謹 0266
甑 1591	講 0280	黜 1296		謏 0277
縛 1610	鞠 0331	點 1297		謾 0282
縑 1621	鞞 0333	應 1331		叢 0315
縞 1623	隸 0358	濕 1382		鞮 0332
穀 1624	臂 0477	濟 1384		鞫 0334
蟎 1666	臆 0510	濡 1385		瞻 0403
壁 1686	� 0517	澧 1443		雞 0426
錫 1741	薊 0540	谿 1452		臑 0478
錮 1744	爵 0623	霤 1457		臏 0518
録 1748	罾 0652	闌 1482		簡 0554
錯 1754	購 0798	聲 1494		簞 0559
錢 1758	簿 0853	舉 1521		簦 0566
斳 1771	穜 0880	擊 1527		簪 0574
輸 1786	穉 0905	嬰 1553		豐 0601
輯 1787	糠 0919	戲 1573		醢 0610
險 1807	營 0956	縱 1613		餧 0633
燹 1820	癉 0980	總 1615		𧾷 0757
	癰 0990	縵 1620		贅 0783
	償 1046	縷 1630		鄺 0817
	臨 1090	繆 1647		穑 0879
	襡 1101	繃 1650		糧 0915
	襄 1106	繻 1651		竅 0969

	【十九畫】		【二十畫】	
癉0992	薑0037	繹1604	藿0076	醴1873
覆1007	蘂0075	繩1632	釋0096	
磬1227	犢0105	穎1638	嚴0134	
貑1241	藜0110	繳1643	趬0141	
騎1250	邊0186	纍1652	議0262	
瀆1402	蹶0225	鼀1673	譯0301	
闕1481	蹻0230	壞1700	競0308	
闖1486	識0264	疇1711	觸0547	
職1491	證0298	隴1812	籍0550	
聶1495	離0422	獸1829	饒0631	
壓1510	難0437	瓖1857	饐0632	
擾1533	癠0474		饑0634	
繇1599	簽0572		櫜0761	
織1603	簿0573		贏0785	
繙1611	櫟0693		寶0964	
繒1619	櫝0715		瘞0994	
繕1633	贊0775		瘅0997	
璽1690	穫0906		癥0998	
壘1693	糒0912		覺1141	
斷1773	糧0921		騷1246	
轉1788	竈0966		騰1251	
醫1874	癕0996		獻1263	
醬1877	襦1108		黥1295	
	穡1136		黨1298	
	廬1209		瀚1432	
	麗1256		闡1485	
	類1269		蠭1667	
	靡1463		勸1733	
	關1483		鐵1739	

【廿一畫】	【廿二畫】	【廿三畫】	【廿四畫】	【廿五畫】
蕭 0044	讍 0295	儺 0257	靈 0029	鬪 0339
齟 0217	爐 0465	讌 0306	齬 0219	繫 0918
齬 0218	朧 0486	變 0388	顢 1163	觀 1140
饕 0636	麵 0670	體 0461	鹽 1472	蠻 1664
齎 0784	權 0689	籬 0553		
贖 0788	囊 0760	讋 0662		
酆 0812	鄨 0810	癱 0976		
孅 1018	酈 0830	顥 1168		
屬 1124	穰 0892	鬣 1183		
顧 1170	癭 0974	驚 1248		
顫 1172	襲 1098	鼹 1271		
驚 1247	艫 1130	灑 1427		
驀 1252	顬 1171	摩 1511		
瀘 1253	聽 1488	纘 1645		
黯 1299	聾 1490	瀘 1668		
灝 1369	龑 1653	鑠 1746		
灌 1375	蠱 1663			
瀘 1442	㯷 1705			
露 1456	鑄 1745			
甌 1590				
續 1616				
纍 1635				
辯 1845				
孿 1849				
欂 1855				

【廿七畫】	【廿九畫】			
蠱0082 䡓0109	驪 1245			

文獻研究叢書・出土文獻譯注研析叢刊 0902010

《張家山漢墓竹簡〔二四七號墓〕》構形研究
——兼論〈二年律令〉所見《說文》未收字

作　　　者	李綉玲
責任編輯	翁承佑
發 行 人	陳滿銘
總 經 理	梁錦興
總 編 輯	陳滿銘
副總編輯	張晏瑞
編 輯 所	萬卷樓圖書股份有限公司
印　　　刷	百通科技股份有限公司
封面設計	斐類設計工作室
發　　　行	萬卷樓圖書股份有限公司
	地址 臺北市羅斯福路二段 41 號 6 樓之 3
	電話 (02)23216565
	傳真 (02)23218698
	電郵 SERVICE@WANJUAN.COM.TW
大陸經銷	廈門外圖臺灣書店有限公司
	電郵 JKB188@188.COM
香港經銷	香港聯合書刊物流有限公司
	電話 (852)21502100
	傳真 (852)23560735

ISBN 978-986-478-127-0

2018 年 1 月初版一刷

定價：新臺幣 620 元

如何購買本書：

1. 劃撥購書，請透過以下郵政劃撥帳號：
　帳號：15624015
　戶名：萬卷樓圖書股份有限公司
2. 轉帳購書，請透過以下帳戶
　合作金庫銀行 古亭分行
　戶名：萬卷樓圖書股份有限公司
　帳號：0877717092596
3. 網路購書，請透過萬卷樓網站
　網址 WWW.WANJUAN.COM.TW

大量購書，請直接聯繫我們，將有專人為您服務。客服：(02)23216565 分機 10

如有缺頁、破損或裝訂錯誤，請寄回更換

國家圖書館出版品預行編目資料

<<張家山漢墓竹簡(二四七號墓)>>構形研究 ：兼論<二年律令>所見<<說文>>未收字 / 李綉玲著.-- 初版.-- 臺北市 ：萬卷樓, 2018.01
　面；　公分
ISBN 978-986-478-127-0(平裝)
1.簡牘文字 2.研究考訂

796.8　　　　　　　　　　106025539